CB133812

TRANSTORNO DO ESPECTRO AUTISTA:

PESQUISAS NA SAÚDE E NA EDUCAÇÃO

CARLO SCHMIDT
CRISTIANE SILVESTRE DE PAULA
(ORGS.)

TRANSTORNO DO ESPECTRO AUTISTA:

PESQUISAS NA SAÚDE E NA EDUCAÇÃO

PAPIRUS EDITORA

Capa | Fernando Cornacchia
Coordenação | Ana Carolina Freitas
Copidesque | Mônica Saddy Martins
Diagramação | Guilherme Cornacchia
Revisão | Laís Souza Toledo Pereira

Dados Internacionais de Catalogação na Publicação (CIP)
(Câmara Brasileira do Livro, SP, Brasil)

Transtorno do Espectro Autista: pesquisas na saúde e na educação / Carlo Schmidt, Cristiane Silvestre de Paula (orgs.). – Campinas, SP: Papirus, 2024. – (Série Educação Especial)

Vários autores.
Bibliografia.
ISBN 978-65-5650-179-6

1. Dificuldade de aprendizagem 2. Educação inclusiva 3. TEA (Transtorno do Espectro Autista) – Avaliação 4. TEA (Transtorno do Espectro Autista) – Diagnóstico I. Schmidt, Carlo. II. Paula, Cristiane Silvestre de. III. Série.

24-212032 CDD-371.94

Índices para catálogo sistemático:

1. TEA: Transtorno do Espectro do Autismo: Educação inclusiva 371.94

Cibele Maria Dias – Bibliotecária – CRB-8/9427

1ª Edição – 2024

Exceto no caso de citações, a grafia deste livro está atualizada segundo o Acordo Ortográfico da Língua Portuguesa adotado no Brasil a partir de 2009.

Proibida a reprodução total ou parcial da obra de acordo com a lei 9.610/98. Editora afiliada à Associação Brasileira dos Direitos Reprográficos (ABDR).

DIREITOS RESERVADOS PARA A LÍNGUA PORTUGUESA:
© M.R. Cornacchia Editora Ltda. – Papirus Editora
R. Barata Ribeiro, 79, sala 316 – CEP 13023-030 – Vila Itapura
Fone: (19) 3790-1300 – Campinas – São Paulo – Brasil
E-mail: editora@papirus.com.br – www.papirus.com.br

SUMÁRIO

INTRODUÇÃO

Em 2014, foi criado um grupo de trabalho inovador na Associação Nacional de Pesquisa e Pós-graduação em Psicologia (Anpepp), chamado GT-79: Transtornos do Espectro Autista: Pesquisas em Saúde e Educação. O objetivo era reunir formal e institucionalmente os pesquisadores de diferentes regiões brasileiras que desenvolviam estudos sobre o tema em diferentes universidades para otimizar e unificar recursos e conhecimento entre si. Desde então, o grupo vem agregando novos membros e se ampliando, adquirindo relevância no cenário nacional e, em 2024, completa dez anos de produção contínua.

Para comemorar essa década tão produtiva, elaboramos conjuntamente este livro intitulado *Transtorno do espectro autista: Pesquisas na saúde e na educação*, com oito capítulos, sendo quatro da área da saúde e quatro da educação, cujos autores são os próprios membros do GT. Todos abordam questões atuais a respeito do transtorno do espectro autista (TEA). Importante destacar que o termo TEA é utilizado de diferentes formas entre os capítulos, desde autismo, pessoa autista até pessoa com autismo, porém, remetendo ao mesmo significado.

Iniciamos com a área da saúde, no primeiro capítulo, abordando a questão diagnóstica, apresentando o autismo da perspectiva clínica, seus sinais de alerta para o diagnóstico precoce e a descrição dos instrumentos de identificação de TEA validados especificamente para a população brasileira. Em seguida, o segundo capítulo aborda um tema inquietante no contexto atual: o diagnóstico de TEA em mulheres, apresentando achados recentes sobre essa especificidade. Já o terceiro capítulo segue para a intervenção na perspectiva de formação de familiares no manejo de comportamentos desafiadores de seus filhos, apresentando resultados de uma pesquisa de 11 anos sobre o tema. O quarto e último capítulo da área da saúde se dedica a uma etapa desenvolvimental ainda pouco contemplada no TEA: a adultez. São trazidos resultados de pesquisas sobre fatores associados à saúde mental de adultos com TEA, ilustrados com base em casos clínicos.

A segunda parte do livro é toda voltada à educação de pessoas com TEA. No quinto capítulo, contextualiza-se o autismo no âmbito da educação inclusiva, problematizando como as práticas baseadas em evidências produzidas em estudos acadêmicos podem chegar até a implementação em escolas. Complementando esse assunto, o sexto capítulo discute o papel da escola e o processo de escolarização dos alunos com deficiência, destacando a experiência da pandemia e as diversas dificuldades causadas pelo ensino domiciliar durante esse período. O papel da família também aparece como destaque na educação no sétimo capítulo, que apresenta evidências científicas sobre a importância da família e da escola na identificação de sinais do TEA na primeira infância, bem como do envolvimento de pais e professores nas ações de intervenção e de monitoramento desse alunado. Assim como a parte da saúde se fecha com a adultez, a da educação se encerra com o oitavo capítulo, que aborda a escolarização na etapa do ensino superior. Ali, são discutidos os principais desafios encontrados por estudantes com TEA no ensino superior, trazendo subsídios da literatura para pensar sobre programas voltados à promoção da inclusão nesse contexto.

Portanto, esta obra integra as perspectivas clínica e educacional, a saúde e a educação, tendo como eixo central o transtorno do espectro autista. Esperamos que os leitores apreciem esta produção feita com muito cuidado, rigor teórico-metodológico e qualidade argumentativa. Desejamos a todos uma ótima leitura!

Carlo Schmidt
Cristiane Silvestre de Paula

PARTE I

SAÚDE

1
DETECÇÃO PRECOCE DE SINAIS DE TRANSTORNO DO ESPECTRO DO AUTISMO: MARCADORES DO DESENVOLVIMENTO, INSTRUMENTOS DE IDENTIFICAÇÃO E SEUS DOMÍNIOS VALIDADOS COM A POPULAÇÃO BRASILEIRA

Mariana Luísa Garcia Braido
Cristiane Silvestre de Paula
Amanda Carassini
Ana Alexandra Caldas Osório

O transtorno do espectro do autismo (TEA) é caracterizado por déficits persistentes na comunicação social e pela presença de padrões repetitivos, restritos e estereotipados de comportamento, atividades ou interesses (American Psychiatric Association, 2015). Segundo a versão mais atual do manual diagnóstico da Organização Mundial da Saúde, a CID-11, o TEA é classificado por nível de suporte: 1 – leve, 2 – substancial e 3 – muito substancial (OMS, 2022), aspectos que contribuem para avaliação e planejamento terapêuticos mais precisos.

Segundo recentes revisões sistemáticas de alta qualidade metodológica, a estimativa de prevalência se situa entre 0,9% e 1,5% (Fombonne, 2020), com a maioria da produção científica delineada com base em países desenvolvidos. Esse cenário vem mudando nos últimos dez anos, com cada vez mais publicações internacionais, incluindo uma revisão sistemática com resultados de todo o globo, confirmando semelhanças na prevalência de TEA, independentemente do país de moradia, do pertencimento a grupos étnico-culturais específicos ou de fatores socioeconômicos das pessoas com TEA (Elsabbagh *et al.*, 2012). Na América Latina, já se encontram publicadas prevalências de TEA para Argentina (Lejarraga *et al.*, 2008), Brasil (Parasmo *et al.*, 2015; Paula *et al.*, 2011), Equador (Dekkers *et al.*, 2015), México (Fombonne *et al.*, 2016) e Venezuela (Montiel-Nava; Peña, 2008).

No campo da identificação e assistência, desde que a intervenção precoce foi reconhecida como a estratégia mais eficaz para minimizar os déficits do TEA, apresentou-se o desafio de identificá-lo antes dos 36 meses de idade (Hyman *et al.*, 2020). Como não existe um marcador biológico para TEA, o diagnóstico é feito com base em perfil clínico-comportamental. As características do TEA a partir da idade pré-escolar são cada vez mais conhecidas por clínicos e mesmo pelo público em geral, ao passo que a disseminação da identificação de sinais de TEA antes dos 24 meses de idade ainda é um desafio (Lai; Lombardo; Baron-Cohen, 2014).

Os objetivos deste capítulo são: (1) apresentar marcos do desenvolvimento sociocomunicativo infantil típico nos primeiros anos de vida, que são tomados como parâmetros na avaliação de TEA e favorecem a compreensão dos itens incluídos em instrumentos de avaliação; (2) apresentar instrumentos de avaliação de risco e diagnóstico de TEA, que foram adaptados ao contexto brasileiro, podendo ser utilizados na prática clínica por profissionais de saúde, de maneira direta ou indireta, desde os 24 meses; (3) demonstrar que é possível realizar a avaliação de risco e o diagnóstico de TEA por meio de medidas objetivas depois da implementação de avaliação com os instrumentos apresentados.

As habilidades dos avaliadores especialistas para identificar sinais precoces de risco de TEA têm se tornado cada vez mais refinadas. Entre os 18 e 24 meses, os sinais e sintomas se estabilizam na maioria dos casos, o que torna essa fase confiável para o estabelecimento do diagnóstico de

TEA (Zwaigenbaum *et al.*, 2015). Entretanto, há inúmeros desafios para isso, incluindo a necessidade de ampliação no número de profissionais de saúde treinados com ferramentas confiáveis (Zwaigenbaum *et al.*, 2009; McCarty; Frye, 2020).

Os especialistas da área de TEA têm, simultaneamente, amplo conhecimento dos marcos do desenvolvimento típico nos primeiros anos de vida e também das alterações que frequentemente configuram os quadros de TEA. Essas habilidades, aliadas aos instrumentos, permitem o acesso mais rápido à intervenção precoce em ampla escala. Os marcos do desenvolvimento típico e o que está em risco nos primeiros anos de bebês com TEA serão apresentados a seguir.

Entre 0 e 24 meses: Atenção compartilhada

Existe um consenso de que o TEA é um transtorno do neurodesenvolvimento que impacta, desde cedo, as áreas de linguagem/fala, interação social e variabilidade de interesses, movimentos estereotipados e questões sensoriais. No entanto, a definição de uma faixa etária para identificação do TEA é complexa, pois muitas habilidades sociocomunicativas importantes para o diagnóstico só começam a se consolidar entre o primeiro e o segundo ano de vida (McCarty; Frye, 2020). Assim, os sinais em bebês com 12 meses podem ser mais sutis do que em bebês com 18 ou 24 meses. Nessa fase do desenvolvimento, os bebês aprendem a se comunicar não só por palavras, como também por gestos e expressões faciais que têm a função de iniciar e manter a interação social (Mundy *et al.*, 2007). Além das capacidades gestuais de comunicação (como apontar), bebês com desenvolvimento típico demonstram ainda comportamentos de orientação social, tais como observar, vigiar adultos e crianças presentes no ambiente, atentar aos movimentos deles e ao uso que tais pessoas fazem de objetos e à forma como interagem, mesmo antes de que sejam capazes de interagir por gestos (Mireault *et al.*, 2014; Walden, 1991).

Entre as capacidades sociocomunicativas que o bebê com desenvolvimento típico apresenta, uma das principais diz respeito à atenção compartilhada. No seu estudo pioneiro, Bakeman e Adamson (1984) observaram que, entre 9 e 12 meses de idade, os bebês começam a participar das chamadas interações triádicas, nas quais compartilham a atenção direcionada a um objeto ou evento do ambiente, com outra pessoa. Uma situação de atenção compartilhada na infância pode se desenrolar da seguinte forma: o bebê aponta para o objeto de interesse (p. ex., um brinquedo novo), olha no olho do adulto e novamente para o objeto de interesse. Essa triangulação do olhar, associada ao apontar, pode ter a função de pedir o brinquedo (imperativa – "me dá") ou de compartilhar informação ou emoções com o adulto a respeito do objeto (declarativa – "olha, é novo" ou "que lindo"). Carpenter, Nagell e Tomasello (1998) e Mundy *et al.* (2003) avançaram a operacionalização dos comportamentos de atenção compartilhada, descrevendo-os como a capacidade de seguir o foco de atenção de um parceiro social (p. ex., seguindo o olhar ou o apontar da mãe em direção ao desenho de um livro) e/ou de usar gestos comunicativos para direcionar a atenção do parceiro social (p. ex. oferecendo um brinquedo ou apontando para o pai do outro lado da sala). Os déficits de tais capacidades são considerados sinais de alerta para TEA desde idades precoces (Charman, 2004; Landa; Holman; Garrett-Mayer, 2007; Naber *et al.*, 2008; Nyström *et al.*, 2019).

No seu estudo prospectivo, Landa, Holman e Garrett-Mayer (2007) seguiram 125 bebês entre 14 e 24 meses, verificando que as crianças que vieram posteriormente a ser diagnosticadas com TEA apresentavam déficits de atenção compartilhada (avaliada por meio da observação direta do comportamento). Mais recentemente, Nyström *et al.* (2019) utilizaram a técnica de rastreamento ocular para avaliar longitudinalmente – aos 10, 14 e 18 meses – as habilidades de atenção compartilhada de uma amostra de 112 bebês (81 de alto risco e 31 de baixo risco familiar para TEA). Aos 3 anos, 22 das crianças do grupo de alto risco receberam o diagnóstico de TEA. Dessa forma, os autores dividiram a amostra em: desenvolvimento típico, alto risco sem TEA e alto risco com TEA.

Verificaram que o grupo alto risco com TEA apresentou, aos 10 meses, taxas reduzidas de iniciação de atenção compartilhada comparativamente aos outros dois grupos. Além disso, os grupos de alto risco para TEA demonstraram menores taxas de resposta à atenção compartilhada.

É importante notar que a habilidade pode estar presente, mas ocorre menos frequentemente do que em crianças com desenvolvimento típico. Quando a habilidade está presente, em geral, cumpre a função imperativa (fazer pedidos), mas não de interação recíproca (Bosa, 2002; Charman, 2004). Em um estudo de vídeo familiar que comparou o desempenho de crianças com TEA e desenvolvimento típico, entre 9 e 12 meses, Palomo *et al.* (2022) verificaram que as habilidades com função declarativa foram menos frequentes no grupo TEA do que no grupo com desenvolvimento típico.

Somados à atenção compartilhada, os déficits ou a ausência de jogo ou brincar simbólico também sinalizam risco aumentado para TEA (Bosa, 2002; Baron-Cohen *et al.*, 2000; Charman, 1997).

Entre 18 e 36 meses: Jogo simbólico

O jogo simbólico é considerado um marco importante do desenvolvimento típico da cognição social na primeira infância (Leslie, 1987; Lillard, 1998; Mateus *et al.*, 2018; Rakoczy, 2008). Surgindo no segundo ano de vida, o jogo simbólico envolve a representação consciente e simultânea da realidade e suas alternativas de fantasia – por exemplo, a criança consegue, simultaneamente, considerar que uma vassoura é também um cavalo (Bornstein *et al.*, 1996). Além disso, no decorrer do terceiro ano de vida, há um importante avanço na capacidade de jogo simbólico, pois as crianças começam a ser capazes de se envolver em brincadeiras de faz de conta com um parceiro social. Esse tipo de jogo simbólico compartilhado exerce dois níveis distintos de cognição social (Lillard, 1998). O primeiro nível, antes mesmo de o jogo se iniciar, consiste na negociação e atribuição de papéis e comportamentos (p. ex., "Eu sou a mamãe e você é o bebê"). O segundo nível diz respeito ao jogo em si e envolve a coordenação das diferentes perspectivas simbólicas. Assim, as experiências simbólicas compartilhadas constituem oportunidades para as crianças praticarem e gradualmente dominarem a capacidade de articular as suas próprias perspectivas com as dos outros (Leslie, 1987; Meins; Russell, 1997; Youngblade; Dunn, 1995).

Pesquisas sugerem que a capacidade simbólica está prejudicada no TEA (Baron-Cohen, 1993; Charman, 1997; Kasari *et al.*, 2006). Em uma revisão de escopo recente, González-Sala *et al.* (2021) analisaram os resultados de 22 estudos sobre habilidades de jogo simbólico em crianças com TEA, concluindo que existem diferenças quantitativas e qualitativas no jogo produzido, comparativamente com crianças com outros transtornos do neurodesenvolvimento e crianças com desenvolvimento típico. De modo notável, mesmo controlando pela idade mental, crianças com TEA se engajam menos frequentemente em jogo simbólico, sendo essas dificuldades mais evidentes em situações de jogo livre/espontâneo. As evidências apontam ainda para uma menor qualidade do jogo produzido (menos complexo e imaginativo). Ainda assim, os autores constataram que as crianças com TEA são capazes de imitar ações simbólicas modeladas por terceiros (porém, provavelmente, sem uma interpretação simbólica dessa atividade).

Com base no conhecimento das habilidades adquiridas entre 0 e 24 meses por bebês com desenvolvimento típico, foram estabelecidos parâmetros objetivos e subjetivos para analisar os vídeos caseiros de bebês que posteriormente foram diagnosticados com TEA. Assim, diferentes metodologias de pesquisa foram utilizadas com a finalidade de descrever o perfil comportamental de bebês e crianças com TEA (Ozonoff; Goodlin-Jones; Solomon, 2005). Historicamente, essa área teve início com estudos de vídeos caseiros realizados por pais de bebês que posteriormente foram diagnosticados com TEA (Baird *et al.*, 2001; Zwaigenbaum *et al.*, 2007). Na década de 1990, foram publicados os primeiros estudos retrospectivos que buscaram os sinais precoce de TEA usando vídeos caseiros (Lampreia, 2009). Conforme outros estudos de vídeos foram sendo publicados, um corpo de evidência robusta acerca da atenção compartilhada e do jogo simbólico passou a ser considerado marcador eficiente para risco de TEA.

Paralelamente, iniciou-se o desenvolvimento e a testagem de inúmeros questionários de avaliação indireta das capacidades do bebê e das crianças pequenas, a serem respondidos pelos familiares, assim como *checklists* a serem pontuadas (por especialistas ou não) com base na observação direta de bebês e crianças com suspeita de TEA (Falkmer *et al.*, 2013). Na esteira desses resultados, inúmeros pesquisadores elaboraram instrumentos de rastreamento e vigilância para TEA que incluíam a atenção compartilhada e o jogo simbólico.

Entre 24 e 36 meses: Afeto e temperamento

Apesar de ter recebido o nome de distúrbio de contato afetivo na primeira vez que o TEA foi descrito (Kanner, 1943), apenas mais recentemente afeto e temperamento vêm sendo investigados tanto em crianças com o TEA quanto em amostras de risco, tais como os irmãos de crianças já diagnosticadas. Observar e compreender o afeto e sua regulação em crianças com TEA pode ser uma medida utilizada para o diagnóstico precoce (Hepburn; Stone, 2006).

Macari *et al.* (2017) investigaram o perfil de temperamento de crianças com TEA, com outros transtornos do desenvolvimento e crianças com desenvolvimento típico, utilizando o *Toddler Behavioral Assessment Questionnaire – Supplemental* (TBAQ-S). Quando comparadas com os pares típicos, as crianças com TEA demonstraram mais dificuldade para controlar o afeto e mais afeto negativo. Baixa intensidade do afeto, controle inibitório e mudanças na sensibilidade perceptiva foram preditores da severidade dos sintomas e de habilidades sociais adaptativas de 2 anos para 3 anos e 6 meses.

Em outro estudo, incluindo amostra de risco para TEA, Garon *et al.* (2009) encontraram que, aos 3 anos, as crianças apresentavam afeto positivo reduzido, afeto negativo elevado e dificuldade para controlar atenção e comportamento. Essa dificuldade para regular a emoção e o comportamento foi chamada pelos autores de regulação forçada da emoção, em uma tradução livre. Além disso, comportamentos sociais reduzidos foram associados a um número maior de sintomas de TEA, quando comparados aos grupos de controle com baixo risco para TEA.

Além de dificuldades para regular a emoção e presença de mais afeto negativo, há evidência de que crianças pequenas com TEA exibem menos medo e raiva mais intensa do que crianças típicas. A baixa intensidade de afeto positivo foi associada à severidade dos sintomas de TEA (Macari *et al.*, 2018).

Essa área de investigação ainda carece da descrição de um perfil do temperamento e das habilidades de regulação da emoção em crianças com TEA. As evidências vêm crescendo no sentido de que prevalece um viés para presença de afeto negativo. Os autores discutem que diferentes perfis de temperamento podem estar associados a diferentes quadros de TEA e poderão ser identificados futuramente. Uma vez que crianças com TEA podem apresentar habilidades de forma deficitária, observar como tais habilidades são executadas, juntamente com a intensidade e qualidade do afeto, pode auxiliar o avaliador a responder os itens dos instrumentos.

Após todas essas considerações sobre desenvolvimento típico e atípico que orientam a realização do diagnóstico ou risco de diagnóstico de TEA, serão apresentados a seguir os instrumentos disponíveis no Brasil para a avaliação.

Instrumentos para identificação de crianças pré-escolares com suspeita de TEA disponíveis no Brasil

O primeiro critério de classificação dos instrumentos pode ser entre instrumentos de rastreamento e de diagnóstico, e o segundo pode ser de avaliação indireta (relato de pais/cuidadores ou profissionais) ou observação direta da criança com suspeita de TEA. Entre os instrumentos de rastreamento, estes ainda podem ser classificados em ferramentas de nível 1 (que procuram sinais do TEA na população em geral e não clínica, portanto, com alta sensibilidade e menor especificidade), que buscam aspectos mais amplos, e de nível 2, destinadas a populações específicas (como, por exemplo, populações clínicas) e/ou com sintomas mais específicos.

Um capítulo de livro publicado recentemente fez um apanhado dos instrumentos disponíveis no Brasil, descrevendo sete questionários de rastreamento com avaliação indireta de indivíduos desde o nascimento até os 18 anos de vida (Zanon; Furcin, 2023). Em relação à testagem de pré-escolares, apenas um permite avaliar crianças com suspeita de TEA antes dos 24 meses de idade (*Modified Checklist for Autism in Toddlers* – M-CHAT) e outros quatro, a partir dos 30-40 meses de idade: *Autistic Traits Assessment Scale* (ATA), *Autism Behavior Checklist* (ABC), Indicadores Clínicos de Risco para o Desenvolvimento Infantil (Irdi-Questionário) e *Social Responsiveness Scale-2* (SRS-2). Este capítulo fará uma apresentação desses cinco, e será incluído um instrumento de rastreamento não contemplado, o *Child Behavior Checklist for Ages* 1,5-5 (CBCL/1,5-5).

Em relação aos instrumentos diagnósticos de entrevista com pais, Zanon e Furcin citaram os dois disponíveis no Brasil, *Childhood Autism Rating Scale* (CARS) e *Autism Diagnostic Interview-Revised* (ADI-R) (Zanon; Furcin, 2023), ambos para aferição de crianças a partir dos dois anos de idade. Importante ressaltar que há controvérsias quanto à classificação da CARS como instrumento diagnóstico, já que é uma escala bem mais breve e muito menos detalhada que a ADI-R, como será descrito a seguir.

Além disso, este capítulo fará uma apresentação de quatro instrumentos de avaliação direta de crianças com suspeita de TEA, desenvolvidos ou traduzidos para o português e validados para a realidade brasileira: *Autism Diagnostic Observational Schedule* (Ados), Exame do *Status* Mental do Autismo/*Autism Mental Status* (AMSE), Protocolo de Observação Estruturada para Rastreamento de Autismo (Oera) e Escala Labirinto. Também será incluída a descrição do Protocolo de Avaliação da Suspeita de Transtorno do Espectro Autista – Revisado (Protea-R) para crianças de 24 a 60 meses de idade, já citado no capítulo de Zanon e Furcin (2023). Assim, no total serão apresentados cinco instrumentos: um para diagnóstico (Ados) e os outros quatro para rastreamento segundo avaliação estruturada/não estruturada da criança. Cada um deles será brevemente descrito, iniciando-se pelo M-CHAT, que permite a detecção de TEA entre menores de 24 meses de idade.

Instrumentos de avaliação indireta

O CHAT foi o primeiro questionário desenvolvido para avaliação precoce de TEA (Baron-Cohen *et al.*, 2000), tendo ficado mais reconhecido em sua versão modificada, o M-CHAT (Robins *et al.*, 2001). O M-CHAT permite identificar provável TEA entre crianças de 18 meses e 30 meses de idade, com foco em domínios da comunicação social, tais como habilidades de atenção compartilhada e brincadeiras de faz de conta. O M-CHAT é classificado como instrumento de triagem de nível 1, sendo composto por 23 itens do tipo sim/não. Após a tradução para o português, a versão brasileira do M-CHAT (Losapio; Pondé, 2008) passou por estudos de testagem de sua validade, nos quais a análise dos componentes principais sugeriu um componente com 20 itens, sendo que os itens com maiores cargas fatoriais se referiram à atenção compartilhada. O componente apresentou consistência interna de 0,95. Foram calculados os índices de sensibilidade, especificidade, valores preditivos positivo (VPP) e negativo (VPN) para os critérios de corte do instrumento original e para os seis itens com maiores cargas fatoriais. O escore de seis itens com maiores cargas fatoriais apresentou sensibilidade de 0,94, especificidade de 0,91, VPP de 0,86 e VPN de 0,97, indicando que a versão brasileira do instrumento é capaz de identificar, de forma rápida e com baixo custo, crianças pequenas com suspeita de TEA (Castro-Souza, 2011).

Mais recentemente, o *Child Behavior Checklist*, um dos instrumentos mais utilizados no mundo para avaliação de saúde mental de crianças e adolescentes, passou a ser testado para detecção de TEA

(Achenbach, 1991). Mais especificamente, a versão para crianças de 18 a 60 meses de idade, o CBCL/1,5-5 (Achenbach; Rescorla, 2000). O CBCL/1,5-5, como os demais instrumentos do pacote Aseba, foi desenvolvido principalmente para detectar sinais de outros problemas de saúde mental e de comportamento e, secundariamente, para rastrear sinais de TEA. O primeiro estudo com amostra brasileira foi bem promissor, indicando alta sensibilidade do CBCL/1,5-5 em discriminar 114 crianças, sendo 46 com TEA, 23 com transtorno do déficit de atenção com hiperatividade (TDAH) e 45 com desenvolvimento típico. Mais especificamente, foram estabelecidos altos índices de sensibilidade e especificidade para as escalas de Reatividade Emocional (85% e 82%), Retraimento (87% e 89%) e Problemas Invasivos do Desenvolvimento (91% e 96%) quando se compararam as crianças com TEA com as crianças com desenvolvimento típico. Os índices foram um pouco mais baixos quando comparadas a crianças com TEA e TDAH (Reatividade Emocional: 85% e 70%; Retraimento: 74% e 70%; Problemas Invasivos do Desenvolvimento: 85% e 70%) (Mota, 2015).

Entre 2021 e 2023, dois novos estudos, com amostras maiores e metodologias completamente distintas, vieram reforçar a propriedade do CBCL/1,5-5 em rastrear TEA entre pré-escolares. O primeiro deles comparou as médias de pontuação do questionário em 1.432 crianças de 18 meses e 5 anos de idade de diferentes regiões do Brasil, assim distribuídas: (1) 1.074 crianças com desenvolvimento típico; (2) 216 crianças encaminhadas para serviços de saúde mental por queixas emocionais, comportamentais ou atrasos de desenvolvimento não relacionadas ao TEA; (3) 142 crianças com TEA. Os principais resultados indicaram satisfatória consistência interna de quase todas as escalas testadas (coeficiente ômega geral acima de 0,75), e índices de sensibilidade e especificidade adequados, sendo todas as escalas capazes de discriminar crianças segundo os grupos a que pertenciam, principalmente as crianças com TEA daquelas com desenvolvimento típico (Zaffarani, 2021). Finalmente, o estudo mais recente (Kitanishi *et al.*, 2023) contou com 1.292 crianças um pouco mais velhas, 3 a 5 anos de idade, sendo 70 com TEA e as demais por amostra representativa populacional. O principal resultado da pesquisa foi demonstrar bom ajuste do modelo com alta confiabilidade na amostra total para o modelo de TEA ($X2 = 151,876$, $p \leq 0,001$; CFI = 0,96, TLI = 0,95, RMSEA = 0,037, RMRS = 0,041 $\omega = 0,869$), exceto para um item com baixa carga fatorial. Ambos os estudos indicam o CBCL 1.5-5 como instrumento de nível 1 para identificação de TEA.

Entre as escalas a serem respondidas por pais de crianças com suspeita de TEA a partir de 30-48 meses, podemos considerar como pioneira no Brasil a ATA, composta por 23 subescalas com itens variando de 0 a 2, em que a pontuação global se faz com base na soma aritmética de todos os valores positivos da subescala, levando-se em conta diferentes versões do DSM e da CID. O estudo de tradução, adaptação e validação da ATA demonstrou um coeficiente de confiabilidade de 0,27 e baixa concordância entre aplicadores (Kappa = 0,04). Apesar de todos os participantes do estudo terem sido identificados positivamente pela ATA, seu índice de correlação foi baixo (0,42), revelando baixa especificidade para TEA (Assumpção Júnior *et. al.*, 2008).

Um dos instrumentos mais utilizado no Brasil é o ABC, que avalia comportamentos e sintomas de TEA a partir de 3 anos, segundo 57 questões divididas em cinco domínios: sensorial, relacional, uso do corpo e objetos, linguagem e pessoal-social (Krug; Arick; Almond, 1980). Cada item tem variação de 1 a 4, permitindo a identificação de TEA em diferentes níveis de gravidade: leve probabilidade para TEA, moderada probabilidade para TEA e grande probabilidade para TEA. A versão brasileira do ABC, ou Inventário de Comportamentos Autísticos, revelou boas propriedades psicométricas com amostra de 38 crianças com TEA, 43 mães de crianças com transtornos de linguagem e 52 crianças com desenvolvimento típico, a saber: sensibilidade de 92,1% e especificidade de 92,6% (Marteleto; Pedromônico, 2005).

O Irdi é um inventário com abordagem psicanalítica, criado para identificar problemas no desenvolvimento infantil nos primeiros 18 meses de vida. Contém 31 indicadores que devem ser coletados por meio de observação da relação mãe-bebê, seguida pela notação dos resultados em três categorias: indicador presente, ausente ou não verificado, em que a ausência de pelo menos dois deles indicaria risco para o desenvolvimento (Kupfer *et al.*, 2010). É importante ressaltar que o Irdi não foi desenvolvido especificamente para identificação de TEA, mas adaptado e testado com esse fim no formato de questionário (Irdi-Questionário) a ser respondido por pais/responsáveis de crianças de 3 a 7 anos de idade. De forma geral, o Irdi-Questionário demonstrou boa consistência interna (α de Cronbach de 0,89). Além disso, 16 dos 31 itens marcaram diferenças entre os grupos de crianças típicas e o de crianças com TEA (Machado; Palladino; Cunha, 2014).

A SRS-2 é um instrumento de triagem a ser respondido por pais/cuidadores de crianças a partir de 30 meses de idade com suspeita de TEA, composto por um questionário que caracteriza quantitativamente déficits nas áreas de socialização, comunicação, comportamentos repetitivos e interesses restritos. A SRS-2 tem formulários para diferentes faixas etárias, contemplando desde a idade pré-escolar até a fase adulta (quando passa a ser utilizada como autorrelato). A escala tem como objetivo triar e quantificar traços do TEA, bem como classificá-los em níveis (Constantino; Gruber, 2012). A versão brasileira do questionário apresenta ótimos índices de sensibilidade e especificidade, além de boa consistência interna (Barbosa *et al.*, 2015).

Os instrumentos para diagnóstico têm uma função diferente daqueles de rastreamento, sendo considerados como referência, como apoio ao clínico para realização do diagnóstico. São, portanto, mais complexos, mais longos, de maior custo e exigem capacitação especializada.

A ADI-R, uma entrevista semiestruturada com pais/cuidadores, considerada padrão-ouro para diagnóstico de TEA a partir dos 24 meses de idade (Le Couteur *et al.*, 1989), em razão de sua complexidade, tem duração aproximada de duas horas de aplicação, com complexo sistema de pontuação que exige a formação de profissionais certificados. A ADI-R é composta por 93 itens, formando um algoritmo baseado nos dos critérios internacionais (CID-10 e DSM-IV) que permitem classificar criança, jovem ou adulto com TEA em diferentes níveis. O instrumento foi traduzido para o português e essa versão brasileira, testada com amostra de 20 crianças e adolescentes com TEA em comparação com outras 20 com deficiência intelectual sem TEA, entre 8 e 16 anos de idade. Os resultados indicaram boas propriedades psicométricas, incluindo: alta consistência interna (α de Cronbach de 0,976), alta sensibilidade e especificidade em comparação com diagnóstico médico estabelecido segundo DSM-IV e alta consistência entre observadores (Kappa médio de 0,824). A versão final da ADI-R teve características psicométricas satisfatórias, indicando boas propriedades preliminares de validação (Becker *et al.*, 2012).

A CARS foi desenvolvida ao longo de 15 anos (Schopler *et al.*, 1980), sendo um dos instrumentos mais utilizados internacionalmente para testagem de crianças com TEA e que se mostra útil também para discriminar casos leves, moderados e graves. Alguns autores a classificam como instrumento diagnóstico, por sua capacidade discriminatória e seu perfil semiestruturado, mas ela é bem mais curta, menos detalhada e não exige certificação internacional como a ADI-R. Em virtude dos promissores resultados internacionais, essa escala foi uma das primeiras a receber a versão brasileira. A CARS-BR apresenta boa consistência interna (α de Cronbach de 0,82) e confiabilidade teste-reteste (0,90). Ademais, tem adequada validade convergente em comparação com a ATA (coeficiente de correlação de Pearson de r 0,89) e discriminantes em relação à Escala de Avaliação Global de Funcionamento (Pearson de r -0,75) (Pereira; Riesgo; Wagner, 2008). Um dos problemas da versão brasileira da CARS é que, originalmente, esse instrumento foi desenvolvido para ser aplicado como um protocolo de observação direta da criança, mas no Brasil foi validado em formato de entrevista com pais, o que dificulta a avaliação de sua fidedignidade.

Quadro 1. Descrição dos instrumentos para avaliação de suspeita de TEA segundo entrevista com pais/cuidadores, faixa etária de cobertura e duração da aplicação.

Autor da versão brasileira / Ano de publicação	Instrumentos	Faixa etária de cobertura	Duração da aplicação
(Losapio; Pondé, 2008)	*Modified Checklist for Autism Toddlers* (M-CHAT)	Entre 16 e 30 meses	5 a 20 minutos
(Mota, 2015; Zaffarani, 2021; Kitanishi *et al.*, 2023)	*Child Behavior Checklist* (CBCL)	Entre 18 e 60 meses / Entre 6 e 18 anos	10 a 20 minutos
(Assumpção Júnior *et al.*, 2008)	*Escala D'avaluació Dels Trets Autistes* (ATA)	A partir de 24 meses	20 a 25 minutos
(Marteleto; Pedromônico, 2005)	*Autism Screening Questionnaire* (ABC)	A partir de 36 meses	10 a 20 minutos
(Machado, Palladino; Cunha, 2014)	Indicadores de Risco para o Desenvolvimento Infantil (Irdi)	Entre 3 e 7 anos	15 minutos
(Barbosa *et al.*, 2015)	*Social Responsiveness Scale-2* (SRS-2)	Crianças a partir de 30 meses até jovens e adultos[1]	15 a 20 minutos
(Becker *et al.*, 2012)	*Autism Diagnostic Interview-Revised* (ADI-R)	A partir de 24 meses	90 a 150 minutos
(Pereira; Riesgo; Wagner, 2008)	*Childhood Autism Rating Scale* (CARS)	A partir de 36 meses	10 a 15 minutos

Fonte: Elaboração própria (2023).

1. A partir de 18 anos, o protocolo possui o formulário de autorrelato.

Instrumentos de avaliação direta da criança

Finalmente, existem os instrumentos para avaliação direta de crianças com suspeita de TEA. A Ados, considerada o padrão-ouro na abordagem diagnóstica, é um minucioso protocolo semiestruturado, em que um aplicador treinado e certificado aplica jogos/testes em criança (a partir dos 24 meses), jovem ou adulto com suspeita de TEA, eliciando comportamentos/reações que permitem estabelecer o diagnóstico de TEA em diferentes níveis de gravidade (Lord *et al.*, 2000). Além das folhas de aplicação, o instrumento conta com uma caixa de jogos específicos que deve ser adquirida fora do Brasil. A Ados, assim como a ADI-R, é o instrumento de diagnóstico mais reconhecido em todo o mundo, por seus parâmetros de alta qualidade, que são revisados periodicamente, sendo comprovados em diferentes culturas (Gotham *et al.*, 2007; Risi *et al.*, 2006). A Ados foi traduzida e teve evidências preliminares de validade testadas segundo validação, adaptação transcultural e equivalência semântica para a versão em português. Os resultados do estudo indicaram uma boa equivalência entre a versão original em inglês e a versão brasileira após o processo de adaptação cultural. Algumas diferenças semânticas foram encontradas entre a versão original e a retrotradução, mas não interferiram na primeira tradução para o português nem na versão final. Uma das limitações do estudo foi o tamanho pequeno da amostra; em razão disso, a confiabilidade interavaliadores, calculada entre as pontuações da Ados dadas pelos especialistas e pelo examinador sênior, utilizando o coeficiente Kappa, foi adequada para sete das dez áreas (Pacífico *et al.*, 2019). Apesar de todas as qualidades da Ados, existem grandes desafios práticos para seu uso na maioria dos contextos, já apontados em relação à ADI-R, que incluem: longo tempo de formação e de aplicação, alto custo, entre outros.

Os instrumentos de rastreamento não requerem treinamento de aplicadores, têm baixo custo e são de rápida e fácil aplicação. Nesse sentido, novos instrumentos têm sido desenvolvidos, com perfil de rastreamento, para aumentar o acesso à avaliação de crianças pré-escolares com suspeita de TEA. Como citado anteriormente, o Brasil dispõe de três escalas desse tipo, que foram criadas por pesquisadoras brasileiras e serão apresentadas abaixo, juntamente com uma escala americana.

O PRO-TEA foi desenvolvido no Brasil, é de rápida aplicação e requer um conjunto de brinquedos de baixo custo e fácil reposição. Os itens do protocolo contemplam a tríade de comprometimentos de TEA, levando em consideração a frequência, intensidade e peculiaridade dos sintomas (Bosa; Salles, 2018). O PRO-TEA é composto por 14 itens que permitem a análise de domínios da interação social, linguagem e comunicação, 8 itens sobre a relação da criança de 24 a 60 meses com objetos e brincadeiras, e 4 itens relacionados a comportamento estereotipado e autolesivo. Além de ser bastante usado por diferentes clínicos no Brasil, o instrumento passou por um estudo em que dois observadores cegos ao diagnóstico avaliaram de forma independente 30 crianças de 24 a 49 meses, sendo um terço com TEA, um terço com síndrome de Down e um terço com desenvolvimento típico. Os resultados indicaram que os seguintes itens discriminaram bem o grupo de TEA em relação aos demais: atenção compartilhada (teste Kruskal-Wallis; $\chi^2 = 18{,}0$; gl=2; $p<0{,}001$), responsividade social (teste Kruskal-Wallis; $\chi^2 = 13{,}9$; gl=2; $p=0{,}001$), brincadeira simbólica (teste Kruskal-Wallis; $\chi^2 = 16{,}5$; gl=2; $p<0{,}001$) e movimentos do corpo (teste Kruskal-Wallis; $\chi^2 = 17{,}7$; gl=2; $p<0{,}001$). Contudo, nos demais itens, o PRO-TEA conseguiu apenas discriminar as crianças com TEA daquelas com desenvolvimento típico (Marques; Bosa, 2015). Mais recentemente, o instrumento passou por uma atualização, e a versão revisada, agora renomeada Protea-R-NV, foi novamente testada com 30 crianças, metade com diagnóstico de TEA. Os itens críticos do Protea-R-NV apresentaram forte correlação positiva com os escores de risco do M-CHAT (Steigleder; Bosa; Sbicigo, 2021).

O AMSE foi desenvolvido nos Estados Unidos com a meta de servir como ferramenta a ser utilizada durante um exame clínico de rotina, fornecendo informações sobre habilidades sociais, comunicativas e comportamentais de pacientes com suspeita de TEA. É um instrumento curto, com 8 itens, combinando observação direta e informações clínicas relatadas pelos cuidadores sobre o funcionamento social, comunicativo e comportamental. A versão original do AMSE demonstrou consistência interna moderada, boa sensibilidade (0,94) e especificidade (0,81) para um ponto de corte de 5, em comparação com a Ados numa amostra de 80 pessoas com risco de TEA, com idade variando de 18 meses a 38 anos de idade (Grodberg *et al.*, 2012). Embora organize a maneira como o clínico deve examinar e registrar os sintomas do TEA, não contempla tarefas estruturadas e sistematizadas, o que limita as possibilidades de identificação de sinais e sintomas que podem não aflorar espontaneamente em um único encontro (Gabrielsen *et al.*, 2015). A versão brasileira do AMSE foi testada em 260 crianças/adolescentes de 3 a 18 anos de idade, sendo metade com TEA e metade sem TEA. O instrumento revelou ótimos resultados, incluindo consistência interna moderada (α de Cronbach de 0,74), alta sensibilidade (0,83) e especificidade (0,92), além de alta correlação com a CARS-BR ($\rho = 0{,}91$, $p < 0{,}01$) (Galdino *et al.*, 2018).

O Oera consiste em uma observação estruturada, com oito itens específicos e cinco globais, criada para medir marcadores comportamentais de TEA em crianças de 3 a 10 anos de idade (Carvalho *et al.*, 2013). É de curta duração e baixo custo, podendo ser aplicado por qualquer profissional com experiência clínica e após um curso curto. Seu treinamento é ministrado pela mentora do instrumento (C. S. Paula), dividido em três partes: (1) conceitos de TEA envolvidos no Oera (contato visual, atenção conjunta, reciprocidade socioemocional, imaginação e comunicação); (2) processo de avaliação; (3) gerenciamento de comportamento durante o teste. Uma vantagem em relação ao AMSE é que, assim como a Ados, a observação estruturada permite eliciar comportamentos específicos em um curto período, favorecendo o diagnóstico por meio de um conjunto padronizado de objetos e brinquedos de custo acessível (Paula *et al.*, 2018).

A versão original do Oera era composta por 8 itens semiestruturados e 14 itens observacionais; os 22 itens dicotômicos foram codificados da seguinte forma: 0 (comportamento típico) ou 1 (sinal/sintoma de TEA). Os 8 itens semiestruturados do Oera eram: (1) resposta ao nome; (2) iniciação na atenção compartilhada; (3) resposta à atenção compartilhada; (4) imaginação (fingir brincar); (5) sorriso social; (6) nomear figuras; (7)

compartilhamento de prazer na interação; (8) apontar para o objeto. Os 14 comportamentos adicionais relacionados a (i) linguagem e comunicação (6 itens); (ii) interação social (4 itens); e (iii) estereotipias e maneirismos motores, comportamentos de autoagressão e comportamentos estereotipados (4 itens) são: (9) frequência de vocalização dirigida a outros; (10) entonação, volume, ritmo e fluência de vocalizações ou verbalizações; (11) ecolalia; (12) estereotipia e/ou uso idiossincrático de palavras/frases; (13) uso do corpo de outros para se comunicar; (14) apontar; (15) contato visual incomum; (16) sorriso social; (17) expressões faciais dirigidas a outros; (18) prazer compartilhado; (19) maneirismos; (20) comportamentos de autolesão; (21) interesse sensorial incomum em material de jogo/pessoas; e (22) padrões particulares de comportamentos e/ou interesses. Em estudo inicial exploratório de viabilidade realizado com crianças de creche entre 18 e 36 meses, o Oera foi considerado prático, de baixo custo e adequado ao contexto brasileiro (Alckmin-Carvalho *et al.*, 2014).

Para testar as evidências de validade e confiabilidade do Oera, foi realizado um novo estudo com 99 crianças brasileiras de 3 a 10 anos de idade, no qual o Oera se mostrou eficaz em distinguir crianças com TEA de outras com transtornos e desenvolvimento típico. Os 13 itens restantes – (1) resposta ao nome; (2) iniciação na atenção compartilhada; (3) resposta à atenção compartilhada; (4) imitação; (5) sorriso social; (6) nomear figuras; (7) reciprocidade socioemocional; (8) apontar para o objeto; (9) ecolalia; (10) uso do corpo de outros para se comunicar; (11) apontar espontâneo; (12) contato visual incomum; (13) adequação e intencionalidade da expressão facial – exibiram alta concordância entre avaliadores e alta confiabilidade carregada em um único traço latente, sendo 8 itens testados em provas específicas e os demais de acordo com a observação da avaliação completa. Tal modelo apresentou excelentes índices de ajuste avaliados por meio de análise fatorial confirmatória, e nenhum item apresentou função diferencial em termos de idade, sexo e quociente de inteligência (QI). Um corte de 5 pontos ou mais resultou nos maiores percentuais de sensibilidade (92,75) e especificidade (90,91). Sendo assim, o Oera foi classificado como triagem observacional padronizada, breve, estável, de baixo custo e com excelentes propriedades psicométricas para identificar crianças com TEA de 3 a 10 anos de idade (Paula *et al.*, 2018). Apesar de ser útil para diferentes contextos, o Oera tem como principal limitação o fato de não ter sido testado em crianças menores. Por esse motivo, desde 2022, uma equipe multidisciplinar está adaptando e realizando um estudo de validação do Oera *baby*, que deve ser lançado em 2024.[2]

Quadro 2. Descrição dos instrumentos para avaliação de suspeita de TEA por observação direta da criança, segundo faixa etária de cobertura e duração da aplicação.

Autor da versão brasileira / Ano de publicação	Instrumentos	Faixa etária de cobertura	Duração da aplicação
(Pacífico *et al.*, 2019)	*Autism Diagnostic Observational Schedule* (Ados)	Crianças a partir de 12 meses até jovens e adultos com fluência verbal	40 a 60 minutos
(Bosa; Salles, 2018)	Sistema de Avaliação da Suspeita de Transtorno do Espectro Autista (Protea-R)	Entre 24 e 60 meses	135 minutos
(Galdino *et al.*, 2018)	*Autism Mental Status Exam* (AMSE)	Entre 18 e 48 meses	Durante consulta médica de rotina
(Paula *et al.*, 2018)	Protocolo de Observação Estruturada para Rastreamento de Autismo (Oera)	Entre 3 e 10 anos	20 a 30 minutos
(Pondé *et al.*, 2021)	Labirinto	Entre 24 e 48 meses	60 a 120 minutos

Fonte: Elaboração própria (2023).

2. Comunicação pessoal com a autora Cristiane Silvestre de Paula.

Mais recentemente, um novo protocolo de observação para identificação de crianças de 24 e 59 meses com risco para TEA foi desenvolvido por pesquisadores brasileiros, com o título de Escala Labirinto. Conforme uma pesquisa com amostra de 75 crianças, 48 com TEA e 27 com desenvolvimento típico, verificou-se boa qualidade de construto (Kaiser-Meyer-Olkin 0,94), segundo formato unifatorial α de Cronbach de 0,97, além de alta sensibilidade e especificidade com a CARS e o DSM-5 (Pondé *et al.*, 2021).

Acompanhando o cenário mundial (Seize; Borsa, 2017), fica evidente o avanço no desenvolvimento de estudos que comprovam a viabilidade e a capacidade de escalas e protocolos de observação para identificação de crianças com suspeita de TEA em idade pré-escolar. O maior desafio atual é ampliar sua utilização na prática cotidiana e em diferentes contextos de saúde, tanto públicos como privados.

Esses desafios podem estar relacionados, por exemplo, ao tempo de que dispõe o profissional de saúde em uma consulta, ao conhecimento sobre TEA em idade precoce, ao acesso a instrumentos gratuitos de rápida e fácil aplicação.

Conclusão

Neste capítulo, foram apresentados 13 instrumentos de avaliação disponíveis no Brasil, sendo 8 deles de avaliação indireta e 5 de avaliação direta da criança. Entre eles, Ados e ADI-R configuram instrumentos de alto custo e longa aplicação (40 a 150 minutos). Estão disponíveis 10 instrumentos de baixo custo e rápida aplicação (10 a 25 minutos), sendo dois deles com idade de avaliação iniciando em 16 e 18 meses e os demais em 24 e 36 meses (como pode ser visto nos Quadros 1 e 2).

As informações apresentadas sobre esses instrumentos possibilitam que o avaliador ou chefe de serviço clínico, público ou privado, escolha o instrumento mais adequado às condições de pessoal e tempo disponíveis em seu contexto de trabalho. Além de obter medida objetiva de risco de TEA, que permite o encaminhamento para avaliações complementares e início da intervenção precoce, a utilização de instrumentos de rastreio pode compor uma base de dados para pesquisas futuras sobre TEA nos primeiros anos de vida.

Referências

ACHENBACH, T. M. *Manual for the child behavior checklist/4-18 and 1991 profile*. Burlington, VT: University of Vermont, Department of Psychiatry, 1991.

ACHENBACH, T. M.; RESCORLA, L. A. *Manual for the Aseba preschool forms and profiles* (V. 30). Burlington, VT: University of Vermont, Research Center for Children, Youth, & Families, 2000.

ALCKMIN-CARVALHO, F. *et al*. Identification of early signs of autism according to a structured observational protocol: a follow-up study. *Psico*, v. 45, n. 4, p. 502, 2014. Disponível em: https://doi.org/10.15448/1980-8623.2014.4.15873. Acesso em: 14 set. 2023.

AMERICAN PSYCHIATRIC ASSOCIATION. *DSM-5: Manual diagnóstico e estatístico de transtornos mentais*. Porto Alegre: Artmed, 2015.

ASSUMPÇÃO JÚNIOR, F. B. *et al*. Escala de Avaliação de Traços Autísticos (ATA): segundo estudo de validade. *Medicina de Reabilitação*, p. 41-44, 2008.

BAIRD, G. *et al*. Screening and surveillance for autism and pervasive developmental disorders. *Arch Dis Child*, v. 84, n. 6, p. 468-475, 2001.

BAKEMAN, R.; ADAMSON, L. B. Coordinating attention to people and objects in mother-infant and peer-infant interaction. *Child development*, p. 1278-1289, 1984.

BARBOSA, I. G. *et al*. Propriedades psicométricas da Escala de Responsividade Social-2 para transtorno do espectro autista. *Jornal Brasileiro de Psiquiatria*, v. 64, n. 3, p. 230-237, 2015.

BARON-COHEN, S. From attention-goal psychology to belief-desire psychology: the development of a theory of mind and its dysfunction. *In*: BARON-COHEN, S.; TAGER-FLUSBERG, H.; COHEN, D. J. (eds.) *Understanding other minds: perspectives from autism*. Oxford, UK: Oxford University Press, 1993, p. 59-82.

BARON-COHEN, S. *et al*. Early identification of autism by the Checklist for Autism in Toddlers (CHAT). *Journal of the Royal Society of Medicine*, v. 93, n. 10, p. 521-525, 2000. Disponível em: https://doi.org/10.1177/014107680009301007. Acesso em: 14 set. 2023.

BECKER, M. M. *et al*. Translation and validation of Autism Diagnostic Interview-Revised (ADI-R) for autism diagnosis in Brazil. *Arquivos de Neuro-Psiquiatria*,

v. 70, n. 3, p. 185-190, 2012. Disponível em: http://www.ncbi.nlm.nih.gov/pubmed/22392110. Acesso em: 14 set. 2023.

BORNSTEIN, M. H. *et al.* Solitary and collaborative pretense play in early childhood: sources of individual variation in the development of representational competence. *Child Development*, v. 67, p. 2910-2929, 1996.

BOSA, C. Atenção compartilhada e identificação precoce do autismo. *Psicologia: Reflexão e Crítica*, v. 15, n. 1, p. 77-88, 2002. Disponível em: https://doi.org/10.1590/S0102-79722002000100010. Acesso em: 11 set. 2023.

BOSA, C. A.; SALLES, J. F. *Sistema Protea-R de avaliação da suspeita de transtorno do espectro autista*. São Paulo: Vetor, 2018.

CARPENTER, M.; NAGELL, K.; TOMASELLO, M. Social cognition, joint attention, and communicative competence from 9 to 15 months of age. *Monographs of the Society for Research in Child Development*, 63 (Serial n. 255). Chicago: The University of Chicago Press, 1998.

CARVALHO, F. A. *et al.* Screening of early signs of autism spectrum disorder in children of a day care center from the São Paulo city. *Revista Psicologia: Teoria e Prática*, v. 15, n. 2, p. 144-154, 2013. Disponível em: http://search.ebscohost.com/login.aspx?direct=true&db=a9h&AN=94785593&lang=es&site=ehost-live. Acesso em: 11 set. 2023.

CASTRO-SOUZA, R. M. D. (2011). *Adaptação brasileira do M-CHAT (Modified Checklist for Autism in Toddlers)*. 2011. Dissertação (Mestrado em Psicologia Social, do Trabalho e das Organizações) – Universidade de Brasília, Brasília, 2011.

CHARMAN, T. The relationship between joint attention and pretend play in autism. *Development and Psychopathology*, v. 9, p. 1-16, 1997.

CHARMAN, T. Why is joint attention a pivotal skill in autism? *In*: FRITH, U.; HILL, E. L. (ed.). *Autism: mind and brain*. Oxford University Press, 2004. p. 67-87.

CONSTANTINO, J. N.; GRUBER, C. P. *Social Responsiveness Scale: SRS-2*, Torrance, CA: Western Psychological Services, 2012.

DEKKERS, L. *et al.* Prevalence of autism spectrum disorders in Ecuador: a pilot study in Quito. *Journal of Autism and Developmental Disorders*, v. 45, n. 12, p. 4165-4173, 2015.

ELSABBAGH, M. *et al.* Global prevalence of autism and other pervasive developmental disorders. *Autism Research*, v. 5, n. 3, p. 160-179, 2012. Disponível em: https://doi.org/10.1002/aur.239. Acesso em: 11 set. 2023.

FALKMER, T. *et al.* Diagnostic procedures in autism spectrum disorders: a systematic literature review. *European Child & Adolescent Psychiatry*, v. 22, n. 6, p. 329-340, 2013. Disponível em: https://doi.org/10.1007/s00787-013-0375-0. Acesso em: 8 set. 2023.

FOMBONNE, E. Epidemiological controversies in autism. *Swiss Archives of Neurology, Psychiatry and Psychotherapy*, 2020. Disponível em: https://doi.org/10.4414/sanp.2020.03084. Acesso em: 8 set. 2023.

FOMBONNE, E. *et al*. Prevalence of autism spectrum disorders in Guanajuato, Mexico: the Leon survey. *Journal of Autism and Developmental Disorders*, v. 46, n. 5, p. 1669-1685, 2016. Disponível em: https://doi.org/10.1007/s10803-016-2696-6. Acesso em: 11 set. 2023.

GABRIELSEN, T. P. *et al*. Identifying autism in a brief observation. *Pediatrics*, v. 135, n. 2, p. e330-8, 2015. Disponível em: https://doi.org/10.1542/peds.2014-1428. Acesso em: 8 set. 2023.

GALDINO, M. P. *et al*. Evidence of validity of the Autism Mental Status Examination (AMSE) in a Brazilian sample. *Journal of Autism and Developmental Disorders*, v. 0, n. 0, p. 1-6, 2018. Disponível em: https://doi.org/10.1007/s10803-018-3530-0. Acesso em: 14 set. 2023.

GARBER, J.; DODGE, K. A. (ed.). *The development of emotion regulation and dysregulation*. Nova York: Cambridge University Press, 1991. p. 69-88.

GARCIA, Y. C.; MARTINS, A. L. B. Entraves para o diagnóstico de autismo na rede pública. *In*: MARTINS, A. L. B. *et al*. *Transtorno do Espectro Autista na universidade: da pesquisa básica à aplicada*. Campo Grande: Editora UFMS, 2023. p. 36-52.

GARON, N. *et al*. Temperament and its relationship to autistic symptoms in a high-risk infant sib cohort. *Journal of Abnormal Child Psychology*, v. 37, p. 59-78, 2009.

GONZALEZ-SALA, F. *et al*. Symbolic play among children with autism spectrum disorder: a scoping review. *Children*, v. 8, n. 9, p. 801, 2021.

GOTHAM, K. *et al*. The Autism Diagnostic Observation Schedule: revised algorithms for improved diagnostic validity. *Journal of Autism and Developmental Disorders*, v. 37, n. 4, p. 613-627, 2007. Disponível em: https://doi.org/10.1007/s10803-006-0280-1. Acesso em: 11 set. 2023.

GRODBERG, D. *et al*. Brief report: the Autism Mental Status Examination: development of a brief autism-focused exam. *Journal of Autism and Developmental Disorders*, v. 42, n. 3, p. 455-459, 2012. Disponível em: https://doi.org/10.1007/s10803-011-1255-4. Acesso em: 11 set. 2023.

HEPBURN, S. L.; STONE, W. L. Using Carey temperament scales to assess behavioral style in children with autism spectrum disorders. *Journal of Autism & Developmental Disorders*, 36, p. 637-664, 2006.

HYMAN, S. L. *et al*. Identification, evaluation, and management of children with autism spectrum disorder. *Pediatrics*, v. 145, n. 1, p. e20193447, 2020.

KANNER, L. Autistic disturbances of affective contact. *Nervous Child*, v. 2, p. 217-250, 1943.

KASARI, C.; FREEMAN, S.; PAPARELLA, T. Joint attention and symbolic play in young children with autism: a randomized controlled intervention study. *Journal of Child Psychology and Psychiatry*, v. 47, n. 6, p. 611-620, 2006.

KITANISHI, N. Y. *et al*. Validating CBCL 1.5-5 as a screening tool for Autism Spectrum Disorder. *Journal of Autism and Developmental Disorders*. Submetido à publicação em setembro de 2023.

KRUG, D. A.; ARICK, J.; ALMOND, P. Behavior checklist for identifying severely handicapped individuals with high levels of autistic behavior. *Journal of Child Psychology and Psychiatry, and Allied Disciplines*, v. 21, n. 3, p. 221-229, 1980. Disponível em: https://doi.org/10.1111/j.1469-7610.1980.tb01797.x. Acesso em: 6 set. 2023.

KUPFER, M. C. M. *et al*. Predictive value of clinical risk indicators in child development: final results of a study based on psychoanalytic theory. *Revista Latinoamericana de Psicopatologia Fundamental*, v. 13, n. 1, p. 31-52, 2010. Disponível em: https://doi.org/10.1590/S1415-47142010000100003. Acesso em: 9 set. 2023.

LAI, M. C.; LOMBARDO, M. V.; BARON-COHEN, S. Autism. *Lancet*, n. 383, p. 896-910, 2014.

LAMPREIA, C. Perspectivas da pesquisa prospectiva com bebês irmãos de autistas. *Psicologia: Ciência e Profissão*, n. 29, p. 160-171, 2009.

LANDA, R. J.; HOLMAN, K. C.; GARRETT-MAYER, E. Social and communication development in toddlers with early and later diagnosis of autism spectrum disorders. *Archives of general psychiatry*, v. 64, n. 7, p. 853-864, 2007.

LE COUTEUR, A. *et al*. Autism diagnostic interview: a standardized investigator-based instrument. *Journal of Autism and Developmental Disorders*, v. 19, n. 3, p. 363-387, 1989. Disponível em: http://www.ncbi.nlm.nih.gov/pubmed/2793783. Acesso em: 10 set. 2023.

LEJARRAGA, H. *et al*. Screening for developmental problems at primary care level: a field programme in San Isidro, Argentina. *Paediatric and Perinatal Epidemiology*, v. 22, n. 2, p. 180-187, 2008. Disponível em: https://doi.org/10.1111/j.1365-3016.2007.00897.x. Acesso em: 11 set. 2023.

LESLIE, A. M. Pretense and representation: the origins of "Theory of Mind". *Psychological Review*, v. 94, p. 412-426, 1987.

LILLARD, A. S. Playing with a theory of mind. *In*: SARACHO, O. N.; SPODEK, B. (ed.). *Multiple perspectives on play in early childhood education*. Nova York: State University of New York Press, 1998. p. 11-33.

LORD, C. *et al*. The autism diagnostic observation schedule-generic: a standard measure of social and communication deficits associated with the spectrum of autism. *Journal of Autism and Developmental Disorders*, v. 30, n. 3, p. 205-223, 2000. Disponível: http://www.ncbi.nlm.nih.gov/pubmed/11055457. Acesso em: 11 set. 2023.

LOSAPIO, M. F.; PONDÉ, M. P. Tradução para o português da escala M-CHAT para rastreamento precoce de autismo. *Revista de Psiquiatria do Rio Grande do Sul*, v. 30, n. 3, p. 221-229, 2008. Disponível em: https://doi.org/10.1590/S0101-81082008000400011. Acesso em: 14 set. 2023.

MACARI, S. *et al*. Temperamental markers in toddlers with autism spectrum disorder. *Journal of Child Psychology and Psychiatry*, n. 58, p. 819-828, 2017.

MACARI, S. *et al*. Emotional expressivity in toddlers with Autism Spectrum Disorder. *J Am Acad Child Adolesc Psychiatry*, n. 57, p. 828-836, 2018.

MACHADO, F. P.; PALLADINO, R. R. R.; CUNHA, M. C. Adaptation of the Child Development Clinical Risk Indicators instrument to retrospective parent report. *CoDAS*, v. 26, n. 2, p. 138-147, 2014. Disponível em: https://doi.org/10.1590/2317-1782/2014001IN. Acesso em: 12 set. 2023.

MARQUES, D. F.; BOSA, C. A. Protocolo de avaliação de crianças com autismo: evidências de validade de critério. *Psicologia: Teoria e Pesquisa*, v. 31, n. 1, p. 43-51, 2015. Disponível em: https://doi.org/10.1590/0102-37722015011085043051. Acesso em: 8 set. 2023.

MARTELETO, M. R. F.; PEDROMÔNICO, M. R. M. Validity of Autism Behavior Checklist (ABC): preliminary study. *Revista Brasileira de Psiquiatria*, v. 27, n. 4, p. 295-301, 2005. Disponível em: https://doi.org/10.1590/S1516-44462005000400008. Acesso em: 11 set. 2023.

MARTINS, A. L. B. *et al*. *Transtorno do espectro autista na universidade: da pesquisa básica à aplicada*. Campo Grande: Editora UFMS, 2023.

MARTINS, M. R. *et al*. Identificação precoce e a atenção compartilhada no Transtorno do Espectro Autista (TEA): uma revisão da literatura. *In*: MARTINS, A. L. B. *et al*. *Transtorno do espectro autista na universidade: da pesquisa básica à aplicada*. Campo Grande: Editora UFMS, 2023. p. 19-35.

MATEUS, V. *et al*. Cognição social na infância. *In*: AMATO, C. A. H.; BRUNONI, D.; BOGGIO, P. S. (orgs.). *Distúrbios do desenvolvimento: estudos interdisciplinares*. São Paulo: Mennon, 2018. p. 469-480.

MCCARTY, P.; FRYE, R. E. Early detection and diagnosis of autism spectrum disorder: why is it so difficult? *Seminars in Pediatric Neurology*, v. 35, 100831, 2020. Disponível em: https://doi.org/10.1016/j.spen.2020.100831. Acesso em: 8 set. 2023.

MEINS, E.; RUSSELL, J. Security and symbolic play: the relation between security of attachment and executive capacity. *British Journal of Developmental Psychology*, v. 15, p. 63-76, 1997.

MIREAULT, G. C. *et al.* Social looking, social referencing and humor perception in 6-and-12-month-old infants. *Infant Behavior and Development*, v. 37, n. 4, p. 536-545, 2014.

MONTIEL-NAVA, C.; PEÑA, J. A. Epidemiological findings of pervasive developmental disorders in a Venezuelan study. *Autism*, v. 12, n. 2, p. 191-202, 2008. Disponível em: https://doi.org/10.1177/1362361307086663. Acesso em: 12 set. 2023.

MOTA, A. D. P. *Identificação de transtornos do espectro de autismo com Child Behavior Checklist (CBCL): evidências de sensibilidade*. 2015. Tese (Doutorado) – Universidade de São Paulo, São Paulo, 2015. Disponível em: http://www.teses.usp.br/teses/disponiveis/47/47131/tde-12082015-151126/. Acesso em: 10 set. 2023.

MUNDY, P. *et al. Early social communication scales (ESCS)*. Coral Gables: University of Miami, 2003.

MUNDY, P. *et al.* Individual differences and the development of joint attention in infancy. *Child Development*, v. 78, n. 3, p. 938-954, 2007.

NABER, F. B. *et al.* Joint attention development in toddlers with autism. *European Child & Adolescent Psychiatry*, 17, p. 143-152, 2008.

NYSTRÖM, P. *et al.* Joint attention in infancy and the emergence of autism. *Biological Psychiatry*, v. 86. n. 8, p. 631-638, 2019.

ORGANIZAÇÃO MUNDIAL DA SAÚDE (OMS). *CID-11: Classificação Internacional de Doenças*. 11. rev. Genebra: OMS, 2022.

OZONOFF, S.; GOODLIN-JONES, B. L.; SOLOMON, M. Evidence-based assessment of autism spectrum disorders in children and adolescents. *Journal of Clinical Child and Adolescent Psychology*, v. 34, n. 3, p. 523-540, 2005. Disponível em: https://doi.org/10.1207/s15374424jccp3403_8. Acesso em: 12 set. 2023.

PACÍFICO, M. C. *et al.* Preliminary evidence of the validity process of the Autism Diagnostic Observation Schedule (Ados): translation, cross-cultural adaptation and semantic equivalence of the Brazilian Portuguese version. *Trends in Psychiatry and Psychotherapy*, v. 41, n. 3, p. 218-226, 2019. Disponível em: https://doi.org/10.1590/2237-6089-2018-0063. Acesso em: 12 set. 2023.

PALOMO, R. *et al.* Social orienting and initiated joint attention behaviors in 9 to 12 month old children with autism spectrum disorder: a family home movies study. *Autism Research*, v. 15, p. 1109-1119, 2022.

PARASMO, B. *et al.* Autism Spectrum Disorders: prevalence and service use in four Brazilian regions. *Revista Brasileira de Psiquiatria*, v. 42, 2015.

PAULA, C. S. *et al.* Brief report: prevalence of pervasive developmental disorder in Brazil: a pilot study. *Journal of Autism and Developmental Disorders*, v. 41, n. 12, p. 1738-1742, 2011. Disponível em: https://doi.org/10.1007/s10803-011-1200-6. Acesso em: 12 set. 2023.

PAULA, C. S. *et al.* Identifying autism with a brief and low-cost screening instrument – Oera: construct validity, invariance testing, and agreement between judges. *Journal of Autism and Developmental Disorders*, v. 48, n. 5, p. 1780-1791, 2018. Disponível em: https://doi.org/10.1007/s10803-017-3440-6. Acesso em: 10 set. 2023.

PEREIRA, A.; RIESGO, R. S.; WAGNER, M. B. Childhood autism: translation and validation of the Childhood Autism Rating Scale for use in Brazil. *Jornal de Pediatria*, v. 84, n. 6, p. 487-494, 2008. Disponível em: https://doi.org/10.2223/JPED.1828. Acesso em: 6 set. 2023.

PONDÉ, M. P. *et al.* A validation study of the Labirinto scale for the evaluation of autism spectrum disorder in children aged 2 to 4 years. *Trends in Psychiatry and Psychotherapy*, v. 43, n. 4, p. 320-328, 2021. Disponível em: https://doi.org/10.47626/2237-6089-2020-0141. Acesso em: 6 set. 2023.

RAKOCZY, H. Pretense as individual and collective intentionality. *Mind & Language*, v. 23, n. 5, p. 499-517, 2008.

RISI, S. *et al.* Combining information from multiple sources in the diagnosis of autism spectrum disorders. *Journal of the American Academy of Child and Adolescent Psychiatry*, v. 45, n. 9, p. 1094-1103, 2006. Disponível em: https://doi.org/10.1097/01.chi.0000227880.42780.0e. Acesso em: 13 set. 2023.

ROBINS, D. L. *et al.* The Modified Checklist for Autism in Toddlers: an initial study investigating the early detection of autism and pervasive developmental disorders. *Journal of Autism and Developmental Disorders*, v. 31, n. 2, p. 131-144, 2001.

SCHOPLER, E. *et al.* Toward objective classification of childhood autism: Childhood Autism Rating Scale (CARS). *Journal of Autism and Developmental Disorders*, v. 10, n. 1, p. 91-103, 1980. Disponível em: http://www.ncbi.nlm.nih.gov/pubmed/6927682. Acesso em: 8 set. 2023.

SEIZE, M. DE M.; BORSA, J. C. Instrumentos para rastreamento de sinais precoces do autismo: revisão sistemática. *Psico-USF*, v. 22, n. 1, p. 161-176, 2017. Disponível em: https://doi.org/10.1590/1413-82712017220114. Acesso em: 8 set. 2023.

STEIGLEDER, B. G.; BOSA, C. A.; SBICIGO, J. B. Sinais de alerta para transtorno do espectro autista: evidências de validade do Protea-R-NV. *Revista Avaliação Psicológica*, v. 20, n. 3, p. 331-340, 2021. Disponível em: https://doi.org/10.15689/ap.2021.2003.19847.07. Acesso em: 10 set. 2023.

WALDEN, T. A. Infant social referencing. *In*: GARBER, J.; DODGE, K. A. (ed.). *The development of emotion regulation and dysregulation*. Nova York: Cambridge University Press, 1991. p. 69-88.

WETHERBY, A. Early identification and interventions for autism spectrum disorder: executive summary. *Pediatrics*, v. 136, suplemento 1, p. S1-S9, 2015. Disponível em: https://doi.org/10.1542/peds.2014-3667B. Acesso em: 11 set. 2023.

YOUNGBLADE, L. M.; DUNN, J. (1995). Individual differences in young children's pretend play with mother and sibling: links to relationships and understanding of other people's feelings and beliefs. *Child Development*, v. 66, p. 1472-1492.

ZAFFARANI, L. S. *Propriedades psicométricas da versão brasileira do Child Behavior Checklist for Ages 1½-5 (cbcl/1.5-5) para triagem de transtorno do espectro autista.* 2021. Dissertação (Mestrado) – Universidade Presbiteriana Mackenzie, São Paulo, 2021. Disponível em: https://dspace.mackenzie.br/items/bb64c53b-b293-4c9f-abe9-11479b42c602. Acesso em: 10 set. 2023.

ZANON, R. B.; FURCIN, H. C. Avaliação precoce de autismo: sistematização dos instrumentos disponíveis e apresentação de um caso atendido no LABSPA/UFGD. *In*: MARTINS, A. L. B. *et al. Transtorno do espectro autista na universidade: da pesquisa básica à aplicada*. Campo Grande: Editora UFMS, 2023. p. 53-76.

ZWAIGENBAUM, L. *et al.* Studying the emergence of autism spectrum disorders in high-risk infants: methodological and practical issues. *Journal of Autism and Developmental Disorders*, v. 37, n. 3, p. 466-480, 2007. Disponível em: https://doi.org/10.1007/s10803-006-0179-x. Acesso em: 13 set. 2023.

ZWAIGENBAUM, L. *et al.* Clinical assessment and management of toddlers with suspected autism spectrum disorder: insights from studies of high-risk infants. *Pediatrics*, v. 123, n. 5, p. 1383-1391, 2009. Disponível em: https://doi.org/10.1542/peds.2008-1606. Acesso em: 13 set. 2023.

ZWAIGENBAUM, L. *et al.* Early screening of autism spectrum disorder: recommendations for practice and research. *Pediatrics*, v. 136, p. S41-59, 2015. Disponível em: https://doi.org/10.1542/peds.2014-3667D. Acesso em: 13 set. 2023.

2
DIAGNÓSTICO E CARACTERÍSTICAS DE TEA EM MULHERES: ACHADOS RECENTES

Tatiana Pontrelli Mecca

É crescente o número de estudos e o conhecimento a respeito das especificidades na manifestação do fenótipo cognitivo e comportamental do Transtorno do Espectro do Autismo (TEA) em mulheres na vida adulta. Assim, já existem revisões de literatura sobre o tema (Bourson; Prevost, 2022; Lockwood *et al.*, 2021; Ochoa-Lubinoff; Makol; Dillon, 2023), principalmente quando se trata de mulheres sem a comorbidade com deficiência intelectual e que apresentam características compatíveis com o nível 1 de suporte. Tais características têm sido alvo de atenção não apenas na vida adulta, mas desde a tenra idade, a partir do desenvolvimento das habilidades sociocomunicativas, cognitivas, emocionais e comportamentais em meninas (Rynkiewicz; Janas-Kozik; Słopień, 2019). Um rápido levantamento (sem critérios rigorosos de sistematização), feito no PubMed, utilizando os descritores "*autism*" *and* (como operador booleano) "*women*" mostrou mais de mil estudos, a maioria (mais de 600) dos últimos cinco anos.

Há também um reconhecimento crescente de que a condição pode, de fato, ser mais comum entre mulheres do que anteriormente aceito, estimulando pesquisadores a investigar as especificidades da apresentação do TEA nas mulheres (Rynkiewicz *et al.*, 2018). Há autores que apontam uma proporção de dois a três autistas do sexo masculino para um autista do sexo feminino quando a investigação é realizada na população geral e uma prevalência de quatro para um quando a amostra é composta por grupos clínicos com diagnóstico prévio (Loomes; Hull; Mandy, 2017). Estudos que sumarizam achados globais permanecem indicando uma proporção de quatro meninos para uma menina (Zeidan *et al.*, 2022).

Na literatura, há duas correntes distintas, mas não mutuamente exclusivas, para explicar as discrepâncias no diagnóstico: 1) argumenta-se que há algo inerente na genética do sexo feminino que "protege" as mulheres da probabilidade de desenvolver o TEA; 2) a proposição de que as mulheres podem ter maior probabilidade de desenvolver TEA do que estimamos atualmente, mas que os vieses diagnósticos e a variação nas formas como o transtorno é expresso nas mulheres significam que não detectamos mulheres no mesmo grau em que o fazemos com homens (Hull; Petrides; Mandy, 2020).

Suportando a primeira hipótese, há estudos que indicam que mulheres autistas apresentam mutações relativamente mais espontâneas e não herdadas associadas ao TEA do que homens, sugerindo que um maior impacto genético é necessário para que as mulheres atinjam o limite de diagnóstico. De acordo com essa hipótese, se as mulheres estão, em média, protegidas para o TEA em comparação aos homens, logo, deveriam ter maior carga genética para expressar o mesmo nível de características. Como a maior parte da variação do TEA é herdada, os parentes genéticos próximos das mulheres também deveriam carregar mais carga genética para o TEA do que os parentes próximos de homens autistas. No entanto, as evidências para essa hipótese são heterogêneas e inconclusivas (*ibid.*).

Outro ponto que sustentaria a hipótese de proteção genética é a teoria do cérebro masculino extremo, que preconiza que a existência de hormônios sexuais masculinos pode estar subjacente a muitas características de pessoas autistas, tais como altos níveis de habilidades de sistematização, dificuldades com empatia cognitiva e tarefas de expressão emocional (características associadas ao TEA). Desse modo, indivíduos autistas apresentariam uma "extrema manifestação" de características comportamentais e psicológicas masculinas (Baron-Cohen, 2002). No entanto, também não foram encontradas evidências robustas de que os níveis de andrógenos fetais apresentassem uma relação causal com o TEA. Tampouco foram encontrados genes específicos nos cromossomos sexuais que explicassem de forma significativa o aparecimento dos sintomas de TEA.

Sabe-se que as peculiaridades na manifestação clínica de mulheres também são um fator relevante e desafiador para: o processo diagnóstico de TEA, a compreensão do que é um prejuízo de funcionamento adaptativo acarretado pelos sintomas e o estabelecimento dos suportes necessários. Isso se deve ao fato de que grande parte do conhecimento sobre TEA para realização do diagnóstico está pautada em pesquisas com meninos ou homens, desde a primeira descrição por Leo Kanner (1943) até os critérios mais atuais (APA, 2022). Soma-se a isso o conhecimento sobre as eficácias das intervenções, uma vez que a maior parte das amostras dos estudos também é composta pelo sexo masculino.

No caso dos procedimentos para realização de identificação do quadro, há uma limitação das ferramentas disponíveis. Os instrumentos de rastreio de sintomas podem não ser sensíveis às apresentações clínicas de mulheres, fazendo com que elas "escapem" com mais frequência da rede diagnóstica. Como consequência, a ausência do diagnóstico faz com que muitas mulheres vivenciem experiências adversas ao longo da vida. Quando há procura por profissionais de saúde, estes atribuem os prejuízos clínicos a outros quadros comuns, que podem ser ou não comórbidos ao TEA, tais como alterações de humor, ansiedade e transtornos de personalidade (Rynkiewicz *et al.*, 2018; Ormond *et al.*, 2018).

A compreensão da manifestação dos sintomas em mulheres contribui para o desenvolvimento e a maior robustez das estratégias de avaliação e conduta terapêutica (com provisão dos suportes necessários), visando à qualidade de vida. Isso inclui refinamento dos processos avaliativos, identificação acurada de comorbidades e raciocínio clínico para estabelecimento de diagnóstico diferencial (por exemplo, transtorno de déficit de atenção/hiperatividade, transtornos de personalidade, transtornos de humor, entre outros). Além disso, conhecer os possíveis fenótipos em mulheres impacta na seleção de práticas de intervenção baseadas em evidências que sejam específicas para as demandas dessa população na vida adulta.

Dessa forma, este capítulo apresentará alguns dos principais achados recentes a respeito das características de mulheres autistas, com o objetivo de auxiliar práticas clínicas e de pesquisa. Também apresentará resultados parciais de dois estudos realizados em uma amostra de conveniência de adultos autistas, avaliada pelo Grupo de Pesquisa em Transtorno do Espectro Autista, vinculado ao Departamento de Saúde Mental da Faculdade de Ciência Médicas da Santa Casa de São Paulo, em colaboração com outros pesquisadores do Grupo de Trabalho em Transtorno do Espectro Autista da Associação Nacional de Pesquisa e Pós-graduação em Psicologia (Anpepp).

O fenótipo cognitivo e comportamental em mulheres autistas

Tanto no âmbito científico quanto na sociedade civil de forma mais ampla, os últimos anos foram palco de um aumento na consciência emergente de que o TEA pode manifestar-se de forma diferente e, em alguns aspectos, de forma até mais sutil, em parte das mulheres com o diagnóstico (Dworzynski *et al.*, 2012). Embora a expressão "mais sutil" seja recorrentemente utilizada para descrever o fenótipo em mulheres sem deficiência intelectual, sem atraso de fala ou prejuízos significativos na linguagem oral, vale ressaltar que isso não significa ausência de prejuízos (Hull *et al.*, 2017; Lai; Baron-Cohen; Buxbaum, 2015).

Uma vez que o TEA é um transtorno do neurodesenvolvimento, a presença dos sintomas deve obrigatoriamente acarretar prejuízos de comportamento adaptativo (APA, 2022). Este se refere a um conjunto de habilidades conceituais, sociais e práticas que são aprendidas e executadas pelas pessoas na vida cotidiana (Schalock; Luckasson; Tasse, 2021). A depender do nível de prejuízo no comportamento adaptativo, o indivíduo precisará de determinados suportes, em diferentes níveis de intensidade e contexto. Isso determinará os níveis de suporte (APA, 2022): 1) exigindo apoio; 2) exigindo apoio substancial; 3) exigindo apoio muito substancial.

O nível intelectual é um fator importante, que contribui para o atraso no diagnóstico. Mulheres com QI baixo têm maior probabilidade de receber um diagnóstico do que as mulheres com QI alto (Rivet; Matson 2011; Van Wijngaarden-Cremers *et al.*, 2014). Apesar do aumento na prevalência do TEA ao longo dos anos (Maenner *et al.*, 2023), este parece decorrer principalmente da identificação de meninos sem deficiência intelectual (Blumberg *et al.*, 2013).

Além dos quatro especificadores clínicos (linguagem, inteligência, comorbidades e necessidades de suporte), a idade e o sexo são variáveis que também representam fontes adicionais de variação clínica e que contribuem para o alargamento (heterogeneidade) de possíveis fenótipos consistentes com os critérios de diagnóstico de TEA (Mottron; Bzdok, 2020). Essa amplitude questiona os limites do fenótipo do TEA, principalmente quando se trata de meninas/mulheres e tem como consequência a identificação tardia. Happé *et al.* (2016) apontam que as taxas de mulheres adultas que procuram e recebem o diagnóstico é maior do que as de homens, mostrando que mulheres têm maior probabilidade de não serem identificadas na infância ou adolescência quando comparadas aos homens.

As mulheres necessitam apresentar mais dificuldades aparentes do que os homens para receber um diagnóstico de TEA, apesar de terem níveis equivalentes de características do transtorno (Duvekot *et al.*, 2017; Dworzynski *et al.*, 2012). Os estudos com amostras clínicas parecem subestimar o número de mulheres, pois a prevalência de homens é significativamente mais elevada nessas amostras do que em amostras populacionais (Loomes; Hull; Mandy, 2017). Além disso, em média, as mulheres recebem o diagnóstico mais tarde do que os homens (Rutherford *et al.*, 2016), já que os critérios foram desenvolvidos com base nas populações predominantemente masculinas previamente identificadas como autistas. Por isso, as mulheres podem ter menos probabilidade de satisfazer esses critérios, mesmo quando são identificadas características clinicamente significativas (Wilson *et al.*, 2016).

Um aspecto importante sobre a sutileza dos sintomas não indicar necessariamente menos prejuízos são os dados alarmantes em relação a suicídio nessa população. Estudos relatam que mulheres autistas apresentam risco aumentado de suicídio quando comparadas à população geral (Cassidy *et al.*, 2014; Zhao *et al.*, 2023). Os déficits nas habilidades sociais podem diminuir a probabilidade de solicitação de ajuda diante da vulnerabilidade (Zhao *et al.*, 2023). O risco de morte por suicídio em mulheres com TEA é três vezes maior do que em mulheres sem TEA (Kirby *et al.*, 2019), independe do funcionamento intelectual (Horowitz *et al.*, 2017) e está relacionado com sintomas depressivos e comportamentos autolesivos (Mayes *et al.*, 2015).

Os fatores mediadores ou que contribuem para o aumento do risco de suicídio são: prejuízos significativos de comunicação social, falta de suporte social, *bullying*, prejuízo de flexibilidade cognitiva, solidão e diagnóstico de depressão (Oliphant; Smith; Grahame, 2020). Considerando esses fatores, podemos pensar que as intervenções voltadas para melhora na comunicação social, estimulação de funções executivas, treino de habilidades sociais (para manejo em situações de *bullying*) e acompanhamento/monitoramento da presença de sintomas depressivos poderiam diminuir esse risco.

Sobre a manifestação clínica, uma primeira consideração é a recorrência de uma apresentação mais socialmente aceitável nas mulheres, o que pode contribuir para que esse grupo seja negligenciado quanto ao diagnóstico (Kirkovski; Enticott; Fitzgerald, 2013; Lai; Baron-Cohen; Buxbaum, 2015). Resultados de estudos prévios (Kreiser; White, 2014; Lai; Baron-Cohen, 2015; Lai *et al.*, 2011; Lehnhardt *et al.*, 2016) mostram que, quando comparadas com homens autistas, as mulheres podem apresentar:

- melhor vocabulário relacionado às emoções;
- maior consciência e desejo de interação social;

- maior propensão a imitar outras pessoas nas interações sociais;
- maior probabilidade de ter amigos íntimos;
- melhor aprendizagem baseada na observação de comunicação não verbal dos outros;
- melhor compreensão de "regras" associadas a fazer e manter amizades e socialização em geral;
- melhor adequação das expressões emocionais;
- melhor compreensão de papéis sociais e uso de "roteiros" sociais;
- melhor capacidade de manter conversas recíprocas.

Um aspecto importante é que os níveis mais altos de motivação e comunicação social em mulheres podem acarretar dificuldades significativas na manutenção de relacionamento no longo prazo, principalmente porque relacionamentos de longo prazo podem ser permeados por mais conflitos. Por isso, deve-se comparar o perfil de manutenção de relações longas de mulheres com suspeita de TEA com o de mulheres sem o diagnóstico e não com o de homens autistas (Hull; Petrides; Mandy, 2020).

Já no início da década de 1980, discutia-se a possibilidade de que habilidades verbais superiores normalmente encontradas em meninas poderiam levar ao subdiagnóstico (Wing, 1981). Estudos prévios mostram que as meninas podem ter habilidades narrativas mais típicas do que os meninos (Boorse *et al.*, 2019; Parish-Morris *et al.*, 2017). Também são avaliadas de forma mais positiva do que os meninos autistas em relação a "ingenuidade social, embora clínicos experientes tendam a julgar suas dificuldades sociocomunicativas como iguais às dos meninos (Cola *et al.*, 2020).

É mais provável que profissionais de saúde atribuam as dificuldades a outras condições frequentes nas mulheres, como humor, transtornos alimentares ou transtorno de personalidade *borderline* (Au-Yeung *et al.*, 2019), ansiedade social (Hull *et al.*, 2019), resultando em subdiagnóstico. Por outro lado, algumas mulheres "perdem" o diagnóstico de TEA na vida adulta quando reavaliadas por especialistas, em favor de diagnósticos como depressão, TPB e TDAH (Cumin; Pelaez; Mottron, 2022).

Além das características subjacentes ao desenvolvimento da comunicação e interação social, a forma como ocorre a manifestação dos interesses restritos também pode dificultar o diagnóstico. Os tópicos de interesse específicos podem não estar vinculados aos tópicos de interesse tradicionalmente observados em meninos e homens autistas. Por isso, a característica do hiperfoco em interesses restritos e específicos nas mulheres pode passar despercebida, em razão de os temas serem mais amplamente aceitos no contexto cultural, social e de desenvolvimento no qual a pessoa se encontra (Rynkiewicz *et al.*, 2018).

Os interesses dos homens tendem a se concentrar em tópicos mais mecânicos, como veículos, computadores ou física, ao passo que os interesses das mulheres autistas parecem se centrar mais em tópicos com fins relacionais, como animais, personagens de ficção ou psicologia (Grove *et al.*, 2018; Nowell; Jones; Harrop, 2019). É relativamente comum, por exemplo, mulheres autistas apresentarem interesses em áreas como literatura, artes, educação, saúde e comportamento, incluindo o ativismo na sua área de interesse (Rynkiewicz *et al.*, 2018).

Embora a intensidade do interesse possa ser atípica para ambos os sexos, o tipo de interesse em mulheres costuma ser considerado mais apropriado à idade e ao gênero e, portanto, não ser identificado por terceiros como um padrão incomum (Lai *et al.*, 2011). E, por ser visto como mais adequado, pode criar menos dificuldades para o indivíduo e sua família, e não ser considerado clinicamente significativo. No entanto, a natureza diferencial dos interesses restritos pode resultar na subestimação das características autistas nas mulheres e, assim, reduzir a probabilidade de um diagnóstico (Hull; Petrides; Mandy, 2020). Ainda em relação aos padrões de comportamento e pensamento associados ao critério B do TEA, alguns estudos apontam que o aumento de tendências perfeccionistas pode estar associado à comorbidade com transtornos alimentares.

Os transtornos alimentares em mulheres autistas fazem parte de um grupo de sintomas bastante recorrente, que são os problemas internalizantes. Estes descrevem a expressão interna de dificuldades emocionais, incluindo ansiedade, depressão, automutilação, assim como os transtornos alimentares. A maioria das pesquisas demonstra que mulheres autistas são significativamente mais propensas a ter transtornos internalizantes do que os homens, até mesmo em maior gravidade (Hull; Petrides; Mandy, 2020).

Uma expressão grave de sintomas internalizantes concomitantes pode mascarar características do TEA, fazendo com que as mulheres recebam um diagnóstico apenas da condição concomitante e o TEA não seja reconhecido, conforme já relatado por mulheres autistas (Bargiela; Steward; Mandy, 2016). Como homens tendem a expressar as suas condições concomitantes (com problemas externalizantes sendo mais graves) de forma mais perturbadora do que as mulheres, isso pode perpetuar o preconceito de gênero no reconhecimento e encaminhamento para avaliação diagnóstica de TEA. Os problemas internalizantes podem mascarar as dificuldades do TEA, de modo que as mulheres sejam vistas como tímidas ou ansiosas (Hiller; Young; Weber, 2014), deixando-as mais vulneráveis a problemas graves de saúde mental, além de reduzir a probabilidade de identificação do TEA.

Em relação à cognição, embora bastante heterogêneos, há achados indicando que, em relação aos homens, as mulheres apresentam melhor velocidade de processamento, melhor capacidade de abstração, mas dificuldades mais significativas em habilidades visuoespaciais (Lehnhardt *et al.*, 2016).

A existência de um "fenótipo feminino" é amplamente citada, em conformidade com as características descritas previamente. No entanto, há poucas evidências de que as mulheres autistas difiram dos homens autistas além do que já é observado como as diferenças sexuais típicas encontradas na população em geral. Um estudo de revisão sistemática com metanálise sobre as diferenças cognitivas e comportamentais entre pessoas autistas com sexos diferentes concluiu que os indivíduos com TEA apresentam diferenças de sexo que são semelhantes às diferenças encontradas nos indivíduos com desenvolvimento típico no que diz respeito à sua variação das características centrais do transtorno (Hull; Mandy; Petrides, 2017).

Camuflagem

A camuflagem se caracteriza pelo comportamento de usar estratégias de enfrentamento em situações sociais, a fim de ocultar comportamentos associados ao TEA. O indivíduo se utiliza de técnicas explícitas para parecer socialmente proficiente e tentativas de evitar que outros vejam suas dificuldades sociais. A motivação para a camuflagem vem do desejo de se adaptar às contingências sociais e necessidades do outro, de evitar o *bullying* ou algum tipo de tratamento negativo por parte dos pares (Hull *et al.*, 2017). De acordo com Lai *et al.* (2011), entre as estratégias utilizadas como camuflagem, encontram-se:

- tentativas ativas de fazer contato visual;
- imitação de gestos e expressões faciais do interlocutor;
- uso de piadas previamente aprendidas;
- uso de frases socialmente aprendidas;
- alteração do volume de fala;
- busca ativa por interação social;
- interrupção de uma fala sobre o tópico de interesse;
- supressão de estereotipias motoras;
- estar com pessoas mais extrovertidas para não se expor.

A imitação de gestos e expressões faciais, bem como o uso de frases aprendidas socialmente, podem ocorrer em situações ou contextos afetivos/emocionais. No entanto, as tentativas ativas de mascarar as dificuldades inerentes ao transtorno costumam ser acompanhadas de desconforto. Por exemplo, a busca por interação social ocorre, mas pode vir acompanhada de uma evitação de proximidade física, cansaço e necessidade de um tempo sem interação para se recuperar do esforço (Lai *et al.*, 2011).

Há ainda relato de que o uso da camuflagem impacta de modo negativo a formação e compreensão da própria identidade, personalidade e autoconceito (Hull *et al.*, 2017). A camuflagem está associada a maus resultados de saúde mental, incluindo ansiedade, depressão e pensamentos suicidas (Cage; Troxell-Whitman, 2019; Cassidy *et al.*, 2018).

Lai *et al.* (2011) também sugerem que mulheres podem identificar e aprender comportamentos apropriados de outras pessoas, especialmente de pares, e que as expectativas e os reforços sociais podem ter uma influência maior nas mulheres do que nos homens em muitas culturas, aumentando a importância de exibir os comportamentos camuflados. Também apontam que o fenômeno da camuflagem varia em razão do tipo de ambiente e situação social, de modo que a mesma pessoa pode apresentar mais comportamentos de camuflagem em um contexto do que em outro. Conforme o ambiente social se torna mais complexo (em virtude da idade, por exemplo), as dificuldades se tornam mais aparentes.

A camuflagem é autorrelatada tanto em mulheres com diagnóstico tardio, presumivelmente despercebidas ao longo do desenvolvimento (Bargiela; Steward; Mandy, 2016), quanto em meninas diagnosticadas na infância (Tierney *et al.*, 2016). Os indivíduos relatam consistentemente a grande quantidade de energia que investem na tentativa de parecerem típicos e o custo para a saúde mental de tentar camuflar as dificuldades inerentes ao TEA (Bargiela; Steward; Mandy, 2016; Hull *et al.*, 2017; Milner *et al.*, 2019).

Um conceito semelhante, proposto por Livingston e Happé (2017), é o de compensação. Esta descreve o uso de estratégias cognitivas alternativas para superar dificuldades sociocognitivas ou comportamentais específicas do TEA. Por exemplo, um indivíduo pode compensar as dificuldades de teoria da mente usando estratégias de linguagem, funções executivas e raciocínio para aprender a reconhecer diferentes expressões faciais. A compensação pode ser superficial, envolvendo mudanças externas, sem afetar os processos cognitivos subjacentes, ou profunda, envolvendo rotas cognitivas alternativas para alcançar o resultado desejado. Wing (1981) já descreveu que algumas pessoas autistas usam estratégias para aprender regras ou comportamentos sociais, por exemplo, em mídias ou livros.

Duas abordagens têm sido utilizadas para compreender e investigar a camuflagem. A primeira é a abordagem de discrepância, que entende que o nível de camuflagem é decorrente da discrepância entre as características do TEA que o indivíduo de fato tem e o que ele aparenta externamente em termos de comportamento. Os estudos que seguem essa abordagem comparam o autorrelato sobre características do TEA com o desempenho em tarefas de cognição social, linguagem e relato de terceiros sobre comportamento adaptativo. A segunda abordagem é a da identificação direta de comportamentos de camuflagem por meio da observação e reflexão por indivíduos autistas ou outras pessoas ao seu redor. Nela, a camuflagem é vista como comportamentos e processos específicos (conscientes ou implícitos) que levam à variação na apresentação do TEA. Os estudos que seguem essa abordagem procuram avaliar a camuflagem com base em escalas de relato que contêm itens para investigar especificamente esse fenômeno (Hull; Petrides; Mandy, 2020).

Uma medida de camuflagem é o *Camouflaging Autistic Traits Questionnaire* (CAT-Q), uma escala tipo *likert* de 7 pontos (variando entre discordo fortemente até concordo fortemente), com 25 itens que incluem questões como: "Quando estou interagindo com alguém, eu deliberadamente imito seus gestos e expressões faciais"; "Desenvolvi um roteiro para seguir em situações sociais"; "Tenho que me forçar a interagir com pessoas quando estou em situações sociais"; "Pesquisei regras de interação social para melhorar minhas habilidades sociais", entre outras (Hull *et al.*, 2019). Os itens são divididos em três fatores:

1) Compensação: estratégias utilizadas para compensar dificuldades sociais e de comunicação (exemplo: imitar gestos e expressões faciais do outro).
2) Mascaramento: estratégias utilizadas para apresentar aos outros uma persona não autista ou "menos autista" (exemplo: fazer ajustes na expressão facial e corporal para parecer relaxado).

3) Assimilação: estratégias utilizadas para se adaptar a situações sociais desconfortáveis (exemplo: se esforçar ou se forçar para interagir com os outros).

Apesar dos relatos anedóticos e do aumento no número de estudos que tentam sistematizar a investigação da camuflagem, ainda há falta de rigor no uso desse critério para o diagnóstico de TEA na vida adulta. Por isso, pesquisadores alertam sobre o risco de identificar qualquer sofrimento associado à interação social como "camuflagem do autista". Soma-se a isso o fato de que os critérios diagnósticos para TEA podem ser relativamente vagos e levar a um excesso ou subdiagnóstico quando aplicados sem conhecimento clínico (Cumin; Pelaez; Mottron, 2022; Fombonne, 2020).

Por outro lado, há de considerar ainda que alguns prejuízos de comunicação e interação social inerentes ao TEA também podem estar presentes em outros quadros clínicos e podem ser secundários a outros sintomas (Lehnhardt *et al.*, 2013). Por isso, a desvalorização do limiar clínico para TEA em mulheres (Constantino, 2011) e a natureza menos estigmatizante de um diagnóstico de TEA em comparação com algumas condições psiquiátricas, como transtornos de personalidade, podem criar uma situação de excesso de diagnóstico TEA em mulheres adultas sem deficiência intelectual. Nesse sentido, existem poucas orientações para apoiar os profissionais de saúde na decisão de atribuir dificuldades adaptativas em mulheres que sejam decorrentes do TEA, de uma condição psiquiátrica ou de ambos (Cumin, Pelaez; Mottron, 2022).

Instrumentos de rastreio de traços autísticos: Alcances e limitações

Em 2012, o National Institute for Health and Care Excellence (Nice) publicou um *guideline* com informações para procedimentos de diagnóstico e intervenções destinados a adultos com TEA. Desde então, foram feitas atualizações, a última delas publicada em 14 de junho de 2021. Trata-se de um guia que descreve explicitamente algumas estratégias para diagnóstico e também enfatiza a possibilidade, se necessária, de adaptações nos procedimentos recomendados para garantir a sua execução eficaz, incluindo modificações no ambiente em que a avaliação é realizada, bem como na duração e no ritmo da avaliação.

Entre os dados apresentados pelo Nice, há uma revisão das evidências existentes sobre o uso de questionários estruturados (escalas de triagem) e instrumentos de medida para diagnóstico (como a *Autism Diagnostic Interview* – ADI e a *Autism Diagnostic Schedule Observation* – Ados). No caso dos instrumentos de rastreio, recomenda-se o uso do Quociente do Espectro do Autismo – 10 itens (AQ-10) para aqueles que não apresentam dificuldades de leitura. Caso contrário, é possível ler os itens para o indivíduo que está sendo avaliado. Se uma pessoa obtiver pontuação 6 ou superior no AQ-10, ou se houver suspeita de TEA com base no julgamento clínico (levando em consideração qualquer histórico passado fornecido por um informante), uma avaliação mais abrangente deve ser realizada.

O AQ-10 (Allison; Auyeung; Baron-Cohen, 2012), com tradução para o português,[1] é uma versão reduzida de dez itens do AQ (Baron-Cohen *et al.*, 2001). São dez afirmações (ex.: "Acho fácil ler nas entrelinhas quando alguém está falando comigo") nas quais o indivíduo deve marcar uma entre quatro opções: concordo plenamente; concordo parcialmente; discordo parcialmente; discordo plenamente.

Um estudo investigou possíveis riscos de viés no AQ-10 em razão do sexo. Os resultados mostraram que, para a interpretação do escore geral, não houve diferenças entre homens e mulheres. No entanto, poucos itens apresentaram maior viés de resposta em razão do sexo. No caso das mulheres, houve maior probabilidade, por exemplo, de endosso no item "Eu geralmente me concentro mais no todo de uma imagem, ao invés de pequenos detalhes" (Murray *et al.*, 2017), indicando que a preferência

---

1. Disponível em: https://docs.autismresearchcentre.com/tests/AQ10_Adult_PORTUGU%C3%8AS_BRASIL_TRADU%C3%87%C3%83O.pdf. Acesso em: 19 maio 2024.

por detalhes, conhecida como falha na coerência central (Happé; Frith, 1996), pode ser uma característica menos presente em mulheres.

Em uma replicação do estudo anterior, Murray *et al.* (2019) verificaram se a mudança de um ponto de corte de 6 (atualmente recomendado) para um ponto de corte de 5, para as mulheres, aumentaria a acurácia no rastreio de sintomas, o que levaria a recomendações de uma avaliação mais abrangente. No entanto, os resultados não apontaram para essa necessidade. Por outro lado, análises no nível dos itens indicaram que o item "gosto de coletar informações sobre categorias de coisas (por exemplo, tipos de carro, tipos de pássaros, tipos de trem, tipos de planta etc.)" poderia ser substituído por algum outro da versão original do AQ que captasse melhor uma característica presente mais frequentemente nas mulheres.

No Brasil, estudos de validade com o AQ-10 foram realizados por Morais, Santana e Kerr (2018). Apesar da sua ampla utilização em contexto internacional, há evidências que indicam limitações significativas quanto a sua fidedignidade quando administrado em amostras não clínicas (sem diagnóstico prévio) da população em geral (Taylor *et al.*, 2020). Por se tratar de um instrumento de triagem, seu uso para rastreio na população deveria apresentar evidências psicométricas mais robustas.

Instrumentos de rastreio de sintomas para adultos tendem a ser mais sensíveis, porém, menos específicos, ou seja, pessoas com outros diagnósticos (TDAH, ansiedade social, transtorno obsessivo compulsivo, entre outros) podem apresentar algumas respostas comportamentais e alcançar determinada nota de corte nesses instrumentos que sejam semelhantes ao TEA. A baixa especificidade é ainda maior quando se trata de mulheres autistas (Takei *et al.*, 2014; Wigham *et al.*, 2019). Em função da baixa especificidade dos instrumentos, recomenda-se o uso concomitante a eles de ferramentas robustas para identificação de outros possíveis diagnósticos (Wigham *et al.*, 2019).

Instrumentos como a Escala de Responsividade Social-2 (SRS-2) (Constantino; Gruber, 2020), por exemplo, têm relação com sintomas de psicoticismo, um padrão de personalidade tipificado por agressividade e hostilidade interpessoal (pessoas com mais dificuldades de se adaptar às normas sociais, menos sensíveis a condicionamento social e mais sensíveis à satisfação dos próprios interesses). Essas características não fazem parte dos critérios diagnósticos de TEA, mas estão associadas a maiores pontuações no SRS-2, sendo um exemplo de limitação da especificidade do instrumento (Nishiyama *et al.*, 2014).

Somando-se esses achados aos de outros estudos, após uma revisão sistemática, Wigham *et al.* (2019) concluem que o uso de um questionário de rastreio não é suficiente nem recomendado para diferenciar TEA de outras condições de saúde mental. Questionários de rastreio são geralmente medidas breves e estruturadas, de relato (sendo autorrelato ou preenchidas por um informante), portanto, não têm por objetivo fornecer diagnóstico de uma condição complexa como o TEA (Backes *et al.*, 2014).

Mulher autista ou fenótipo ampliado?

Um dos desafios na identificação de TEA em mulheres está na diferenciação entre o diagnóstico em si e o que se denomina fenótipo ampliado do TEA (Cumin; Pelaez; Mottron, 2022). "Fenótipo ampliado (FA) do TEA" é uma expressão que descreve um grupo de indivíduos com dificuldades em habilidades sociais e comunicativas semelhantes, porém, mais sutis ou subclínicas do que aquelas observadas em pessoas com o diagnóstico de TEA. Por isso, esse grupo não alcança o limiar para o diagnóstico. Trata-se, portanto, de um conjunto de características quantitativas contínuas que se mesclam na população em geral (Sucksmith; Roth; Hoekstra, 2011).

Na literatura, frequentemente se usa a descrição "características subliminares" para se referir ao FA, incluindo traços sociais (por exemplo, comportamento socialmente reticente e "sem tato") ou não sociais, especificamente comportamentos ritualísticos/repetitivos, como dificuldade de adaptação à mudança e perfeccionismo (Losh *et al.*, 2009). Também são observadas nesses indivíduos características de personalidade incomuns (rigidez, impulsividade, neuroticismo, irritabilidade, entre outras), frequentemente encontradas em familiares de pessoas autistas e que se acredita serem manifestações mais leves dos traços autísticos (Rutter, 2000; Sucksmith; Roth; Hoekstra, 2011). Uma série de estudos familiares e de gêmeos sugeriram que a presença de um fenótipo comportamental qualitativamente semelhante, mas definido de forma mais ampla do que os critérios que caracterizam o TEA, é mais comum em parentes de indivíduos autistas do que na população em geral (Piven *et al.*, 1997). Isso porque a herdabilidade do TEA está em torno de 80%, indicando a soberania de uma etiologia genética e de herança complexa.

Estudos prévios com irmãos de pessoas autistas mostram maior desengajamento atencional, problemas inibitórios, de memória operacional e no processamento de faces, déficits em teoria da mente, maior sensibilidade a estímulos luminosos, entre outras características. Dificuldades semelhantes também são frequentemente observadas em pais de pessoas com o diagnóstico (Sucksmith; Roth; Hoekstra *et al.*, 2011). Entre as características cognitivas mais consistentes com o FA está o déficit na cognição social. Prejuízos em tarefas de teoria da mente diferenciam indivíduos com e sem FA de forma mais robusta do que outras características neuropsicológicas (Losh *et al.*, 2009; Sucksmith; Roth; Hoekstra *et al.*, 2011).

Com as ferramentas existentes para a avaliação do FA, o que se tem descrito como características amplas é: 1) distanciamento/indiferença social, caracterizados pela falta de consciência e interesse por outros durante as interações sociais; 2) dificuldades pragmáticas de linguagem, ou seja, no uso social de comunicação verbal e não verbal; 3) presença de rigidez, com preferência pela rotina e dificuldade de adaptação à mudança (Wainer; Ingersoll; Hopwood, 2011).

Hurley *et al.* (2007) desenvolveram e investigaram evidências de validade do *The Broad Autism Phenotype Questionnaire* (BAPQ), um questionário de 36 itens que avalia esses três aspectos do FA. São perguntas com resposta em escala tipo *likert* (de 0 a 6 pontos) em que o indivíduo faz um autorrelato, considerando a frequência (de "muito raramente" até "muito frequentemente") de comportamentos como: "Eu prefiro conversar com as pessoas para pedir informação a me relacionar socialmente"; "Eu tenho que me adaptar à ideia de visitar um local desconhecido"; "As pessoas têm que me convencer a experimentar alguma coisa nova". No Brasil, há uma tradução e evidências de validade do BAPQ em Prata *et al.* (2019).

Até o momento, não existem evidências claras sobre quais são os critérios específicos que diferenciam o que se chama de FA do autismo ou de características mais sutis em mulheres com o diagnóstico de TEA (Cumin; Pelaez; Mottron, 2022). Esses autores ainda sinalizam que, na comunidade em geral, pode haver certa confusão quando o termo FA é utilizado, pois muitos pacientes podem compreendê-lo erroneamente como um "autismo mais leve".

Problemas emocionais e comportamentais em mulheres com TEA: Um estudo piloto

No Brasil, dados referentes ao perfil de mulheres autistas ainda são escassos e algumas iniciativas de compreendê-lo são observadas em certos grupos de pesquisa. Na Faculdade de Ciências Médicas da Santa Casa de São Paulo, o Grupo de Pesquisa em Transtorno do Espectro Autista (GPe-TEA), vinculado ao Departamento de Saúde Mental, está conduzindo um estudo com adultos, em parceria com outros pesquisadores membros do Grupo de Trabalho em Transtorno do Espectro Autista da Associação Nacional de Pesquisa e Pós-graduação em Psicologia (Anpepp). Um dos objetivos desse estudo é verificar a frequência de problemas internalizantes e externalizantes em homens e mulheres.

Recentemente, Mecca *et al.* (2023) apresentaram a descrição de dados parciais com 83 adultos autistas entre 18 e 58 anos de idade, dos quais 53 (63,9%) são mulheres, todos com nível educacional compatível com pelo menos o ensino médio completo. Foi um estudo transversal, quantitativo e de amostra selecionada por conveniência, composta por 39 (47%) indivíduos diagnosticados ainda na vigência do DSM-IV-TR (APA, 2000) e 44 (53%) diagnosticados de acordo com os critérios do DSM-5 (APA, 2013) e escores T no SRS-2 acima de 65 pontos. Esse escore indica presença de prejuízos significativos no comportamento social recíproco, com interferência substancial nas atividades cotidianas (Constantino; Gruber, 2020).

A avaliação dos sintomas internalizantes e externalizantes foi realizada via autorrelato com base no *Adult Self-Report* (ASR/18-59), considerando tanto as escalas empiricamente baseadas quanto as escalas orientadas pelo DSM e os três fatores de alta-ordem (internalizantes, externalizantes e problemas totais). A interpretação foi realizada via escore T (M=50,00; DP=10,00) e segue a classificação: normal ($T \leq 65$), limítrofe (T = 65-70) e clínico ($T > 70$) (Achenbach; Rescorla, 2003).

Por se tratar de um estudo ainda em andamento e com amostra selecionada por conveniência, até o momento, os dados parciais indicaram um número bastante inferior (apenas 31%) ao observado na literatura (de 70% a 80%) de pessoas que relataram ter um outro diagnóstico (psiquiátrico ou transtorno do neurodesenvolvimento) como comorbidade identificada (Mecca *et al.*, 2023). Esse dado levanta algumas hipóteses a serem discutidas, tais como: um cenário de possível falta de acesso a serviços de saúde mental; falta de conhecimento dos profissionais sobre comorbidades em autistas adultos; dificuldades dos indivíduos em identificar outras características e o fato de não relacioná-las somente às dificuldades do TEA; o estigma e a psicofobia, que limitam a busca por profissionais de saúde mental; a opção deliberada de não relatar uma segunda condição no momento do estudo.

Especificamente no grupo de mulheres, os escores no ASR/18-59 indicaram maiores prejuízos em queixas somáticas, desatenção e problemas internalizantes no geral ao considerar as escalas baseadas empiricamente. Já nas escalas orientadas pelo DSM, um perfil clínico foi observado para sintomas de ansiedade, depressão, problemas somáticos, personalidade evitativa e problemas de desatenção/hiperatividade. Também foi observado um perfil limítrofe para comportamentos antissociais, indicando que estão presentes tanto problemas internalizantes quanto prejuízos externalizantes (Mecca *et al.*, 2023).

Em um subgrupo de 52 autistas da amostra do estudo anterior, sendo 50% de cada sexo, pareados por idade, entre 19 e 53 anos (M= 32,88; DP=8,24), Paiva *et al.* (2023) compararam os escores do ASR/18-59 entre mulheres e homens. Foram observadas diferenças significativas nas escalas de desatenção, agressividade, problemas internalizantes e externalizantes, assim como no total de problemas, com escores mais altos no grupo de mulheres (indicando mais problemas emocionais e sociais).

Ambos os grupos apresentaram médias compatíveis com a faixa clínica para ansiedade/depressão, isolamento, problemas de pensamento e o escore total para internalizantes. Queixas somáticas e desatenção foram observadas no grupo de mulheres. Nas escalas orientadas pelo DSM, observaram-se diferenças para sintomas de transtorno de ansiedade e transtorno de déficit de atenção/hiperatividade, também com maior prejuízo para o grupo de mulheres. Ambos apresentaram perfil clínico para depressão e personalidade evitativa e faixa limítrofe para ansiedade (Paiva *et al.*, 2023).

Ao comparar os grupos nos índices do SRS-2, foi observada diferença significativa no fator cognição social e uma tendência de diferença nos fatores motivação social, padrões restritos e repetitivos e no escore geral do instrumento. Em todas essas medidas, os maiores escores foram observados no grupo de mulheres, indicando maior relato de prejuízos.

Considerações sobre o processo diagnóstico

Na tentativa de sistematizar melhor algumas considerações e desafios na identificação de TEA em mulheres, Cumin, Pelaez e Mottron (2022) elaboraram uma lista de 37 declarações com bons índices de concordância entre 20 especialistas na área. Essas declarações contemplam desde tópicos sobre fatores e manejo de avaliações complexas até sinais indicativos de TEA, comorbidade e diagnóstico diferencial (Quadro 1).

Quadro 1

1. As mulheres autistas aprenderam certas contingências sociais que lhes permitem parecer mais típicas.
2. O TEA é cada vez mais midiatizado e a informação está disponível *online*, o que aumentou as taxas de autodiagnóstico antes da avaliação clínica.
3. O TEA é visto de forma mais positiva do que a maioria dos diagnósticos psiquiátricos. É visto como uma identidade social que pode dar acesso a uma comunidade e proporcionar um sentimento de pertencimento.
4. As mulheres que procuram avaliação de TEA muitas vezes têm histórias complexas e múltiplos problemas anteriores de saúde mental.
5. O autodiagnóstico antes da avaliação às vezes pode complicar o processo avaliativo.
6. Decepção, confusão e/ou raiva podem ocorrer quando um indivíduo não recebe o diagnóstico de TEA.
7. Ferramentas padronizadas de avaliação não estão preparadas para detectar TEA em mulheres adultas com inteligência preservada.
8. Questionários de autorrelato podem carecer de especificidade e ser influenciados pelo conhecimento do indivíduo sobre o TEA.
9. Questionários de autorrelato podem fornecer material a ser explorado em uma entrevista, especialmente quando os escores se contradizem ou contradizem as observações do profissional.
10. As avaliações diagnósticas devem, idealmente, ser longas e abranger mais de uma sessão, a fim de observar o funcionamento quando o paciente se cansa e avaliar diversas hipóteses diagnósticas com ferramentas relevantes.
11. Durante a avaliação, a pessoa deve ser desafiada com interação espontânea para observar como ela lida com situações desconhecidas.
12. Idealmente, as dificuldades devem ser corroboradas por um informante externo que tenha conhecido o indivíduo na infância.
13. Pedir exemplos pessoais específicos pode ajudar a confirmar que as dificuldades são baseadas na experiência vivida e não na pesquisa sobre sintomas que o indivíduo fez na internet.
14. É útil gerenciar as expectativas do indivíduo, explicando desde o início que a avaliação pode não resultar em diagnóstico de TEA.
15. É importante redigir o relatório final, compartilhando o conteúdo de forma transparente com o paciente.

16. Nos casos em que o diagnóstico de TEA não se confirma, é importante validar as dificuldades do paciente e oferecer outros caminhos de apoio ou diagnósticos alternativos.
17. O conceito de "traços autistas" é útil para explicar aos pacientes por que o diagnóstico de TEA não foi alcançado.
18. As diferenças podem ser notadas ao longo do tempo nos aspectos mais sutis do comportamento social, além de contato visual e prosódia, como a manutenção de tópico de interesse, inferências sociais e reciprocidade.
19. Os interesses profundos e restritos são egossintônicos, exaustivos e cíclicos.
20. Mulheres autistas muitas vezes relatam investir grandes quantidades de energia na preparação para interações sociais e se sentem esgotadas após a interação.
21. As mulheres autistas muitas vezes não atingem o nível de realização profissional/pessoal esperado e compatível com a sua inteligência.
22. É comum que as mulheres autistas relatem terem feito muitas vezes inúmeras tentativas independentes para se adaptar e superar suas dificuldades.
23. As mulheres autistas muitas vezes demonstram grande empatia pelos outros, mas com pouca compreensão/consciência de suas próprias emoções.
24. As mulheres autistas são muitas vezes capazes de reconhecer o próprio funcionamento ao observar o funcionamento de outras pessoas autistas.
25. As mulheres autistas muitas vezes têm interesses restritos que são úteis e podem usá-los como "moeda social".
26. Mulheres autistas tendem a ter pouco ou nenhum relacionamento verdadeiro com seus pares e serem ingênuas em seus relacionamentos.
27. Em mulheres autistas, a busca pelo diagnóstico raramente é utilitária, mas, sim, por autoconhecimento.
28. Em comparação com as mulheres que recebem outros diagnósticos, as mulheres autistas podem necessitar de mais estímulos ou orientação para preencher questionários e fornecer informações durante a avaliação.
29. Nas mulheres autistas, o gênero pode ser expresso de forma mais fluida, com menos apego à classificação binária, ou a feminilidade pode parecer forçada/ensaiada.
30. Um episódio agudo de saúde mental atual (por exemplo, episódio depressivo) pode dificultar a determinação do funcionamento inicial para diagnosticar o TEA.
31. Para um clínico experiente, o diagnóstico depende de uma avaliação completa e confiável.
32. A cronologia das dificuldades é extremamente importante no diagnóstico diferencial.
33. A maioria das mulheres que estão em avaliação para diagnóstico de TEA sofreram algum tipo de trauma.

34. O transtorno de personalidade *borderline* aparece frequentemente nas avaliações de TEA como diagnóstico passado e/ou um diagnóstico diferencial potencial.
35. Mulheres autistas podem apresentar superficialmente sinais semelhantes ao transtorno de personalidade *borderline*.
36. O transtorno de personalidade *borderline* pode ser diferenciado do TEA explorando a compreensão da pessoa sobre a dinâmica social típica e como ela descreve suas emoções.
37. O transtorno de personalidade *borderline* pode ser diferenciado do TEA explorando se existem dificuldades de apego.

Fonte: Cumin, Pelaez e Mottron (2022). Tradução livre da autora.

Essa lista não tem a finalidade de esgotar todas as considerações possíveis ao realizar uma avaliação de mulheres com suspeita de TEA. No entanto, pode ser um guia importante para os profissionais de saúde mental ao explicitar todos os desafios inerentes ao processo de identificação. Os autores entendem que o uso dessa lista pode melhorar a especificidade e a sensibilidade do diagnóstico de autismo em mulheres (Cumin; Pelaez; Mottron, 2022).

Também sem a pretensão de esgotar o assunto, este capítulo apresentou alguns dos principais achados recentes a respeito das características de mulheres autistas, com o objetivo de auxiliar práticas clínicas e de pesquisa considerando o conhecimento a respeito da manifestação dos sintomas do TEA em mulheres, o comportamento de camuflagem e a necessidade de reflexão sobre a falta de uma definição clara entre o fenótipo em mulheres e o fenótipo ampliado.

Além disso, apresentou brevemente alguns resultados parciais de um estudo com adultos ainda em andamento realizado pelo Grupo de Pesquisa em Transtorno do Espectro Autista (coordenado pela autora deste capítulo), em colaboração com outros docentes do Grupo de Trabalho em Transtorno do Espectro Autista da Associação Nacional de Pesquisa e Pós-graduação em Psicologia (Anpepp). Achados nacionais são ainda muito escassos, portanto, não há evidências a respeito dos processos de avaliação e atendimento à população adulta no país.

Referências

ACHENBACH, T. M.; RESCORLA, L. A. *Manual for the Aseba adult forms & profiles.* Burlington: University of Vermont, Research Center for Children, Youth, and Families, 2003.

ALLISON, C.; AUYEUNG, B.; BARON-COHEN, S. Toward brief "red flags" for autism screening: the short Autism Spectrum Quotient and the Short Quantitative Checklist in 1,000 cases and 3,000 controls. *Journal of the American Academy of Child and Adolescent Psychiatry*, v. 51, n. 2, p. 202-212, 2012.

AMERICAN PSYCHIATRIC ASSOCIATION (APA). *Diagnostic and Statistical Manual of Mental Disorders*. 4. ed. rev. Washington, DC: American Psychiatric Association, 2000.

AMERICAN PSYCHIATRIC ASSOCIATION (APA). *Diagnostic and Statistical Manual of Mental Disorders*. 5. ed. Washington, DC: American Psychiatric Association, 2013.

AMERICAN PSYCHIATRIC ASSOCIATION (APA). *Diagnostic and Statistical Manual of Mental Disorders.* 5. ed. rev. Washington, DC: American Psychiatric Association, 2022.

AU-YEUNG, S. K. *et al.* Experience of mental health diagnosis and perceived misdiagnosis in autistic, possibly autistic and non-autistic adults. *Autism*, v. 23, n. 6, p. 1508-1518, 2019.

BACKES, B. *et al.* Psychometric properties of assessment instruments for autism spectrum disorder: a systematic review of Brazilian studies. *Jornal Brasileiro de Psiquiatria*, v. 63, p. 154-164, 2014.

BARGIELA, S.; STEWARD, R.; MANDY, W. The experiences of late-diagnosed women with autism spectrum conditions: an investigation of the female autism phenotype. *Journal of Autism and Developmental Disorders*, v. 46, n. 10, p. 3281-3294, 2016.

BARON-COHEN, S. The extreme male brain theory of autism. *Trends in Cognitive Sciences*, v. 6, n. 6, p. 248-254, 2002.

BARON-COHEN, S. *et al.* The autism-spectrum quotient (AQ): evidence from Asperger syndrome/high-functioning autism, males and females, scientists and mathematicians. *Journal of Autism and Developmental Disorders*, v. 31, p. 5-17, 2001.

BLUMBERG, S. J. *et al.* Changes in prevalence of parent-reported autism spectrum disorder in school-aged US children: 2007 to 2011-2012. *National Health Statistics Reports*, v. 65, p. 1-11, 2013.

BOORSE, J. *et al.* Linguistic markers of autism in girls: evidence of a "blended phenotype" during storytelling. *Molecular Autism*, v. 10, n. 1, p. 1-12, 2019.

BOURSON, L.; PREVOST, C. Characteristics of restricted interests in girls with ASD compared to boys: a systematic review of the literature. *European Child & Adolescent Psychiatry*, v. 33, n. 4, p. 987-1004, 2022.

CAGE, E; TROXELL-WHITMAN, Z. Understanding the reasons, contexts and costs of camouflaging for autistic adults. *Journal of Autism and Developmental Disorders*, v. 49, n. 5, p. 1899-1911, 2019.

CASSIDY, S. *et al.* Suicidal ideation and suicide plans or attempts in adults with Asperger's syndrome attending a specialist diagnostic clinic: a clinical cohort study. *The Lancet Psychiatry*, v. 1, n. 2, p. 142-147, 2014.

CASSIDY, S. *et al.* Risk markers for suicidality in autistic adults. *Molecular Autism*, v. 9, n. 42, p. 1-14, 2018.

COLA, M. L. *et al.* Sex differences in the first impressions made by girls and boys with autism. *Molecular Autism*, v. 11, n. 1, p. 1-12, 2020.

CONSTANTINO, J. N. The quantitative nature of autistic social impairment. *Pediatric Research*, v. 69, n. 5, p. 55R-62R, 2011.

CONSTANTINO, J. N.; GRUBER, C. P. *Escala de Responsividade Social*. 2. ed. (SRS-2). São Paulo: Hogrefe, 2020.

CUMIN, J.; PELAEZ, S.; MOTTRON, L. Positive and differential diagnosis of autism in verbal women of typical intelligence: a Delphi study. *Autism*, v. 26, n. 5, p. 1153-1164, 2022.

DUVEKOT, J. *et al.* Factors influencing the probability of a diagnosis of autism spectrum disorder in girls versus boys. *Autism*, v. 21, n. 6, p. 646-658, 2017.

DWORZYNSKI, K. *et al.* How different are girls and boys above and below the diagnostic threshold for autism spectrum disorders?. *Journal of the American Academy of Child & Adolescent Psychiatry*, v. 51, n. 8, p. 788-797, 2012.

FOMBONNE E. Camouflage and autism. *Journal of Child Psychology and Psychiatry*, v. 61, n. 7, p. 735-738, 2020.

GROVE, R. *et al.* Special interests and subjective wellbeing in autistic adults. *Autism Research*, v. 11, n. 5, p. 766-775, 2018.

HAPPÉ, F. G. *et al.* Demographic and cognitive profile of individuals seeking a diagnosis of Autism Spectrum Disorder in adulthood. *Journal of Autism and Developmental Disorders*, v. 46, n. 11, p. 3469-3480, 2016.

HAPPÉ, F.; FRITH, U. The neuropsychology of autism. *Brain*, v. 119, n. 4, p. 1377-1400, 1996.

HILLER, R. M.; YOUNG, R. L.; WEBER, N. Sex differences in autism spectrum disorder based on DSM-5 criteria: evidence from clinician and teacher reporting. *Journal of Abnormal Child Psychology*, v. 42, n. 8, p.1381-1393, 2014.

HOROWITZ, L. M. *et al.* Talking about death or suicide: prevalence and clinical correlates in youth with autism spectrum disorder in the psychiatric inpatient setting. *Journal of Autism and Developmental Disorders*, v. 48, p. 3702-3710, 2017.

HULL, L. Gender differences in self-reported camouflaging in autistic and non-autistic adults. *Autism*, v. 24, n. 2, p. 352-363, 2020.

HULL, L. *et al.* "Putting on my best normal": social camouflaging in adults with autism spectrum conditions. *Journal of Autism and Developmental Disorders*, v. 47, p. 2519-2534, 2017.

HULL, L. *et al.* Development and validation of the Camouflaging Autistic Traits Questionnaire (CAT-Q). *Journal of Autism and Developmental Disorders*, v. 49, n. 3, p. 819-833, 2019.

HULL, L.; MANDY, W.; PETRIDES, K. V. Behavioural and cognitive sex/gender differences in autism spectrum condition and typically developing males and females. *Autism*, v. 21, n. 6, p. 706-727, 2017.

HULL, L.; PETRIDES, K. V.; MANDY, W. The female autism phenotype and camouflaging: a narrative review. *Journal of Autism and Developmental Disorders*, v. 7, p. 306-317, 2020.

HURLEY, R. S. E. *et al*. The Broad Autism Phenotype Questionnaire. *Journal of Autism and Developmental Disorders*, v. 37, p. 1679-1690, 2007.

KANNER, L. Autistic disturbances of affective contact. *Nervous Child*, v. 2, n. 3, p. 217-250, 1943.

KIRBY, A. V. *et al*. A 20-year study of suicide death in a statewide autism population. *Autism Research*, v. 12, n. 4, p. 658-666, 2019.

KIRKOVSKI, M.; ENTICOTT, P. G.; FITZGERALD, P. B. A review of the role of female gender in autism spectrum disorders. *Journal of Autism and Developmental Disorders*, v. 43, p. 2584-2603, 2013.

KREISER, N. L.; WHITE, S. W. ASD in females: are we overstating the gender difference in diagnosis? *Clinical Child and Family Psychology Review*, v. 17, n. 1, p. 67-84, 2014.

LAI, M.; BARON-COHEN, S. Identifying the lost generation of adults with autism spectrum conditions – Clinical Key. *Lancet Psychiatry*, v. 2, p. 1013-1027, 2015.

LAI, M.; BARON-COHEN, S.; BUXBAUM, J. D. Understanding autism in the light of sex/gender. *Molecular Autism*, v. 6, p. 1-5, 2015.

LAI, M. *et al.* A behavioral comparison of male and female adults with high functioning autism spectrum conditions. *PLoS One*, v. 6, n. 6, p. e20835, 2011.

LEHNHARDT, F. *et al.* The investigation and differential diagnosis of Asperger syndrome in adults. *Deutsches Ärzteblatt International*, v. 110, n. 45, p. 755, 2013.

LEHNHARDT, F. *et al.* Sex-related cognitive profile in autism spectrum disorders diagnosed late in life: implications for the female autistic phenotype. *Journal of Autism and Developmental Disorders*, v. 46, p. 139-154, 2016.

LIVINGSTON, L. A.; HAPPÉ, F. Conceptualising compensation in neurodevelopmental disorders: reflections from autism spectrum disorder. *Neuroscience and Biobehavioral Reviews*, v. 80, p. 729-742, 2017.

LOCKWOOD, E. G. *et al.* Barriers to autism spectrum disorder diagnosis for young women and girls: a systematic review. *Journal of Autism and Developmental Disorders*, v. 8, n. 4, p. 454-470, 2021.

LOOMES, R.; HULL, L.; MANDY, W. P. L. What is the male-to-female ratio in autism spectrum disorder? A systematic review and meta-analysis. *Journal of the American Academy of Child & Adolescent Psychiatry*, v. 56, n. 6, p. 466-474, 2017.

LOSH, M. *et al.* Neuropsychological profile of autism and the broad autism phenotype. *Archives of General Psychiatry*, v. 66, n. 5, p. 518-526, 2009.

MAENNER, M. J. *et al.* Prevalence and characteristics of Autism Spectrum Disorder among children aged 8 years: Autism and Developmental Disabilities Monitoring Network, 11 sites, United States, 2020. *MMWR Surveillance Summaries*, v. 72, n. 2, p. 1, 2023.

MAYES, S. D. *et al.* Suicide ideation and attempts in children with psychiatric disorders and typical development. *Crisis*, v. 36, n. 1, p. 55-60, 2015.

MECCA, T. P. *et al.* Emotional and behavioral problems in a group of Brazilian adults with Autism Spectrum Disorder. *Annual Meeting of the International Society for Autism Research (INSAR)*, 3-6 de maio de 2023. Estocolmo, Suécia.

MILNER, V. *et al.* A qualitative exploration of the female experience of Autism Spectrum disorder (ASD). *Journal of Autism and Developmental Disorders*, v. 49, p. 2389-2402, 2019.

MORAIS, J. F.; SANTANA, V. L. B.; KERR, T. B. Tradução e validação, para o português do Brasil, da Escala de Quociente do Espectro Autista (AQ10). *In*: 10º CONGRESSO AIDAP/AIDEP, 2018. Coimbra, Portugal. Disponível em: https://www.researchgate.net/profile/JoseMorais3/publication/339363977_Traducao_e_validacao_para_o_portugues_do_Brasil_da_Escala_de_Quociente_do_Espectro_Autista_AQ10/links/5e63da2492851c7ce04ed793/Traducao-e-validacao-para-o-portugues-do-Brasil-da-Esc. Acesso em: 15 set. 2023.

MOTTRON, L.; BZDOK, D. Autism spectrum heterogeneity: fact or artifact?. *Molecular Psychiatry*, v. 25, n. 12, p. 3178-3185, 2020.

MURRAY, A. L. *et al*. Investigating diagnostic bias in autism spectrum conditions: an item response theory analysis of sex bias in the AQ-10. *Autism Research*, v. 10, n. 5, p. 790-800, 2017.

MURRAY, A. L. *et al*. Investigating sex bias in the AQ-10: a replication study. *Assessment*, v. 26, n. 8, p. 1474-1479, 2019.

NISHIYAMA, T. *et al*. Comprehensive comparison of self-administered questionnaires for measuring quantitative autistic traits in adults. *Journal of Autism and Developmental Disorders*, v. 44, p. 993-1007, 2014.

NOWELL, S. W.; JONES, D. R.; HARROP, C. Circumscribed interests in autism: are there sex differences? *Advances in Autism*, v. 5, n. 3, p. 187-198, 2019.

OCHOA-LUBINOFF, C.; MAKOL, B. A.; DILLON, E. F. Autism in women. *Neurologic Clinics*, v. 41, n. 2, p. 381-397, 2023.

OLIPHANT, R. Y. K.; SMITH, E. M.; GRAHAME, V. What is the prevalence of self-harming and suicidal behaviour in under 18s with ASD, with or without an intellectual disability?. *Journal of Autism and Developmental Disorders*, v. 50, n. 10, p. 3510-3524, 2020.

ORMOND, S. *et al*. Profiling autism symptomatology: an exploration of the Q-ASC parental report scale in capturing sex differences in autism. *Journal of Autism and Developmental Disorders*, v. 48, p. 389-403, 2018.

PAIVA, J. V. B. *et al*. Problemas emocionais e sociais em adultos autistas: comparação entre homens e mulheres. *In*: II CONGRESSO BRASILEIRO DE COGNIÇÃO SOCIAL (IICBCS), 2023.

PARISH-MORRIS, J. *et al*. Linguistic camouflage in girls with autism spectrum disorder. *Molecular Autism*, v. 8, n. 1, p. 48, 2017.

PIVEN, J. *et al*. Broader autism phenotype: evidence from a family history study of multiple-incidence autism families. *American Journal of Psychiatry*, v. 154, n. 2, p. 185-190, 1997.

PRATA, L. L. *et al*. Qualidades psicométricas da versão brasileira da escala Broad Autism Phenotype Questionnaire (BAPQ-Br). *Contextos Clínicos*, v. 12, n. 1, p. 186-203, 2019.

RIVET, T. T.; MATSON, J. L. Gender differences in core symptomatology in autism spectrum disorders across the lifespan. *Journal of Developmental and Physical Disabilities*, v. 23, p. 399-420, 2011.

RUTHERFORD, M. *et al.* Gender ratio in a clinical population sample, age of diagnosis and duration of assessment in children and adults with autism spectrum disorder. *Autism*, v. 20, n. 5, p. 628-34, 2016.

RUTTER, M. Genetic studies of autism: from the 1970s into the millennium. *Journal of Abnormal Child Psychology*, v. 28, p. 3-14, 2000.

RYNKIEWICZ, A *et al.* Females and autism. *Journal of Autism and Developmental Disorders*, v. 46, p. 3281-3294, 2018.

RYNKIEWICZ, A.; JANAS-KOZIK, M.; SŁOPIEŃ, A. Girls and women with autism. *Psychiatr Pol*, v. 53, n. 4, p. 737-752, 2019.

SCHALOCK, R. L.; LUCKASSON, R.; TASSE, M. J. Twenty questions and answers regarding the 12th edition of the AAIDD Manual: Intellectual Disability: Definition, diagnosis, classification, and systems of supports. Documento da American Association on Intellectual and Developmental Disabilities, março de 2021. Disponível em: https://www.aaidd.org/docs/default-source/intellectualdisability/12th-edtwenty-questions-faq.pdf?sfvrsn=a6403421_4. Acesso em: 15 set. 2023.

SUCKSMITH, E.; ROTH, I.; HOEKSTRA, R. A. Autistic traits below the clinical threshold: re-examining the broader autism phenotype in the 21st century. *Neuropsychology Review*, v. 21, p. 360-389, 2011.

TAKEI, R *et al.* Verification of the utility of the social responsiveness scale for adults in non-clinical and clinical adult populations in Japan. *BMC Psychiatry*, v. 14, n. 1, p. 1-9, 2014.

TAYLOR, E. C. *et al.* Psychometric concerns with the 10-item Autism-Spectrum Quotient (AQ10) as a measure of trait autism in the general population. *Experimental Results*, v. 1, p. e3, 2020.

TIERNEY, S.; BURNS, J.; KILBEY, E. Looking behind the mask: social coping strategies of girls on the autistic spectrum. *Research in Autism Spectrum Disorders*, v. 23, p. 73-83, 2016.

VAN WIJNGAARDEN-CREMERS, P. J. M *et al.* Gender and age differences in the core triad of impairments in autism spectrum disorders: a systematic review and meta-analysis. *Journal of Autism and Developmental Disorders*, v. 44, p. 627-635, 2014.

WAINER, A. L.; INGERSOLL, B. R.; HOPWOOD, C. J. The structure and nature of the broader autism phenotype in a non-clinical sample. *Journal of Psychopathology and Behavioral Assessment*, v. 33, p. 459-469, 2011.

WIGHAM, S. *et al.* Psychometric properties of questionnaires and diagnostic measures for autism spectrum disorders in adults: a systematic review. *Autism*, v. 23, n. 2, p. 287-305, 2019.

WILSON, C. E. *et al.* Does sex influence the diagnostic evaluation of autism spectrum disorder in adults?. *Autism*, v. 20, n. 7, p. 808-819, 2016.

WING, L. Sex ratios in early childhood autism and related conditions. *Psychiatry Research*, v. 5, n. 2, p. 129-137, 1981.

ZEIDAN, J. *et al.* Global prevalence of autism: a systematic review update. *Autism Research*, v. 15, n. 5, p. 778-790, 2022.

ZHAO, Y. N. *et al.* Early death and causes of death of patients with autism spectrum disorders: a systematic review. *Journal of Peking University, Health Sciences*, v. 55, n. 2, p. 375-383, 2023.

3
CAPACITAÇÃO FAMILIAR MULTICÊNTRICA: MODELOS DE INTERVENÇÃO BASEADOS EM EVIDÊNCIAS PARA CRIANÇAS BRASILEIRAS COM TRANSTORNO DO ESPECTRO DO AUTISMO

Claudia Romano
João Rodrigo Maciel Portes
Leila Bagaiolo

Intervenções baseadas na análise de comportamento aplicada (*applied behavior analysis* – ABA) vêm sendo apontadas como eficazes para o transtorno do espectro do autismo (TEA) (Peters-Scheffer *et al.*, 2011; Reichow *et al.*, 2013; Steinbrenner *et al.*, 2020; Virues-Ortega, 2010; Warren *et al.*, 2011; Wong *et al.*, 2015). Porém, para ter efetividade, as intervenções baseadas na ABA precisam alcançar alguns parâmetros. Um dos principais parâmetros de eficácia é a dosagem do tratamento, ou seja, a intensidade de horas semanais e a duração no tempo (Council of Autism Service Providers – Casp, 2020). A intensidade de horas preconizada varia entre 10 e 25 horas semanais para intervenções focadas e entre 30 e 40 para intervenções abrangentes. Assim, a dosagem das intervenções baseadas na ABA para TEA, juntamente com outro parâmetro de eficácia, que é o *approach* individualizado, tanto na concepção do tratamento quanto na aplicação, acarretam um alto custo na entrega dessas intervenções.

Por conta do alto custo e da grande demanda de profissionais especializados envolvidos nesse tipo de entrega de serviço, a formação parental é reconhecida como uma possibilidade de intervenção com o objetivo de auxiliar ou garantir a estimulação e o desenvolvimento de pessoas com TEA nos ambientes naturais e estruturados e, assim, assegurar mais horas de exposição às intervenções de base analítico-comportamental (Dawson-Squibb *et al.*, 2020; Schultz; Schmidt; Stichter, 2011). Os familiares podem ser capacitados para realizar estimulações com seus filhos em inúmeras oportunidades ao longo do dia e em diferentes contextos, provendo ou complementando a dosagem indicada e facilitando a generalização. Uma quantidade crescente de literatura é dedicada à formação parental, a fim de abordar os principais sintomas do autismo, com resultados conflitantes (Beaudoin; Sebire; Couture, 2014; Green *et al.*, 2010; Lee; Meadan, 2021; Nevill; Lecavalier; Stratis, 2018; Rahman *et al.*, 2016; Rogers *et al.*, 2012). De tal modo, a utilização cotidiana desses procedimentos pelos familiares pode impactar positivamente a qualidade de vida do indivíduo com TEA e de sua família, já que a atuação familiar enriquecida por boas práticas da área tende a acarretar melhorias nas dificuldades centrais de pessoas com TEA e no aumento de sua autonomia. Além disso, tanto por conta do alto custo gerado pela intensidade requerida nas intervenções de base analítico-comportamental, quanto pela escassez de serviços e profissionais capacitados para exercê-las em vários países e lugares do mundo, a capacitação parental é considerada uma alternativa (Dawson-Squibb *et al.*, 2020; Schultz; Schmidt; Stichter, 2011).

Também é desejável que os familiares de indivíduos com TEA recebam capacitação em razão dos desafios que encontram no cotidiano, relacionados aos déficits nas áreas social e de comunicação e, também, em relação a padrões restritos de comportamento. Dois desses desafios estão muito presentes no dia a dia dessas famílias e acarretam dificuldades importantes: a emissão de comportamentos disruptivos, que é amplamente vinculada à dificuldade geral na área da comunicação (Carr;

Durand, 1985; Durand; Merges, 2001; Kaat; Lecavalier; Aman, 2014), e a seletividade alimentar, relacionada à restrição comportamental e a questões de regulação sensorial (Johnson; Butter; Scahill, 2018; Zhu; Dalby-Payne, 2019).

A emissão de comportamentos disruptivos, que muitas vezes ocorre na forma de gritos, choros, birras, destruição do ambiente, hetero e autoagressividade, tem impacto significativo em situações variadas de aprendizagem e na vida social. Para orientações apropriadas sobre manejo de comportamentos disruptivos, a literatura aponta que primeiramente é fundamental a realização de um processo de análise ou avaliação funcional. Esse tipo de avaliação é a base para o entendimento da principal função relacionada à emissão de um comportamento disruptivo. Comumente, a emissão desse tipo de comportamento está relacionada a quatro funções principais: busca de atenção social, busca de itens tangíveis, esquiva de demanda e autoestimulação (Hanley; Iwata; McCord, 2003; Iwata *et al.*, 1982, 1994).

Assim, após a identificação da função mais relacionada à emissão de um determinado comportamento disruptivo, parte-se para o delineamento de um plano de intervenção, comumente baseado em um treino de comunicação funcional (TCF), amplamente utilizado e apontado como uma prática baseada em evidência (Ghaemmaghami; Hanley; Jessel, 2021; Steinbrenner *et al.*, 2020). O TCF é um procedimento de ensino que visa substituir comportamentos disruptivos por habilidades de comunicação mais produtivas e efetivas. Essa comunicação não precisa necessariamente ser vocal; geralmente, é realizada pelo treino emergencial, utilizando-se a indicação (apontar) ou a troca de estímulos visuais (fotos, recortes de revistas, imagens impressas, fotos em *tablets* etc.).

Como ressaltado anteriormente, é muito desejável que ocorra a capacitação das famílias de indivíduos com TEA. Em relação ao TCF, considera-se que, quando os familiares são capacitados para realizar esse procedimento, têm a possibilidade de passar a evocar e produzir variáveis de aumento na comunicação no ambiente familiar estendido, o que pode efetivamente acarretar diminuição na emissão de comportamentos disruptivos e, portanto, exercer um impacto bastante positivo na vida cotidiana de toda a família (Fettig; Barton, 2013; Gerow *et al.*, 2018).

Outro padrão comportamental com alta probabilidade de ocorrência em indivíduos com TEA é a seletividade alimentar, definida pelo consumo altamente limitado de alimento e caracterizada por três domínios: recusa alimentar, repertório alimentar limitado e/ou ingestão alimentar única (Bandini *et al.*, 2010; Ma; Thompson; Weston, 2015). Estima-se que de 46% a 86% das crianças com TEA apresentem problemas alimentares, que podem incluir seletividade alimentar com base no tipo, na cor, na textura ou na apresentação do alimento e/ou comportamentos perturbadores durante as refeições, como choro, birra, ânsia ou indução de vômito (Bandini *et al.*, 2017; Suarez; Crinion, 2015). Isso se dá, geralmente, em virtude da interação de sintomas do próprio transtorno com os sintomas dos transtornos alimentares (Paula *et al.*, 2020). A rigidez comportamental e as dificuldades de processamento sensorial são alguns dos principais fatores de causa das dificuldades alimentares, que estão relacionadas a características nucleares do TEA. Alterações sensoriais podem ocorrer no paladar e no olfato, por exemplo, aumentando a sensibilidade. Isso dificulta a aceitação de alguns alimentos e leva a uma alimentação restrita e pouco variada. A rigidez e a inflexibilidade, características de indivíduos com TEA, podem levar a restrições graves, como ingestão apenas de um ou dois tipos de alimento (Zhu; Dalby-Payne, 2019).

Sendo assim, a seletividade alimentar exerce impacto negativo na criança, comprometendo a nutrição e o desenvolvimento. Para os familiares, aumenta o estresse e a carga familiar, afetando a qualidade de vida de todos (Postorino *et al.*, 2015). Em virtude de seu caráter multifatorial, a questão alimentar deve ser tratada por uma equipe transdisciplinar. Uma indicação de tratamento mais efetivo para essa questão é a intervenção que combina técnicas e procedimentos de ensino baseado em análise do comportamento aplicada (ABA), como: hierarquia de dicas variadas, fragmentação das tarefas, esquema de reforçamento positivo e utilização constante de registros para coleta de dados. Utilizando esses procedimentos, é possível, de forma gradual e sempre em conjunto com a atenção transdisciplinar, o molde de novos comportamentos alimentares positivos e a diminuição e/ou extinção de atitudes problemáticas relacionadas às refeições (Levin; Carr, 2001; Sarcia, 2020; Seiverling; Kokitus; Williams, 2012).

Além da criança, é de extrema importância que os familiares sejam ensinados e treinados a lidar com as questões alimentares, dado o papel central que a família desempenha em todas as áreas da vida da criança. A capacitação familiar favorece uma aceitação alimentar mais variada e de melhor qualidade e a redução de comportamentos alimentares indesejados. Ensinar aos pais estratégias para melhorar a alimentação da criança e diminuir os comportamentos disruptivos também possibilita a redução do estresse familiar, como sugerido anteriormente (Johnson *et al.*, 2019; Najdowski *et al.*, 2003; Seiverling *et al.*, 2012).

Conforme já ressaltado, boas práticas para lidar com esses dois padrões comportamentais de difícil manejo no TEA estão relacionadas à intervenção comportamental, mas algumas barreiras são encontradas, tais como dificuldade dos familiares em encontrar profissionais capacitados e alto custo da intervenção. Nesse sentido, é fundamental que pesquisas aplicadas sejam realizadas com o objetivo de encontrar e sistematizar as práticas viáveis e eficazes na capacitação de familiares de indivíduos com TEA, principalmente em países e regiões do globo em que as barreiras para as intervenções se fazem mais presentes (Bello-Mojeed *et al.*, 2016; Lee; Meadan, 2021; Rahman *et al.*, 2016).

A capacitação de familiares para intervenção em indivíduos com TEA acontece no mundo há mais de 60 anos (Bijou; Baer, 1961; Bricker *et al.*, 1982; Green, 2001; O'Dell, 1974; Rinn; Markle, 1977) e segue produtiva hoje em dia (Beaudoin; Sebire; Couture, 2014; Fenning; Butter, 2019; Johnson; Butter; Scahill, 2018; Nevill, Lecavalier, Stratis, 2018; Rahman *et al.*, 2016; Rogers *et al.*, 2012; Sato *et al.*, 2022). Segundo trabalhos que têm produzido e publicado combinações de práticas focadas em indivíduos com TEA, baseadas em evidência e majoritariamente de base analítico-comportamental (Odom *et al.*, 2010; Wong *et al.*, 2015; Steinbrenner *et al.*, 2020), a intervenção implementada pelos familiares (*parent-implemented intervention* – PII) possibilita que estes, como cuidadores primários de seus filhos, utilizem um programa de intervenção, ou parte dele, para o qual são capacitados em grupos ou individualmente, em casa ou em comunidades. Os métodos para capacitação incluem, por exemplo, instruções, discussões, modelagem e *feedback* de desempenho – que assistem os familiares na adoção de um protagonismo no ensino de novas habilidades ao indivíduo com TEA, bem como no engajamento de situações de comunicação e interação social, autocuidado e independência, e minimização de comportamentos disruptivos que, regularmente, não são produtivos do ponto de vista social.

Uma pesquisa brasileira realizada em consonância com as premissas aqui apresentadas teve como objetivo principal testar a viabilidade e a eficácia de uma capacitação parental para o ensino de contato visual e atenção compartilhada a seus filhos com TEA (Bagaiolo *et al.*, 2018; Bordini *et al.*, 2020). Essa pesquisa, que ocorreu no âmbito do desenvolvimento da tese de doutorado de Daniela Bordini (Araripe, 2020),[1] foi multicêntrica, envolvendo a Universidade Federal de São Paulo (Unifesp), a Universidade de São Paulo (USP) e a Universidade Presbiteriana Mackenzie. Por meio de um ensaio clínico randomizado, foram capacitados 67 familiares de indivíduos com TEA, distribuídos em grupo de intervenção e grupo controle. A faixa etária das crianças com TEA era de 3 a 6 anos e 11 meses; elas tinham, no momento do estudo, QI[2] entre 50 e 70 e não recebiam intervenção comportamental acima de dez horas por semana. O ensino dos familiares ocorreu exclusivamente por meio do procedimento de *video modeling*. Durante o transcorrer de 22 semanas, no ano de 2014, familiares se dirigiram semanalmente até os centros parceiros para receber DVDs que apresentavam estratégias para que ensinassem a seus filhos contato visual e atenção compartilhada por meio de tentativas discretas, reforçamento contínuo durante as atividades

1. Pesquisa realizada com financiamento da Fundação de Amparo à Pesquisa do Estado de São Paulo (Fapesp), em convênio especial com a Fundação Maria Cecilia Souto Vidigal (número de concessão 2012/51584-0).

2. QI, que significa quociente de inteligência, é uma escala que serve para mensurar o desempenho cognitivo de uma pessoa por meio da aplicação de testes, como de matemática e de lógica.

e, também, tentativas de generalização após o alcance de critérios de acertos. Juntamente com os DVDs, os familiares recebiam folhas de registro específicas para a anotação da prática com seus filhos.

Os 19 vídeos disponibilizados abordavam conteúdos como: preparação do ambiente, manejo de comportamentos disruptivos, avaliação de preferência, aprendizagem sem erro e uso de ajudas físicas e gestuais. Atualmente, todos os vídeos estão disponíveis na página do Ambulatório de Cognição Social Marcos Tomanik Mercadante no YouTube e podem ser consultados e reproduzidos gratuitamente.[3]

Conforme apontado por Bagaiolo *et al.* (2018), esse tipo de capacitação parental se mostrou útil para instruir familiares a ensinar novos comportamentos a seus filhos, já que o estudo teve boa adesão, relativo baixo custo e grande possibilidade de difusão. Bordini *et al.* (2020) apontaram que, embora não tivesse havido melhora com significância estatística em relação à sintomatologia geral do autismo para o grupo intervenção, foi possível observar melhora nos escores de comunicação e QI, mesmo em um grupo de crianças cujo QI variava entre 50 e 70. Os autores ainda enfatizam que a capacitação parental realizada por meio exclusivo do procedimento de *video modeling* pode ser útil para o incremento dos cuidados de crianças com TEA, particularmente em países em que faltam especialistas. Dados relativos às coletas diárias realizadas pelos familiares também foram analisados e estão em processo de submissão (Bordini *et al.*, 2023).

Vale ressaltar que a publicação do trabalho de Bagaiolo *et al.* (2018) foi capturada em uma revisão de escopo global conduzida com o objetivo de proporcionar uma visão geral da literatura produzida sobre capacitação parental em locais de baixos recursos, os *low-resource settings* (LRS), conforme classificação do Banco Mundial (Lee; Meadan, 2020). Nessa revisão, foram incluídos apenas estudos publicados em língua inglesa, de intervenção, de base comportamental, com coleta de dados e em que os pesquisadores não atuavam diretamente com o

3. O endereço para acessar os vídeos é: https://www.youtube.com/watch?v=UeZdcOIkKDc. Acesso em: 21 maio 2024.

indivíduo com TEA e, sim, capacitavam o familiar a fazê-lo. De 393 estudos inicialmente identificados, 12 foram escolhidos, representando dez países: Albânia, Arábia Saudita, Brasil, China, Índia, Jordânia, Macedônia, Nigéria, Paquistão e Tanzânia.

Segundo os autores, duas grandes áreas de comportamentos-alvo foram detectadas nesses 12 estudos que retratavam as principais necessidades dos familiares naqueles países: o desenvolvimento de habilidades básicas de comunicação e o manejo de comportamentos desafiadores. Esses resultados corroboram achados de outros trabalhos e pesquisas de revisão sobre perspectivas parentais de indivíduos com TEA realizados ao redor do mundo. Os familiares das localidades citadas encontram barreiras comuns e recorrentes, como escassez de profissionais qualificados para o atendimento ao TEA, infraestrutura de saúde pública insuficiente, alto custo dos serviços de saúde mental, estigma que envolve o transtorno, consciência limitada da população em geral, grandes distâncias a serem vencidas para visitas a profissionais e pouco acesso a avaliação, tratamento e instrumentos no idioma nativo (Araripe *et al.*, 2022; Dawson-Squibb *et al.*, 2020; Viljoen *et al.*, 2021). Dessa maneira, impõem-se questões éticas subjacentes no desenvolvimento de pesquisas com TEA e na capacitação de familiares envolvidos com o diagnóstico em tais localidades do mundo (Daley *et al.*, 2013), sempre examinando e buscando contemplar e cumprir a validação social (Wolf, 1978) da pessoa ou dos grupos-alvo atingidos (Lee; Meadan, 2020).

Levando em conta as questões abordadas anteriormente sobre desafios que familiares de indivíduos com TEA encontram no cotidiano em relação a déficits na área social e na comunicação e à presença de padrões restritos de comportamento, é mister enfatizar novamente a relevância social implícita no desenvolvimento de pesquisas envolvendo intervenções de base analítico-comportamental implementadas por familiares que forneçam apoio para boas práticas no cenário familiar. Nesse sentido, o braço social do Grupo de Intervenção Comportamental Gradual, a Gradual Social, com o olhar voltado ao impacto social para soluções além do âmbito clínico tradicional, vem apoiando, como principal ação, uma linha de pesquisa nesse campo da capacitação parental como uma possibilidade de semear e democratizar práticas baseadas em evidências para TEA e, também, como proposta de um modelo para ser testado empiricamente, aliando pesquisa e prestação de serviços.

Essa linha de pesquisa tem sido desenvolvida de forma multicêntrica com instituições e profissionais parceiros, a saber: 1) Teamm, da Unifesp/ Centro de Atenção Integrada à Saúde Mental (Caism), coordenado pela doutora Daniela Bordini e vice-coordenado pela doutora Graccielle Asevedo, com a participação da autora Leila Bagaiolo desde 2007, época em que foi fundado; 2) Ambulatório de Autismo Protea, do Instituto de Psiquiatria do Hospital das Clínicas da Faculdade de Medicina da USP (IPq-HCFMUSP), dirigido pela professora doutora Helena Brentani e coordenado pela mestre Joana Portolese, com a atuação de Claudia Romano desde a sua fundação, em 2010; 3) Programa de Pós-graduação em Distúrbios do Desenvolvimento da Universidade Presbiteriana Mackenzie, com a Professora doutora Cristiane Silvestre de Paula. Atualmente, mais dois centros se somaram a essa força-tarefa, com pesquisadores que fazem parte do Grupo de Trabalho Transtorno do Espectro Autista: Pesquisas em Saúde e Educação, da Associação Nacional de Pesquisa e Pós-graduação em Psicologia (Anpepp), a saber: o autor João Rodrigo Maciel Portes, da Universidade do Vale do Itajaí (Univali) e Daniel Carvalho de Matos da Universidade Federal do Maranhão (UFMA). Tais parcerias têm sido profícuas para o desenvolvimento da pesquisa em capacitação parental e têm se organizado para o alcance e a democratização de procedimentos baseados em evidência para a população com TEA.

Como já descrito em produções anteriores, mais especificamente no capítulo intitulado "Orientação e treinamento de familiares" (Bagaiolo; Pacífico, 2018) e no artigo "Encanto, prática e compromisso com a produção e a disseminação da ciência do comportamento aplicada" (Romano; Bagaiolo, 2022), esse projeto se iniciou em 2013, com capacitação de práticas focadas variadas nos ambulatórios Protea, Teamm e, também, na sede do Grupo Gradual. Uma premissa metodológica presente desde o início dessa linha de pesquisa é a combinação de pacotes de práticas reconhecidamente eficazes com um delineamento que utiliza *behavioral skills training* (BST) e treino piramidal (Romano; Bagaiolo, 2022), já que se buscava contemplar boas práticas nos treinamentos com visão de escalabilidade. O procedimento de BST inclui instrução, modelação, modelagem e *feedback* para o agente que está sendo capacitado (Miles; Wilder, 2009; Nigro-Bruzzi; Sturmey, 2010; Parsons *et al*., 2012; Sarokoff; Sturmey, 2004), sendo assim focado e baseado no desempenho, abreviando a necessidade de treinamento intensivo com aulas instrucionais, o que normalmente demanda tempo e recursos. O BST acumula eficácia na literatura por treinar equipes com profissionais de idades variadas (entre 23 e 59 anos), diferentes níveis de experiência (entre 6 meses e 5 anos) e com formações diferentes (Erath *et al*., 2020). A adoção do BST como metodologia vem sendo apontada como possibilidade de democratização das melhores práticas da ABA para ensino.

Quanto ao treino piramidal, este pode ser definido como um modelo de treino em camadas cujo objetivo é treinar treinadores, numa pirâmide na qual um pesquisador/especialista treina outro "treinador", que, por sua vez, treinará outro a "aplicar um procedimento" direto num indivíduo atípico (Page *et al*., 1982). Assim, esse treino em cascata dá agilidade ao processo, minorando a dependência da presença de um supervisor ou especialista em toda a ação (Erath *et al*., 2021). Vale ressaltar que o treino piramidal surge quando o movimento da medicina de práticas baseadas em evidências impacta também a educação. O acesso às melhores práticas não garante a melhor replicação. Por um lado, a replicação sem treinamento de qualidade não gera escalabilidade confiável; por outro, aplicadores treinados podem aumentar a fidelidade aos protocolos. Nessa linha, a literatura aponta o treino piramidal como responsável por diminuir o *gap* entre pesquisa e aplicação (Erath *et al*., 2020). Tal modelo tem se mostrado eficaz no treinamento de professores (atuando em escolas ou residências), profissionais e familiares (Conklin; Wallace, 2019), incluindo os replicadores residentes em locais remotos, com poucos recursos, como, por exemplo, em escola rural na Índia (Ramalho, 2020). Se, nos primeiros estudos, tinha-se como alvo da intervenção estudantes de escolas regulares e menos estudantes de escolas especializadas, em revisões recentes, esses últimos alcançaram 87,5% nas pesquisas, indicando que o alvo final da intervenção por meio do treino piramidal foram indivíduos com TEA (Andzik; Cannella-Malone, 2017; Ramalho, 2020).

Em 2016, após dois anos de aplicação nos grupos de familiares, com o desenho metodológico citado, agregando revisão constante de literatura, ampliação contínua do número de participantes e observação das principais necessidades parentais dos integrantes desses grupos, foram redefinidas algumas escalas pré e pós-intervenção, assim como foram redimensionados os registros de comportamentos-alvo e o número de encontros, que passou a ser de 12 semanas para as futuras edições dos grupos. Nesse momento, também foi redefinido como objetivo fundamental o manejo de comportamentos disruptivos via ensino de comunicação funcional, como preconizado pela literatura (Carr; Durand, 1985; Durand; Merges, 2001; Kaat; Lecavalier; Aman, 2014). O ensino de comunicação funcional é utilizado e indicado para uma comunicação alternativa e emergencial por meio, por exemplo, de gestos (apontar), troca de estímulos visuais (fotos, recortes de revistas, imagens impressas, fotos em *tablets* etc.) ou por pedidos vocais (mando verbal vocal). Esse ensino de comunicação funcional é um dos procedimentos mais usados para diminuição da emissão de comportamentos disruptivos de crianças com TEA, podendo resultar na redução significativa desses comportamentos quando implementado pelos pais, segundo a revisão da literatura feita por Gerow *et al.* (2018). Os efeitos podem ser generalizáveis, produzindo uma melhora significativa na vida cotidiana das famílias (*ibid.*).

A partir das edições de 2016, o ensino de comunicação funcional para a capacitação dos familiares da pesquisa foi incorporado em 12 sessões e abordava temas em aulas teórico-práticas sobre a produção dos estímulos visuais, envolvendo quadro de rotina, confecção de livro de pistas de comunicação visual para pedidos e, também, materiais de combinados visuais. Ainda nesse momento, com o objetivo de continuar a ampliar o número de participantes, passaram-se a realizar chamadas nas redes sociais e, após seleção prévia, os participantes vinham até os ambulatórios Teamm e Protea e a uma sede do Grupo Gradual. Para maiores detalhes metodológicos dessas edições, que se sucederam até 2019, e os respectivos resultados, conferir as publicações de Bagaiolo *et al.* (2018) e Bagaiolo *et al.* (2019). De forma geral, nessas publicações, são demonstrados alguns resultados de melhoras de padrões comportamentais, com significância, nos comportamentos-alvo em intervenção e nos padrões de saúde mental dos familiares, medidos por meio tanto das escalas pré e pós-intervenção quanto dos registros diários dos familiares.

Em 2019, também foi executado um projeto-piloto com familiares do ambulatório Teamm, utilizando-se o mesmo modelo de capacitação parental para o desenvolvimento das práticas relativas ao manejo da seletividade alimentar. A finalidade foi ampliar um novo tema de intervenção no mesmo modelo de capacitação, para outro padrão de dificuldade, muito recorrente nos casos de TEA, como já explicado anteriormente. Esse projeto-piloto foi de suma importância para o estabelecimento e teste de procedimentos de base analítico-comportamental voltados para o manejo desse padrão alimentar.

Além de aplicação de escalas pré e pós-intervenção (primeira e última semana), como, por exemplo, a *Brief Autism Mealtime Behavior Inventory* (Bambi),[4] com o objetivo de detectar a gravidade da dificuldade alimentar da criança com TEA, foram implementados dez passos, hierarquizados por grau de dificuldade crescente em relação à exposição de alimentos-alvo de seletividade alimentar, para que os familiares

4. O Bambi é um questionário que consiste no autorrelato dos pais/cuidadores, a fim de fornecer uma avaliação dos comportamentos do paciente durante as refeições. O Bambi é composto por 18 itens e utiliza uma escala *likert* para relatar a frequência do comportamento, podendo variar de 1 = "Nunca/Raramente" a 5 = "Em quase todas as refeições", e a escala Hamilton, que avalia pacientes previamente diagnosticados com depressão, investigando o nível da gravidade dos sintomas e não a sua existência. A escala utilizada é a versão reduzida, com 17 itens, com perguntas que verificam nível de retardo motor, apatia, ansiedade, pensamentos suicidas, desamparo e alterações no padrão de sono.

aprendessem esses passos e os aplicassem semanalmente com seus filhos durante as dez semanas de intervenção.

Assim, nas duas primeiras semanas, as famílias assistiram a aulas teóricas com temas introdutórios sobre seletividade alimentar e ABA. Na terceira semana, os pesquisadores auxiliaram os familiares a escolher o alimento-alvo de seletividade alimentar a ser manipulado nas semanas subsequentes e explicaram como preencher a folha de registro diário e realizar a filmagem dos passos.

Da quarta à nona semana, foi ensinado às famílias o Programa de Introdução de Novos Alimentos, com o objetivo de auxiliar no aceite de alimentos na dieta de maneira gradual. O alimento foi selecionado de forma individual para cada família participante da pesquisa. A intervenção comportamental foi realizada em dez passos. Em cada um, a criança com TEA participante (por intermédio do familiar) era exposta gradualmente ao alimento pré-selecionado, de acordo com os seguintes passos: tolerar, visualizar, cheirar, tocar, interagir, tocar nos lábios, lamber, morder, mastigar e, por fim, engolir. A criança era exposta a dez tentativas diárias de aproximação para cada passo. Aquelas que tivessem, no mínimo, 80% de êxito, por três dias, em cada uma das etapas, podiam avançar de ciclo. As folhas de registro eram preenchidas diariamente pelo familiar participante, com o objetivo de permitir a avaliação diária e minuciosa do processo de cada um dos participantes, em cada uma das etapas. Em cada passo, o familiar participante seguia um esquema de contingência envolvida na tarefa, em que havia um estímulo antecedente (exposição do alimento no mesmo ambiente da criança) e um estímulo consequente (reforço positivo ou não da ação da criança) e que variava de acordo com a resposta da criança (aceitar ou não aceitar o que foi proposto em determinado passo). No final, ocorreu o encerramento do grupo, com o esclarecimento das dúvidas dos familiares voltadas à seletividade alimentar e o auxílio aos que ainda não tinham conseguido chegar ao último passo do programa de introdução alimentar (engolir) e, também, aos que não haviam chegado aos passos anteriores. O relato dos procedimentos envolvidos nesse projeto-piloto, os apontamentos preliminares sobre a aceitação dos familiares e os resultados gerais podem ser conferidos em Logiacco *et al.* (2020).

Na sequência, no segundo semestre de 2020, com as restrições impostas pela pandemia de Covid-19, a pesquisa de capacitação parental envolvendo participantes dos ambulatórios já citados e das redes sociais passou ao ambiente *on-line* síncrono,[5] por meio do Google Forms. Nessa edição, em dias diferentes da semana, foi realizado trabalho com grupos de familiares. Um grupo tinha como objetivo o manejo de comportamentos disruptivos e o outro, o manejo de seletividade alimentar. Cabe ressaltar que foram mantidos, com adaptações, os mesmos cuidados metodológicos para a aplicação de alguns parâmetros para inclusão e exclusão de participantes, aplicação das escalas pré e pós-intervenção, treino piramidal mesclado com BST e acompanhamento dos registros diários e vídeos realizados pelos familiares. Esses dados foram analisados e estão descritos no trabalho de conclusão do curso de Psicologia de Lívia Cronemberger Rangel, na Universidade Mackenzie, em 2022, com a orientação da doutora Cristiane Silvestre de Paula (Rangel; Paula, 2022). Além de buscar analisar as evidências de impacto, viabilidade e adesão dessa capacitação parental em ambiente virtual, também foi analisado se e como as famílias que haviam passado pelos grupos de capacitação se lembravam das intervenções após dois anos do fim dessas intervenções.

Vale notar que, desde o início dessa linha de pesquisa, foi a primeira vez que foram investigados os efeitos de longo prazo desse modelo de capacitação. Como é possível conferir em Rangel e Paula (2022), de forma geral, foi possível observar que os familiares que responderam nessa ocasião consideraram que as intervenções haviam sido relevantes. Além disso, seus relatos indicaram que ainda seguiam aplicando no cotidiano, dois anos depois (2022), os procedimentos aprendidos no momento de realização da pesquisa (2020). Por outro

5. Aqui, vale agradecer à família Tâmega, que, a partir daquele momento, iniciou uma prática de doações para a Gradual Social. A primeira doação permitiu acesso a recursos para que a pesquisa de capacitação parental ocorresse em uma plataforma digital.

lado, foi possível constatar que nenhuma das famílias ainda utilizava as folhas de registros. A hipótese foi de que o engajamento dos familiares no preenchimento de registros pode estar relacionado ao incentivo promovido pelos pesquisadores e ao pertencimento de grupo, que acaba motivando a execução das tarefas.

No ano de 2021, ainda no cenário de pandemia, foi realizada, nesse mesmo modelo *on-line* síncrono, a capacitação do grupo apenas para manejo de seletividade alimentar. Nessa versão, foi experienciada uma coleta mista, ou seja, foram utilizados para coleta de dados a "versão teste" de um aplicativo e o Google Forms. Observou-se uma melhora nos padrões de seletividade alimentar entre os participantes da pesquisa, apesar de não estatisticamente significativa. A diferença nos resultados entre as pesquisas de 2020 e 2021 pode ter ocorrido por dificuldades na sistematização dos dados, em decorrência do uso de aplicativo em "versão teste" na pesquisa de 2021. Os resultados relativos a essa coleta foram parcialmente descritos e analisados em um pôster científico apresentado no XXXII Congresso da Associação Brasileira de Ciências do Comportamento (ABPMC), em setembro de 2023.

As mudanças desenvolvidas desde o início dessa pesquisa, em 2013, com a ampliação da amostra de participantes para além dos ambulatórios, mediante o chamamento pelas redes sociais, com a ampliação dos comportamentos-alvo a serem manejados e ensinados, com a inserção de incrementos metodológicos e, mais recentemente, com a migração total durante a pandemia para o ambiente *on-line*, possibilitaram atingir uma amostra maior, gerando um acúmulo de dados mais robustos, com indícios de viabilidade e impacto. Como narrado anteriormente, esses resultados vêm sendo comunicados por meio de publicações variadas. Essa evolução e essa maturidade no fazer científico geraram também a captação de doações que contribuíram para alguns avanços significativos na Gradual Social, os quais se mantêm, e também para novas parcerias e possibilidades de fomento.

Assim, a partir de 2022, essa linha de pesquisa de capacitação parental multicêntrica, com o tema manejo de comportamentos desafiadores/treino de comunicação funcional, está sendo modelada inteiramente para o ambiente digital, em um aplicativo no qual o familiar do indivíduo com TEA poderá percorrer toda a sua trajetória de aprendizado e prática de forma assíncrona e independente.[6] Com essa mudança, uma amostra maior poderá ser abarcada, estendendo a base piramidal da população-alvo. Além disso, estão sendo incorporados novos incrementos metodológicos importantes de base analítico-comportamental para o monitoramento do processo de cada participante e para adaptações do BST e do treino piramidal no ambiente digital.

No contexto dessa primeira edição digital, será incorporado um desenho experimental híbrido com ensaio clínico randomizado controlado e sujeito único. Vale ressaltar que essas melhorias e esses avanços na base experimental da pesquisa permitirão a continuidade do monitoramento de variações comportamentais individuais com maior acurácia de viabilidade, efetividade e eficácia em grupos comunitários ampliados, que serão atingidos por um ensino totalmente baseado na tecnologia comportamental, gerando sempre mais complexidade analítica. Nessa lógica, o desenho metodológico híbrido de caso único e ensaio clínico randomizado é bem-vindo (Fawcett, 1991; Smith, 2013; Watson-Thompson; Francisco; Anderson-Carpenter, 2020).

Vale ainda destacar que a edição totalmente digitalizada, voltada para a capacitação com o tema manejo de comportamentos desafiadores/ treino de comunicação funcional contará com a participação dos centros tradicionais já participantes: Grupo Gradual, Teamm, Unifesp e, também, UFMA, com a colaboração e liderança do doutor Daniel Matos, que recentemente passou a fazer parte do Grupo de Trabalho Transtorno do Espectro Autista: Pesquisas em Saúde e Educação da Anpepp.

Ainda em relação aos novos projetos pós-digitalização, para os anos de 2023 e 2024, uma nova edição do tema seletividade alimentar está sendo incorporada ao âmbito dessa linha de pesquisa. Em julho de 2023, o doutor João Rodrigo Maciel Portes, também membro do Grupo de

6. Essa inovação está sendo realizada após o aporte de uma doação feita em 2022 pela família Rodenbeck. Também vale lembrar que a família Tâmega contribuiu com a doação de *tablets* para testes e coleta de dados. Ficam aqui nossos agradecimentos.

Trabalho Transtorno do Espectro Autista: Pesquisas em Saúde e Educação da Anpepp, juntamente com as autoras deste capítulo, Claudia Romano e Leila Bagaiolo, e também com a doutora Cristiane Silvestre de Paula, submeteram um projeto à Fundação de Amparo à Pesquisa e Inovação do Estado de Santa Catarina (Fapesc) para analisar a eficácia, a eficiência e o impacto da capacitação de familiares de indivíduos com TEA para a atuação direta com seus filhos, com o objetivo de promover mudanças em padrões de seletividade alimentar. Essa pesquisa também terá um desenho experimental híbrido com ensaio clínico randomizado controlado e sujeito único, em ambiente virtual, com coleta a ser realizada no Centro Terapêutico Especializado em Autismo em Itajaí, Santa Catarina.

Tão importante quanto acoplar tecnologia para agilizar e ampliar o acesso a um número maior de familiares é também continuar estendendo e analisando a viabilidade desse tipo de capacitação parental em contextos nos quais é muito difícil acessar intervenções baseadas em evidência para TEA.

Nesse sentido, a parceria entre os centros Gradual, Protea, Teamm e Mackenzie ainda abarcará a coleta de dados em Angola, no continente africano, mais especificamente no Complexo Escolar Selkim, uma escola de ensino primário localizada no bairro Hoji-ya-Henda, na província de Luanda-Angola. Essa ampliação se dará por meio da replicação da pesquisa como trabalho de mestrado da aluna angolana Antonia Joao Mussaque, com orientação da professora Natalia Becker, do Programa Distúrbios do Desenvolvimento da Universidade Presbiteriana Mackenzie. O objetivo é realizar a adaptação transcultural do programa de orientação parental breve para a comunicação e o manejo de comportamentos disruptivos para a população de Angola e verificar a viabilidade de execução do programa por meio do estudo-piloto. Por dificuldades locais de acesso à tecnologia, a coleta com os familiares será no formato presencial pré-pandemia, a fim de testar a adaptação e a viabilidade desse modelo de capacitação parental naquele país, que, ao mesmo tempo em que tem muitas barreiras em comum com o Brasil na assistência às pessoas com TEA, tem especificidades que justificam esse processo de validação.

Por fim, vale destacar que a área da ciência da implementação, tal qual definida por Eccles e Mittman (2006), tem como objetivo sustentar soluções para diminuir o *gap* entre os achados científicos e sua incorporação nas práticas diárias. Levando em consideração os pontos até aqui abordados, como o cenário desafiador colocado pelas questões atuais do autismo, a incidência crescente do diagnóstico, o desenvolvimento e o alcance de intervenções globais sustentáveis e eficazes (Lord *et al.*, 2022), é fundamental que as melhores evidências científicas sejam testadas e incorporadas o mais rápido possível às intervenções voltadas para indivíduos com TEA e suas famílias (Odom *et al.*, 2020), incluindo as situações em que esses familiares são os agentes primários das próprias intervenções com seus filhos (Carruthers *et al.*, 2023), mote principal deste capítulo.

Considerações finais

A ciência do comportamento oferece diversas estratégias comprovadamente eficazes para o treinamento parental, como o treino de comunicação funcional (TCF) e o *behavioral skills training* (BST). Além disso, a utilização do treino piramidal também foi incorporada às pesquisas sobre a capacitação familiar, a fim de garantir a maior escalabilidade da intervenção e, assim, diminuir as lacunas entre pesquisa e aplicação. Destaca-se que o desenvolvimento da pesquisa multicêntrica permite maior generalização e confiabilidade dos resultados.

A adoção do treinamento parental como prática de intervenção em serviços que atendem indivíduos com TEA é fundamental para os pais aprenderem a manejar problemas de comportamento disruptivos, estimularem as habilidades de comunicação e diminuírem o repertório de seletividade alimentar, principalmente na rede pública de saúde, porque se percebe que há uma crescente demanda de usuários e o sistema não consegue prover terapia intensiva individual baseada em ABA para toda a população. Diante disso, dentre as propostas metodológicas apresentadas baseadas em evidências, o modelo híbrido para a capacitação familiar de crianças com TEA tem demonstrado excelentes resultados nas pesquisas e, por se tratar de uma intervenção de baixo custo, poderá se tornar uma alternativa viável para o Sistema Único de Saúde (SUS).

Referências

AMERICAN PSYCHIATRIC ASSOCIATION (APA). *Manual diagnóstico e estatístico de transtornos mentais*: DSM -5-TR. 5. ed. Porto Alegre: Artmed, 2023.

ANDZIK, N.; CANNELLA-MALONE, H. I. A review of the pyramidal training approach for practitioners working with individuals with disabilities. *Behavior Modification*, v. 41, n. 4, p. 558-580, 2017.

ARARIPE, B. *et al.* Profile of service use and barriers to access to care among Brazilian children and adolescents with autism spectrum disorders. *Brain Sciences*, v. 12, n. 10, 2022.

ARARIPE, D. B. A. Desenho experimental híbrido com ensaio clínico randomizado controlado e sujeito único. Treino parental com vídeo modelação para a aquisição de habilidades sociais em crianças com autismo: estudo multicêntrico. 2020. Tese (Doutorado) – Universidade Federal de São Paulo, São Paulo, 2020.

BAGAIOLO, L. F. *et al.* Capacitação parental para comunicação funcional e manejo de comportamentos disruptivos em indivíduos com transtorno do espectro autista. *Cadernos de Pós-graduação em Distúrbios do Desenvolvimento*, v. 18, n. 2, p. 46-64, 2018.

BAGAIOLO, L. F. *et al.* Implementing a community-based parent training behavioral intervention for autism spectrum disorder. *Psicologia: Teoria e Prática*, v. 21, n. 3, p. 456-472, 2019.

BAGAIOLO, L. F.; PACÍFICO, C. R. Orientação e treino de pais: a necessidade da capacitação de pais de indivíduos com TEA e alguns parâmetros de evidência científica. *In*: DUARTE, C. P. *et al.* (ed.). *Estratégias da análise do comportamento aplicada para pessoas com transtornos do espectro do autismo*. São Paulo: Mennon, 2018. p. 356-378.

BANDINI, L. G. *et al.* Food selectivity in children with autism spectrum disorders and typically developing children. *The Journal of Pediatrics*, v. 157, n. 2, p. 259-264, 2010.

BANDINI, L. G. *et al.* Changes in food selectivity in children with autism spectrum disorder. *Journal of Autism and Developmental Disorders*, v. 47, n. 2, p. 439-446, 2017.

BEAUDOIN, A. J.; SEBIRE, G.; COUTURE, M. Parent training interventions for toddlers with autism spectrum disorder. *Autism Res Treat*, Article ID 839890, p. 1-15, 2014.

BELLO-MOJEED, M. *et al*. Feasibility of parent-mediated behavioural intervention for behavioural problems in children with autism spectrum disorder in Nigeria: a pilot study. *Child Adolesc Psychiatry Ment Health*, v. 10, n. 1, p. 28, 2016.

BIJOU, S. W.; BAER, D. M. *Child development: a systematic and empirical theory*. Nova York: Appleton-Century-Crofts, 1961.

BORDINI, D. *et al*. A randomised clinical pilot trial to test the effectiveness of parent training with video modelling to improve functioning and symptoms in children with autism spectrum disorders and intellectual disability. *Journal of Intellectual Disability Research*, v. 64, n. 8, p. 629-643, 2020.

BORDINI, D. *et al*. Acquisition of social communication skills in children with autism through applied behavior analysis (ABA) parental training and video modeling. Preprints 2023, 2023100144. Disponível em: https://doi.org/10.20944/preprints202310.0144.v1. Acesso em: 21 maio 2024.

BRICKER, D.; BRUDER, M. B.; BAILEY, E. Developmental integration of preschool children. *Analysis and Intervention in Developmental Disabilities*, v. 2, n. 2-3, p. 207-222, 1982.

CALLAHAN, K. *et al*. Social validity of evidence-based practices and emerging interventions in autism. *Focus on Autism and Other Developmental Disabilities*, v. 32, n. 3, p. 188-197, 2017.

CARR, E. G.; DURAND, V. M. Reducing behavior problems through functional communication training. *Journal of Applied Behavior Analysis*, v. 18, n. 2, p. 111-126, 1985.

CARRUTHERS, S. *et al*. Using implementation science frameworks to explore barriers and facilitators for parents' use of therapeutic strategies following a parent-mediated autism intervention. *Autism*, v. 27, n. 4, p. 1011-1025, 2023.

CONKLIN, S. M.; WALLACE, M. D. Pyramidal parent training using behavioral skills training: training caregivers in the use of a differential reinforcement procedure. *Behavioral Interventions*, v. 34, p. 377-387, 2019.

COUNCIL OF AUTISM SERVICE PROVIDERS (CASP). Applied behavior analysis treatment of autism spectrum disorder: practice guidelines for healthcare funders and managers. *Council of Autism Service Providers*, 2020. Disponível em: https://neurosciences.ucsd.edu/centers-programs/autism/_files/about-autism/casp-aba-asd-practice-guidelines-2014-2020.pdf. Acesso em: 21 maio 2024.

DALEY, T. C.; SINGHAL, N.; KRISHNAMURTHY, V. Ethical considerations in conducting research on autism spectrum disorders in low and middle income countries. *Journal of Autism and Developmental Disorders*, v. 43, n. 9, p. 2002-2014, 2013.

DAWSON-SQUIBB, J. J. *et al.* Parent education and training for autism spectrum disorders: scoping the evidence. *Autism*, v. 24, n. 1, p. 7-25, 2020.

DURAND, V. M.; MERGES, E. Functional communication training: a contemporary behavior analytic intervention for problem behaviors. *Focus on Autism and Other Developmental Disabilities*, v. 16, n. 2, p. 110-119, 2001.

ECCLES, M. P.; MITTMAN, B. S. Welcome to Implementation Science. *Implementation Science*, v. 1, n. 1, p. 1, 2006.

ERATH, T. G. *et al.* Enhancing the training integrity of human service staff using pyramidal behavioral skills training. *Journal of Applied Behavior Analysis*, v. 53, n. 1, p. 449-464, 2020.

FAWCETT, S. B. Social validity: a note on methodology. *Journal of Applied Behavior Analysis*, v. 24, n. 2, p. 235-239, 1991.

FENNING, R. M.; BUTTER, E. M. Promoting parent engagement in parent training for children with autism spectrum disorder. *In*: JOHNSON, C. R.; BUTTER, E. M.; SCAHILL, L. (ed.). *Parent training for autism spectrum disorder: improving the quality of life for children and their families*. Washington, DC: American Psychological Association, 2019. p. 61-84.

FETTIG, A.; BARTON, E. E. Parent implementation of function-based intervention to reduce children's challenging behavior: a literature review. *Topics in Early Childhood Special Education*, v. 34, n. 1, p. 49-61, 2013.

GEROW, S. *et al.* A systematic review of parent-implemented functional communication training for children with ASD. *Behav Modif*, v. 42, n. 3, p. 335-363, 2018.

GHAEMMAGHAMI, M.; HANLEY, G. P.; JESSEL, J. Functional communication training: from efficacy to effectiveness. *J Appl Behav Anal*, v. 54, n. 1, p. 122-143, 2021.

GREEN, G. Behavior analytic instruction for learners with autism: advances in stimulus control technology. *Focus on Autism and Other Developmental Disabilities*, v. 16, n. 2, p. 72-85, 2001.

GREEN, J. *et al.* Parent-mediated communication-focused treatment in children with autism (PACT): a randomised controlled trial. *Lancet*, v. 375, n. 9732, p. 2152-2160, 2010.

HANLEY, G. P.; IWATA, B. A.; MCCORD, B. E. Functional analysis of problem behavior: a review. *Journal of Applied Behavior Analysis*, v. 36, n. 2, p. 147-185, 2003.

IWATA, B. A. *et al.* Toward a functional analysis of self-injury. *Analysis and Intervention in Developmental Disabilities*, v. 2, n. 1, p. 3-20, 1982.

IWATA, B. A. *et al.* Toward a functional analysis of self-injury. *Journal of Applied Behavior Analysis*, v. 27, n. 2, p. 197-209, 1994.

JOHNSON, C. R.; BUTTER, E. M.; SCAHILL, L. *Parent training for autism spectrum disorder: improving the quality of life for children and their families*. Washington, DC: American Psychological Association, 2018.

JOHNSON, C. R. *et al.* Parent training for feeding problems in children with autism spectrum disorder: initial randomized trial. *J Pediatr Psychol*, v. 44, n. 2, p. 164-175, 2019.

KAAT, A. J.; LECAVALIER, L.; AMAN, M. G. Validity of the aberrant behavior checklist in children with autism spectrum disorder. *J Autism Dev Disord*, v. 44, n. 5, p. 1103-1116, 2014.

LEE, J. D.; MEADAN, H. Parent-mediated interventions for children with ASD in low-resource settings: a scoping review. *Journal of Autism and Developmental Disorders*, v. 8, n. 3, p. 285-298, 2021.

LEVIN, L.; CARR, E. G. Food selectivity and problem behavior in children with developmental disabilities. Analysis and intervention. *Behav Modif*, v. 25, n. 3, p. 443-470, 2001.

LOGIACCO, B. R. *et al.* A intervenção transdisciplinar, com base na ABA, nos aspectos alimentares relacionados ao TEA. *Portal Comporte-se: Psicologia e Análise do Comportamento*. Disponível em: https://comportese.com/2020/06/03/a-intervencao-transdisciplinar-com-base-na-aba-nos-aspectos-alimentares-relacionados-ao-tea. Acesso em: 21 maio 2024.

LORD, C. *et al.* The Lancet Commission on the future of care and clinical research in autism. *The Lancet*, v. 399, n. 10321, p. 271-334, 2022.

MA, N.; THOMPSON, C.; WESTON, S. Brief report: scurvy as a manifestation of food selectivity in children with autism. *Journal of Autism and Developmental Disorders*, v. 46, p. 11-21, 2015.

MAENNER, M. J. *et al.* Prevalence of autism spectrum disorder among children aged 8 years. Autism and Developmental Disabilities Monitoring Network, 11 sites, United States, 2016. *MMWR Surveill Summ*, v. 69, n. 4, p. 1-12, 2020.

MILES, N. I.; WILDER, D. A. The effects of behavioral skills training on caregiver implementation of guided compliance. *Journal of Applied Behavior Analysis*, v. 42, p. 405-410, 2009.

NAJDOWSKI, A. C. *et al.* Parental assessment and treatment of food selectivity in natural settings. *Journal of Applied Behavior Analysis*, v. 36, n. 3, p. 383-386, 2003.

NEVILL, R. E.; LECAVALIER, L.; STRATIS, E. A. Meta-analysis of parent-mediated interventions for young children with autism spectrum disorder. *Autism*, v. 22, n. 2, p. 84-98, 2018.

NIGRO-BRUZZI, D.; STURMEY, P. The effects of behavioral skills training on mand training by staff and unprompted vocal mands by children. *Journal of Applied Behavior Analysis*, v. 43, p. 757-761, 2010.

O'DELL, S. Training parents in behavior modification: a review. *Psychological Bulletin*, v. 81, n. 7, p. 418, 1974.

ODOM, S. L. *et al.* Evidence-based practices in interventions for children and youth with autism spectrum disorders. *Preventing School Failure: Alternative Education for Children and Youth*, v. 54, n. 4, p. 275-282, 2010.

ODOM, S. L.; HALL, L. J.; SUHRHEINRICH, J. Implementation science, behavior analysis, and supporting evidence-based practices for individuals with autism. *European Journal of Behavior Analysis*, v. 21, n. 1, p. 55-73, 2020.

PAGE, T. J.; IWATA, B. A.; REID, D. H. Pyramidal training: a large-scale application with institutional staff. *Journal of Applied Behavior Analysis*, v. 15, p. 335-351, 1982.

PARSONS, M. B.; ROLLYSON, J. H.; REID, D. H. Evidence-based staff training: a guide for practitioners. *Behavior Analysis in Practice*, v. 5, n. 2, p. 2-11, 2012.

PAULA, F. *et al.* Transtorno do espectro do autismo: impacto no comportamento alimentar. *Brazilian Journal of Health Review*, v. 3, n. 3, p. 3956-3959, 2020.

PETERS-SCHEFFER, N. *et al.* A meta-analytic study on the effectiveness of comprehensive ABA-based early intervention programs for children with autism spectrum disorders. *Research in Autism Spectrum Disorders*, v. 5, n. 1, p. 60-69, 2011.

POSTORINO, V. *et al.* Clinical differences in children with autism spectrum disorder with and without food selectivity. *Appetite*, v. 92, p. 126-132, 2015.

RAHMAN, A. *et al.* Effectiveness of the parent-mediated intervention for children with autism spectrum disorder in south Asia in India and Pakistan (PASS): a randomised controlled trial. *Lancet Psychiatry*, v. 3, n. 2, p. 128-136, 2016.

RAMALHO, A. C. M. *Treino piramidal para ensino de cuidadores no atendimento de pessoas com transtorno do espectro autista (TEA): uma revisão*. 2020. Dissertação (Mestrado em Psicologia Experimental) – Pontifícia Universidade Católica de São Paulo, São Paulo, 2020. Disponível em: https://www.pucsp.br/sites/default/files/download/posgraduacao/programas/psicologia-experimental/AnaCRamalho.pdf. Acesso em: 18 abr. 2024.

RANGEL, L., PAULA, C. S. Impacto de dois modelos de capacitação familiar digital para manejo de comportamentos difíceis e seletividade alimentar no TEA. 2022. Trabalho de Conclusão de Curso (Graduação em Psicologia) – Centro de Ciências Biológicas e da Saúde, Universidade Presbiteriana Mackenzie, São Paulo, 2022.

REICHOW, B. *et al.* Non-specialist psychosocial interventions for children and adolescents with intellectual disability or lower-functioning autism spectrum disorders: a systematic review. *PLoS Med*, v. 10, n. 12, p. e1001572, 2013.

RINN, R. C.; MARKLE, A. Parent effectiveness training: a review. *Psychological Reports*, v. 41, n. 1, p. 95-109, 1977.

ROGERS, S. J. *et al.* Effects of a brief Early Start Denver Model (ESDM)-based parent intervention on toddlers at risk for autism spectrum disorders: a randomized controlled trial. *J Am Acad Child Adolesc Psychiatry*, v. 51, n. 10, p. 1052-1065, 2012.

ROMANO, C.; BAGAIOLO, L. Encanto, prática e compromisso com a produção e a disseminação da ciência do comportamento aplicada. *Perspectivas em Análise do Comportamento*, v. 13, n. 2, p. 288-305, 2022. Disponível em: https://www.revistaperspectivas.org/perspectivas/article/view/926. Acesso em: 6 set. 2023.

SARCIA, B. The impact of applied behavior analysis to address mealtime behaviors of concern among individuals with autism spectrum disorder. *Child Adolesc Psychiatr Clin N Am*, v. 29, n. 3, p. 515-525, 2020.

SAROKOFF, R. A.; STURMEY, P. The effects of behavioral skills training on staff implementation of discrete-trial teaching. *Journal of Applied Behavior Analysis*, v. 37, p. 535-538, 2004.

SATO, S. K. *et al.* Parental stress and effective parent training for parents of individuals diagnosed with ASD. *In*: MATSON, J. L.; STURMEY, P. (ed.). *Handbook of autism and pervasive developmental disorder: assessment, diagnosis, and treatment*. Suíça: Springer Cham, 2022. p. 209-234.

SCHULTZ, T. R.; SCHMIDT, C. T.; STICHTER, J. P. A review of parent education programs for parents of children with autism spectrum disorders. *Focus on Autism and Other Developmental Disabilities*, v. 26, n. 2, p. 96-104, 2011.

SEIVERLING, L. *et al.* Effects of behavioral skills training on parental treatment of children's food selectivity. *Journal of Applied Behavior Analysis*, v. 45, n. 1, p. 197-203, 2012.

SEIVERLING, L.; KOKITUS, A.; WILLIAMS, K. A clinical demonstration of a treatment package for food selectivity. *The Behavior Analyst Today*, v. 13, n. 2, p. 11-16, 2012.

SIVARAMAN, M.; FAHMIE, T. A. Evaluating the efficacy and social validity of a culturally adapted training program for parents and service providers in India. *Behavior Analysis in Practice*, v. 13, n. 4, p. 849-861, 2020.

SMITH, T. What is evidence-based behavior analysis?. *The Behavior Analyst*, v. 36, n. 1, p. 7-33, 2013.

STEINBRENNER, J. R. *et al. Evidence-based practices for children, youth, and young adults with autism*. Relatório. The University of North Carolina at Chapel Hill,

Frank Porter Graham Child Development Institute, National Clearinghouse on Autism Evidence and Practice Review Team, 2020. Disponível em: https://ncaep.fpg.unc.edu/sites/ncaep.fpg.unc.edu/files/imce/documents/EBP%20Report%202020.pdf. Acesso em: 21 maio 2024.

SUAREZ, M. A.; CRINION, K. M. Food choices of children with autism spectrum disorders. *International Journal of School Health*, v. 2, n. 3, p. 1-5, 2015.

VILJOEN, M. *et al*. Parental perspectives of functioning in their children with autism spectrum disorder: a global scoping review. *Autism*, v. 25, n. 1, p. 176-198, 2021.

VIRUES-ORTEGA, J. Applied behavior analytic intervention for autism in early childhood: meta-analysis, meta-regression and dose-response meta-analysis of multiple outcomes. *Clin Psychol Rev*, v. 30, n. 4, p. 387-399, 2010.

WARREN, Z. *et al*. Therapies for children with autism spectrum disorders. *AHRQ comparative Effectiveness Reviews*, n. 26, p. 1-140, 2011.

WATSON-THOMPSON, J.; FRANCISCO, V. T.; ANDERSON-CARPENTER, K. D. A behavioral community approach to community health and development: tools for collaborative action. *Behavior Science Perspectives on Culture and Community. Behavior Analysis: Theory, Research, and Practice*. Springer, Cham, p. 333-356, 2020.

WOLF, M. M. Social validity: the case for subjective measurement or how applied behavior analysis is finding its heart. *Journal of Applied Behavior Analysis*, v. 11, n. 2, p. 203-214, 1978.

WONG, C. *et al*. Evidence-based practices for children, youth, and young adults with autism spectrum disorder: a comprehensive review. *J Autism Dev Disord*, v. 45, n. 7, p. 1951-1966, 2015.

ZHU, V.; DALBY-PAYNE, J. Feeding difficulties in children with autism spectrum disorder: aetiology, health impacts and psychotherapeutic interventions. *J Paediatr Child Health*, v. 55, n. 11, p. 1304-1308, 2019.

4
FATORES ASSOCIADOS À SAÚDE MENTAL DE ADULTOS COM TEA: EVIDÊNCIAS RECENTES E RELATOS DE CASOS

Regina Basso Zanon
Thiago dos Santos Ferraz
Bárbara Gomes de Matos

O transtorno do espectro autista (TEA) era denominado "autismo infantil" até a terceira edição do manual de classificação diagnóstica (DSM III), publicado na década de 1980 (APA, 1980), sendo definido como um transtorno predominantemente infantil (APA, 1980; Howlin, 2021). Apesar de a versão revisada do manual ter sido publicada pouco tempo depois (APA, 1987), alterando o nome para transtorno autista, a maioria dos sintomas centrais continuou a se concentrar nas características da infância, com pouca ou nenhuma atenção para a maneira como o transtorno poderia se manifestar mais tarde, na adolescência, na vida adulta e no envelhecimento (Howlin, 2021).

O cenário que percebemos na contemporaneidade infelizmente não é muito diferente, pois, apesar do reconhecimento crescente do autismo como uma condição presente ao longo de toda a vida do indivíduo, a atenção ainda permanece predominantemente na infância, como podemos constatar no número de pesquisas publicadas e de instrumentos e modelos de intervenção com evidências científicas reconhecidas e disponíveis (Howlin, 2021). De fato, em uma busca rápida realizada na base dados Scielo em setembro de 2023, sem restrições de data, empregando os descritores "autism*" and "criança", encontramos 272 registros, ao passo que, adotando os termos "autism*" and "adolescente", registramos 22 achados, e "autism*" and "adulto", apenas 19 publicações. Ainda sobre esse aspecto, em uma revisão sistemática realizada por Howlin e Magiati (2017) sobre as descobertas empíricas recentes acerca do TEA na vida adulta, estimou-se que apenas aproximadamente 3,5% das pesquisas publicadas sobre o autismo envolveram adultos, e a proporção de estudos com foco em apoios e serviços para adultos é ainda menor (Bishop-Fitzpatrick; Minshew; Eack, 2014; Shattuck *et al.*, 2020; Howlin, 2021).

A condição do autismo na vida adulta pode impactar diretamente a funcionalidade do indivíduo em diferentes domínios, incluindo relacionamentos, vida profissional e resultados acadêmicos (Howlin; Moss, 2012). Apesar da escassez de estudos epidemiológicos representativos para a investigação de comorbidades psiquiátricas no TEA em adultos, as pesquisas apontam para a presença de comorbidades e comportamentos sobrepostos com outros diagnósticos, como ansiedade, depressão, transtorno obsessivo-compulsivo, psicose, transtornos de personalidade e outros transtornos do neurodesenvolvimento (Lai, Baron-Cohen, 2015; Swetlik; Earp; Franco, 2019). Vale destacar que indivíduos com autismo recebem diagnósticos de transtorno de ansiedade duas vezes mais que a população em geral e também relatam mais sintomas de humor e pensamentos suicidas (Howlin; Moss, 2012; Alves *et al.*, 2022).

Aspectos sociais comumente associados a padrões de gênero também podem influenciar a interpretação do autismo na vida adulta, sobretudo o processo de diagnóstico de mulheres, sendo frequentes os equívocos e as negligências nesse grupo (Milner; Colvert; Happé, 2019). Milner, Colvert e Happé (2019) realizaram um estudo com mulheres para compreender a experiência delas durante o diagnóstico de autismo e elencaram os principais temas que podem prejudicar ou auxiliar sua qualidade de vida. Entre as tentativas realizadas por mulheres e meninas autistas de "se encaixar" e cumprir as expectativas sociais, fazer e manter amizades foi um dos maiores desafios pontuados pelas participantes. Foram reportadas brigas constantes com colegas e/ou não fazer parte de grupos sociais formados por meninas e mulheres neurotípicas, gerando o sentimento de solidão. Além disso, entender e seguir padrões sociais no dia a dia foram consideradas dificuldades significativas para mulheres que tinham bons desempenhos no trabalho, pois lidar com as demandas cotidianas exigia uma adaptação no "modo de ver as coisas". Nesse estudo, a percepção de pares neurotípicos se mostrou diferente para homens e mulheres autistas. Segundo relatos das participantes, as mulheres e meninas autistas tendem a compreender e aceitar mais as possíveis dificuldades sociais expressas por homens e meninos autistas do que por mulheres e meninas com o transtorno (Milner; Colvert; Happé, 2019).

Os resultados do estudo de Milner, Colvert e Happé (2019) também demonstraram que as participantes reportaram pressão social para mascarar seus sintomas, cobrança que não viam para os meninos e homens autistas. As estratégias de *coping* listadas pelas participantes para lidar com a pressão social incluíam tirar um tempo para si, a fim de evitar a sobrecarga, seguir uma rotina preestabelecida e, novamente, mascarar os sintomas. O mascaramento dos sintomas por meio do desenvolvimento de competências sociais comumente leva a diagnósticos errados e/ou ausência de diagnóstico e de intervenções qualificadas e apoio apropriado para meninas e mulheres autistas. Elas são diagnosticadas em menor frequência também por atravessamentos sociais e culturais, como a expectativa social de que meninas sejam mais tímidas e quietas, passando despercebidas por famílias, escolas e profissionais.

Entre os desafios do diagnóstico do TEA na idade adulta, citam-se as dificuldades no rastreio dos sinais e sintomas presentes na primeira infância e os aspectos sociais, culturais e geracionais que atravessam essa avaliação retrospectiva do neurodesenvolvimento do indivíduo. As entrevistas clínicas são importantes para fornecer informações confiáveis e válidas sobre a história do desenvolvimento do indivíduo a fim de confirmar o diagnóstico, porém, na fase adulta, informantes como pais e outros familiares podem já não estar vivos ou próximos, comprometendo a coleta das informações. Vale destacar também que a qualidade das lembranças de familiares ou parentes vivos podem estar comprometidas, com poucos detalhes ou imprecisões, em razão do longo intervalo de tempo, exigindo habilidades e técnicas específicas do profissional para ajudá-los a recuperar as informações da melhor forma possível. Diante do cenário em que os informantes presentes na infância não estão disponíveis, o processo avaliativo deve se fundamentar em avaliações clínicas atuais, baseadas em autorrelato, relatórios escolares ou de emprego, assim como observações de pessoas próximas, como amigos, parceiros e familiares (Lai; Baron-Cohen, 2015).

No que tange aos aspectos sociais e históricos que atravessam o processo de avaliação diagnóstica de adultos com suspeita de TEA, demarcam-se os efeitos das noções normativas e definições populares do que seria típico ou atípico no comportamento de crianças tanto pelos profissionais como pelos familiares. Tais parâmetros estão em constante mudança e necessitam contextualização cuidadosa, considerando os avanços nas evidências disponíveis, nas políticas de saúde e em aspectos relacionados à cultura e aos costumes de uma determinada população. Um dado que corrobora esse ponto se refere ao fato de a idade do diagnóstico do TEA estar caindo com o passar do tempo no Brasil, ou seja, quanto mais nova é a criança, mais cedo ela recebe o diagnóstico de TEA, conforme os relatos parentais (Zanon; Backes; Bosa, 2014). Em seu estudo, Zanon, Backes e Bosa (2014) discutem a idade da realização do diagnóstico do TEA em nosso país e suas relações com variáveis da criança, da família e do contexto em que se dá essa mudança na idade da realização do diagnóstico do TEA. Ela pode estar relacionada ao fato de, nos últimos anos, ter aumentado no Brasil o número de ações referentes à identificação precoce dos sinais de alerta do transtorno, como, por exemplo, os programas governamentais, o trabalho de ONGs constituídas por pessoas com TEA e seus familiares e as pesquisas acadêmicas (Brasil, 2014; Zanon; Backes; Bosa, 2014).

Outro fator central que pode dificultar o diagnóstico de TEA em adolescentes, adultos e idosos se refere às mudanças no desenvolvimento que imprimem particularidades muitas vezes não captadas pelos instrumentos psicométricos disponíveis, como é o caso das sutilezas no desenvolvimento da comunicação social, que apresenta uma variabilidade importante na passagem da adolescência para a vida adulta. Além disso, devemos ter cuidado ao julgar déficits no repertório comportamental de adultos, pois os fatores culturais e a adequação da pessoa ao seu ambiente desempenham papéis importantes. Como vimos, no longo prazo, sob pressão social, é comum que adultos dentro do espectro desenvolvam estratégias de enfrentamento ou camuflagem para ocultar, mascarar comportamentos específicos em situações sociais; é o que conhecemos atualmente como *masking*. Esses desafios e outros podem nos levar a refletir sobre as influências e consequências do diagnóstico tardio na vida e na saúde mental das pessoas com autismo (Lai; Baron-Cohen, 2015).

É comum que adultos com TEA tenham sua condição muitas vezes ignorada pelos profissionais de saúde, educação e assistência social, criando barreiras no acesso ao apoio e aos serviços de que necessitam para ter qualidade de vida e viver de maneira independente. Diante da invisibilidade, é inevitável não pensarmos nas consequências na vida cotidiana dessas pessoas, como exclusão social e econômica (Nice, 2012). Considerando esse contexto excludente, é possível entendermos melhor os dados epidemiológicos que apresentam as pessoas com autismo como mais propensas a comorbidades como transtornos mentais, principalmente ansiedade e depressão, e outras condições físicas (Alves *et al.*, 2022). Ainda mais expressivo é o fato de que também podem ter mais contato com o sistema de justiça criminal, seja como vítimas de crimes, seja como infratoras (Nice, 2012). Todas essas informações deixam nítidas as negligências que adultos com TEA sofrem na sociedade e a urgência de terem suas necessidades reconhecidas.

No que se refere aos aspectos políticos e legais, a Lei n. 12.764 de 27 de dezembro de 2012 (Lei Berenice Piana) inaugurou a Política Nacional dos Direitos da Pessoa com Transtorno do Espectro do Autismo no Brasil, apresentando o entendimento legal do autismo como uma deficiência. Esse importante marco afirma a intersetorialidade das políticas e das ações de atendimento, como o diagnóstico precoce, o atendimento multiprofissional, a nutrição adequada e a terapia nutricional, os medicamentos, as informações que auxiliem no diagnóstico e no tratamento, o acesso à educação de qualidade e ao ensino profissionalizante, à moradia, incluindo residência protegida, ao mercado de trabalho, à previdência social e à assistência social (Brasil, 2012).

Os principais documentos do Ministério da Saúde que direcionam as políticas públicas de saúde para pessoas autistas são as "Diretrizes de atenção à reabilitação da pessoa com transtornos do espectro do autismo (TEA)" (Brasil, 2014) e "Linha de cuidado para a atenção às pessoas com transtornos do espectro do autismo e suas famílias na Rede de Atenção Psicossocial do Sistema Único de Saúde" (Brasil, 2015). Apesar da inegável importância nos avanços e melhorias dos serviços públicos de atendimento à pessoa autista, os documentos brasileiros abordam majoritariamente a infância, orientando poucas estratégias de cuidado, ou nenhuma, para a vida adulta. Em uma rápida pesquisa nos documentos, encontramos a palavra "adulto" 24 vezes no documento "Diretrizes" (Brasil, 2014) e apenas 14 vezes no documento "Linhas de cuidado" (Brasil, 2015), em que a maioria das citações usa a palavra adulto como cuidador, sujeito de interação da criança, parâmetros comparativos do desenvolvimento humano ou como uma fase estendida da infância, não sendo considerada a especificidade da fase desenvolvimental.

No âmbito da educação na vida adulta, o último censo da educação superior no Brasil, levantado pelo Instituto Nacional de Estudos e Pesquisas Educacionais Anísio Teixeira (Inep) constatou um total de 8.987.120 matrículas no ensino superior, dos quais apenas 4.018 eram de alunos que apresentavam algum transtorno global do desenvolvimento, incluindo o TEA (Inep, 2022). Apesar de poucos estudos, a pesquisa realizada por Oliveira, Santiago e Teixeira (2022) revela um quadro de inclusão que se torna excludente. Isso é especialmente notável, em virtude da falta de preparo das instituições de ensino superior, dos professores, dos colegas de sala de aula e dos profissionais do núcleo de acessibilidade para lidar com as demandas provenientes do autismo no contexto acadêmico (*ibid.*).

Pessoas com TEA podem ser estigmatizadas e vítimas de *bullying*, com efeitos psicológicos negativos. A pesquisa de Olivati e Leite (2019) identificou que os principais enfrentamentos de autistas no ensino superior correspondem às dificuldades de interação social e de aprendizagem, associadas às habilidades organizacionais e atencionais. Os participantes do estudo concordaram que os suportes oferecidos pelas instituições são deficitários tanto na identificação das necessidades educacionais especiais quanto na proposição de estratégias facilitadoras que contribuam para seu sucesso em âmbito acadêmico. Pensando nesse cenário pouco inclusivo, sofrimento e desgaste emocional são comuns entre adultos com TEA que frequentam o ensino superior do Brasil. Ambientes pouco acessíveis impactam a saúde mental e a aprendizagem, sendo que a negligência está associada com desistência ou evasão de autistas da universidade (Olivati; Leite, 2019).

Não muito diferente, no mercado de trabalho o processo de inclusão de pessoas com TEA é marcado por dificuldades e descontinuidades (Talarico; Pereira; Goyos, 2019). As barreiras enfrentadas por essas pessoas advêm de dificuldades estruturais, dificuldades inerentes ao quadro e dificuldades culturais (Leopoldino; Coelho, 2017). Sobre esses aspectos, o estudo de Leopoldino (2015) apresenta que os principais obstáculos vivenciados por autistas no mercado de trabalho se referem aos fatores de gerenciamento dos processos de procura de emprego e de participação em processos seletivos, à adaptação a novas rotinas e procedimentos para os empregos, ao domínio das demandas sociais e de comunicação do local de trabalho, à convivência com demandas sensoriais do local de trabalho, à organização e ao planejamento, à forma de lidar com atitudes negativas e estigmas associados ao TEA e ao enfrentamento de desafios à saúde mental relacionados a dificuldades no ambiente de trabalho. Os problemas de relacionamento e de adaptação influenciam consideravelmente a saúde mental de pessoas com TEA, pois um contexto com intensa carga de estresse aumenta os fatores de risco e a probabilidade de comorbidades como depressão e ansiedade (Talarico; Pereira; Goyos, 2019).

Fatores como locais de trabalho sem suporte ou adaptações, postura inadequada de gestores e colegas, discriminação e perseguições e inexistência de políticas públicas eficazes podem ser agravantes para a exclusão de autistas do mercado de trabalho (Bravim, 2017; Leopoldino; Coelho, 2017). Os achados das pesquisas são preocupantes e demarcam a importância de as políticas públicas estimularem o processo da construção de uma cultura inclusiva e de suporte adequado a indivíduos adultos com TEA, permitindo que o potencial apareça e se reverta efetivamente em trabalho e resultados (Leopoldino, 2015; Talarico; Pereira; Goyos, 2019).

A literatura mostra que dificuldades relatadas pelos autistas no processo de inserção na educação superior, no mercado de trabalho ou em outros ambientes sociais indicam uma realidade excludente. Fatores sociais e culturais podem ser negligenciados, podendo aparecer violações, estigmas, preconceitos, sofrimentos e inevitavelmente problemas de saúde mental, como ansiedade e depressão. O estigma abrange dimensões cognitivas, emocionais e comportamentais, podendo gerar no indivíduo estigmatizado sentimentos de culpa e pensamentos de inadequação social. O estigma também pode ser internalizado, chamado autoestigma, gerando baixa autoestima e autoculpa. Cabe registrar que o estigma público impacta a busca das pessoas estigmatizadas por serviços de saúde mental e pode aumentar o número de suicídios (Bachmann *et al.*, 2019).

No intuito de ampliar as reflexões acerca da saúde mental de indivíduos com TEA, a seguir, apresentaremos elementos dos casos de duas adultas jovens que receberam o diagnóstico de TEA tardiamente. Esses casos foram selecionados por critérios de conveniência do banco de dados do Núcleo de Atenção à pessoa com Autismo (Napa), tendo em vista suas características intrínsecas e os objetivos do capítulo. O Napa é um projeto de extensão coordenado pela primeira autora deste capítulo e vinculado à Universidade Federal da Grande Dourados. Serão exploradas variáveis que impactam a saúde mental das participantes, como vivências marcantes na trajetória escolar, crenças desenvolvidas sobre si e características de sua rede de apoio. Cabe mencionar que algumas informações acerca da história clínica dos casos selecionados foram omitidas ou adaptadas para preservar a identidade dos indivíduos e/ou atender aos propósitos dos autores, sendo o conteúdo de relatos e experiências preservados. Assim, o propósito da apresentação dos elementos dos casos é didático, não se trata de uma pesquisa empírica.

As informações foram coletadas com base em entrevistas e organizadas em três eixos principais: 1) o processo do diagnóstico tardio (Como foi o processo do seu diagnóstico? Que idade tinha e quem foi o profissional que fez o diagnóstico? Como você se sentiu antes, durante e depois?); 2) características da rede de apoio formal e informal (Durante a infância, você sente que teve apoio? Passou por alguma avaliação ou intervenção especializada? Como você se sentia no contexto escolar/universitário? Recebeu algum apoio especializado nesses contextos? E hoje, você se sente compreendida, apoiada, amparada nos contextos em que circula? Por quem?) 3) questões de gênero e saúde mental (Na sua percepção, quais sintomas do TEA são mais marcantes em seu desenvolvimento? Como você lida com eles? Além das dificuldades do TEA, você apresenta ou já apresentou algum outro sofrimento relacionado à ansiedade, depressão etc.? Qual é sua percepção em relação às diferenças entre o TEA em meninas/mulheres e meninos/homens?). Por fim, retomamos os principais pontos apresentados pelas participantes e os discutimos com base na literatura vigente.

Caso 1: Andressa

O processo do diagnóstico tardio

Andressa tem 20 anos e é estudante universitária. É uma mulher transexual e foi diagnosticada com TEA na vida adulta, após uma crise sensorial ocorrida no contexto universitário – na ocasião, ela era estudante do primeiro ano de uma licenciatura. Não apresenta prejuízos na linguagem nem cognitivos, destaca-se pela notável inteligência, com hiperfocos bem definidos. Apresenta como comorbidade o transtorno depressivo, o que será explorado mais adiante.

No processo avaliativo da suspeita de TEA, que aconteceu após a crise sensorial, foi evidenciada, entre outros aspectos, uma hipersensibilidade a sons e rituais relacionados à alimentação, gerando transtornos importantes no cotidiano de Andressa, como a impossibilidade de utilizar o transporte público e de se alimentar na universidade. A crise aconteceu após ela ter ido até a universidade de ônibus (no caminho, foi exposta a contato físico). Ao chegar, demorou para encontrar a sala de aula e, ao encontrá-la, ficou extremamente incomodada com o som do bebedouro do corredor próximo à sala. Depois da confirmação do diagnóstico de TEA, Andressa passou a fazer uso constante de fones de ouvido. Ela faz psicoterapia e acompanhamento com terapeuta ocupacional semanalmente e usa os seguintes medicamentos psiquiátricos: desvenlafaxina monohidratada (100 mg/dia), olanzapina e cloridrato de buspirona (15 mg/dia) e terapia hormonal com acetato de ciproterona.

Sobre sua história pregressa, Andressa reporta memórias traumáticas da infância, incluindo violência emocional por parte de uma professora em ambiente escolar e *bullying* de colegas. Muitas de suas características eram vistas como maus comportamentos e ela era punida por seu funcionamento psicológico, o que levou ao desenvolvimento do autoestigma, a crenças de incapacidade e quadro depressivo. Após a formalização do diagnóstico, ela passou a se comparar com pessoas com TEA que são diagnosticadas ainda na infância e que receberam acolhimento e suporte especializado, chegando a reportar sentimentos de revolta e inveja.

Características da rede de apoio formal e informal

Atualmente, Andressa recebe muito suporte e apoio de sua família e de sua namorada, também transexual, além dos profissionais especializados que a acompanham. Cabe mencionar que seu relacionamento amoroso acontece virtualmente – elas conversam diariamente pelas redes sociais, mas residem em estados diferentes.

Andressa compartilhou com os pais a relação amorosa, e esta foi apoiada pela família, que até tem se mobilizado para tentar viabilizar um encontro presencial das duas, dado que Andressa não tem amigos nem relacionamentos fora do mundo virtual.

No que se refere ao contexto acadêmico, para Andressa, comunicar suas dificuldades relacionadas ao TEA para professores e colegas tem sido muito custoso, o que faz com que ela não externalize algumas de suas necessidades. Ela menciona que, no tocante à infraestrutura, encontra algumas dificuldades para se localizar no *campus* da universidade que frequenta, e sugere que sejam incluídos mapas de sinalização visual dos blocos e salas. Relata, ainda, que se desorganiza quando os docentes cancelam aulas ou mudam de sala próximo ao horário de início previamente acordado entre estudantes e professores.

Em relação à maneira como os professores e colegas lidam com o TEA, Andressa pontua que apenas uma professora, mãe de um filho autista, aparenta entender um pouco sobre o transtorno, mostrando-se mais sensível às suas necessidades. Por exemplo, em um determinado momento, relata que essa professora perguntou como ela se sentia diante de uma proposta de trabalho em grupo e deu a ela a possibilidade de realizar a atividade individualmente. Além disso, Andressa destaca que não conversa com os colegas de sala e que não tem amigos na universidade, sendo essa sua principal queixa e o objetivo trabalhado na psicoterapia: a solidão.

Quanto às ações por parte de professores e colegas que se configuram como barreiras para a aprendizagem, Andressa menciona que não se incomoda com o método de avaliação por meio de provas objetivas, mas afirma ter dificuldade com conteúdos que fogem de seu hiperfoco, o que impacta sua concentração durante a aula. Relata, ainda, que a maneira como o conteúdo é sistematizado também prejudica seu aproveitamento e aprendizado, destacando a preferência por aprender com base em esquemas visuais (mapas, figuras, gráficos, vídeos) e, por outro lado, a dificuldade de ler textos longos.

Andressa relata sentimentos de vergonha e culpa, relacionados a pensamentos automáticos como "As pessoas me olham muito" e "Eu chamo a atenção por ser muito diferente". Apesar de ter forte interesse em temas trabalhados no curso de graduação que escolheu, o desejo de sair da universidade aparece com frequência. Cabe mencionar que Andressa faz uso de um objeto de apoio emocional de cerca de 1,5 m (animal de pelúcia), que costuma chamar a atenção das outras pessoas.

Questões de gênero e saúde mental

Andressa tem uma visão negativa e crítica de si mesma. Em diferentes momentos, afirma se sentir um peso na vida dos outros, principalmente por ser uma mulher transexual e com TEA. Apresenta baixa autoestima e autoestigma relacionado ao TEA, com pensamentos que levam ao isolamento social, à solidão e a uma tristeza profunda. Andressa reconhece suas competências cognitivas e comunicativas, mas se mostra muito ansiosa em situações sociais e tem uma visão negativa do futuro, com pensamentos do tipo "Como vou ser professora sendo autista?".

Na sua relação amorosa, menciona vergonha e medo de "se sentir um peso", considerando as suas características individuais decorrentes do TEA: sensibilidade ao toque físico, hipersensibilidade, seletividade alimentar e a necessidade de rotina. Tem pensamentos automáticos como "Por que ela gostaria de mim?", "Eu não sou atraente", "Além de autista, ainda sou transexual".

No que tange às questões relativas ao gênero, Andressa conta uma história que inventou sobre seu objeto de apoio emocional. Trata-se de um robô que viaja pelo universo para conquistar um pedaço de pele humana e adicioná-lo a seu corpo. A história é uma referência a sua cirurgia de redesignação de sexo. Ela relata que o órgão sexual masculino, que não está em conformidade com seu gênero, gera sofrimento significativo. Andressa pretende fazer a cirurgia de redesignação de gênero, já tendo estudado com profundidade o procedimento e os locais que o fazem no Brasil e discutido com a família, que a apoia (a cirurgia ainda não foi realizada por se tratar de um procedimento caro no Brasil). Relata pensamentos negativos associados ao pênis, que geram crises ansiosas, quadro depressivo e ideação suicida. Ela vem trabalhando esses aspectos na psicoterapia.

Caso 2: Kátia

O processo do diagnóstico tardio

Kátia é psicóloga, tem 32 anos de idade, é casada e espera o primeiro filho. Recebeu o diagnóstico de TEA tardiamente, aos 31 anos, e após três anos de consultas e avaliações com profissionais da área da saúde. Suas lembranças da infância revelam uma criança que não sabia brincar imaginativamente, mas que tinha facilidade com brinquedos com regras. Relata que ia à casa de uma colega, porque esta tinha um brinquedo de que Kátia gostava muito (encaixe de blocos de madeira) e não pela amizade.

A suspeita de TEA veio só na vida adulta, após realizar uma pós-graduação em análise do comportamento aplicada (ABA) e suas colegas de trabalho terem sinalizado que percebiam que Kátia apresentava estereotipias quando nervosa, rigidez comportamental e cognitiva, dificuldades na resolução de problemas, memória visual aumentada (p. ex.: decorava detalhes das estradas, conhecia todos os radares) e dificuldade na atenção dividida. Nessa ocasião, sua psicóloga suspeitou de transtorno de déficit de atenção e hiperatividade (TDAH) e de um quadro de ansiedade, e a encaminhou para avaliação psiquiátrica. Depois de três sessões, a psiquiatra fechou o diagnóstico de TEA e, em seguida, uma neuropsicóloga afirmou a presença de TDAH como comorbidade. Durante todo o processo de avaliação, Kátia afirmou se sentir ansiosa.

Após receber o diagnóstico, reportou sentir medo de ser invalidada como profissional e em sua família, reconhecendo estigmas sociais e também apresentando autoestigma. De modo geral, afirmou que o diagnóstico representou um alívio e que muitas coisas passaram a fazer sentido na sua vida. Relatou que, antes, ela buscava ser aceita socialmente, colocava-se em situações e contextos que não lhe faziam bem. Após o diagnóstico, afirmou que passou a se respeitar e a se aceitar, avaliando com mais cautela as situações, recusando convites sem culpa, por exemplo. Kátia afirma que gastava muita energia se preparando para eventos sociais simples e curtos (p. ex.: um almoço com as colegas de trabalho) e que exposições dessa natureza geravam nela muito desgaste posterior, chegando a demorar dois dias para se reorganizar.

Características da rede de apoio formal e informal

No que se refere às características de sua rede de apoio, Kátia menciona a mãe como a principal fonte de suporte. Descreve-a uma pessoa muito esforçada e cuidadosa, que sempre esteve junto, ajudando-a a resolver problemas e estimulando sua autonomia desde a infância, mesmo sem saber o que era autismo. Por exemplo, conta que a mãe a acompanhava ao posto de saúde até os 18 anos, por saber que essa situação mobilizava Kátia emocional e sensorialmente. Além da mãe, Kátia destaca a figura do marido como apoio importante, e afirma que o diagnóstico o ajudou muito a entendê-la e, consequentemente, ajudá-la de maneira mais assertiva.

Sobre o histórico escolar, comenta que era a colega chata, que não brincava e que ficava ensinando aos outros. Era autodidata, entrou na escola já sabendo coisas que os colegas não sabiam e ajudava a ensinar às outras crianças. No contexto universitário, reportou dificuldades/barreiras na faculdade de psicologia, em especial em componentes curriculares mais "subjetivos", como a psicanálise, e falta de acessibilidade e flexibilidade por parte dos docentes. Entende que o diagnóstico de TEA naquela época poderia ter auxiliado, sobretudo na relação com os professores, afirmando que eles ensinavam sem pensar que poderia existir alguém neurodiverso na turma.

Kátia afirma ter dificuldade em manter relacionamentos, não em iniciar. Relata ter interesse nas pessoas, mas apresenta muita dificuldade para expressar isso, o que compromete seus relacionamentos. De modo geral, considera que as pessoas, com o passar do tempo, afastam-se dela e perdem o interesse na relação. Por exemplo, conta que uma colega da universidade falou que precisou se esforçar muito para ser sua amiga e que passou oito anos insistindo.

Questões de gênero e saúde mental

Kátia se define como uma pessoa rígida, com dificuldade na resolução de problemas e nas amizades. Antes do diagnóstico, mascarava os sintomas, dizendo que observava a forma como os outros se colocavam nos grupos e nas redes sociais e copiava as expressões, falas e frases. Afirmou também que forçava expressões faciais, como o sorriso, por exemplo, que não era algo natural para ela. Essa característica, de mascarar suas alterações desenvolvimentais, gerava muita ansiedade e cansaço físico e mental. Relatou que chegou a ter crise de ansiedade e *burnout* em um período da vida marcado por muitas mudanças e fatores estressantes, aliado a um contexto de pandemia de Covid-19, o que exigiu das pessoas muita flexibilidade e adaptações. Kátia demorou seis meses para se restabelecer dessa crise, precisando de psiquiatra e medicação nesse período.

Sobre a saúde mental atual, Kátia afirmou que, após o diagnóstico, foi "tirando as máscaras" e, hoje, sabe mais quem é. Não se esforça para ser aceita e fica bem sem interagir com outras pessoas, respeitando o seu limite de interação, o que tem reduzido substancialmente sua ansiedade. Por fim, Kátia destacou que considera que o diagnóstico de TEA em mulheres ainda é questionado e invalidado socialmente. Considera o atravessamento de aspectos culturais, entendendo que homens autistas são aplaudidos, ao passo que ela, como mulher, é invalidada, tendo sempre de se explicar para as pessoas e, ainda assim, escuta comentários como "será que ela é autista mesmo?".

Autismo, adultez e saúde mental: Considerações finais

Andressa e Kátia reportaram histórico de diagnóstico tardio de TEA, com 18 e 31 anos, respectivamente, em épocas em que também apresentavam sofrimento mental intenso, com a presença de crises sensoriais, *burnout*, ansiedade, tristeza, dificuldades significativas nos relacionamentos e solidão. Para Kátia, o diagnóstico contribuiu para a compreensão e aceitação de suas particularidades. Para Andressa, ele também foi importante para a validação dos limites e das barreiras para inclusão, existentes sobretudo no contexto da universidade que ela frequenta. Desse modo, demarca-se que o diagnóstico, ainda que tardio, gera alívio e aceitação, contribuindo para que intervenções possam ser pensadas considerando as especificidades do TEA e dos contextos das participantes.

O diagnóstico tardio gera consequências na vida e na saúde mental das pessoas com autismo (Lai; Baron-Cohen, 2015) que convivem com alterações desenvolvimentais e sofrimento desde a infância, muitas vezes decorrentes da permanência em contextos pouco acessíveis e excludentes. De fato, a literatura aponta que o diagnóstico tardio do TEA contribui para taxas elevadas de comorbidades clínicas quando se comparam os indivíduos com TEA com a população em geral, e que cerca de 80% dessas pessoas apresentam dificuldades em acessar serviços especializados (Nicolaidis *et al.*, 2015). Sobre esse aspecto, destaca-se que Andressa apresentava como comorbidade a depressão e Kátia, sintomas de ansiedade e TDAH, e que ambas registraram histórico de camuflagem de alguns sintomas do TEA, fator que empiricamente parece estar associado ao diagnóstico tardio, sobretudo em indivíduos sem deficiência intelectual e designados do sexo feminino no nascimento (McQuaid; Lee; Wallace, 2022).

Sintomas sensoriais característicos do TEA (como a hipersensibilidade a sons, texturas e alimentos, apresentada por Andressa) comumente são mal compreendidos e estigmatizados, podendo gerar exclusão em ambientes sociais e comportamentos de isolamento como meio de evitar essas sensações aversivas. Da mesma maneira, as alterações na cognição social, como as reportadas por Kátia, podem tornar difícil a manutenção de relacionamentos íntimos e amizades. Tais fatores, entre outros, parecem ter contribuído para o autoestigma apresentado por Andressa e Kátia; geralmente o autoestigma se associa à baixa autoestima e aos sentimentos de vergonha e culpa em relação às características estigmatizadas, impactando a qualidade de vida dos indivíduos acometidos (Bachmann *et al.*, 2019; Turnock; Langley; Jones, 2022).

De uma perspectiva cognitiva, pode-se pensar que os sentimentos de culpa e de vergonha apresentados por Andressa se relacionam à presença de autoestigma e de uma possível crença nuclear de desvalor que gera erros cognitivos e pensamentos automáticos distorcidos (Knapp; Beck, 2008). Por exemplo, evidenciaram-se pensamentos que atrelam o fato de ter TEA a ter um defeito e a ser incapaz, não compreendendo o transtorno como uma condição neurodesenvolvimental e uma diferença/diversidade humana. Essa crença (visão negativa do TEA e de si mesma) e o autoestigma se constituem durante a infância, na relação com um ambiente que, no caso de Andressa, era invalidante, pouco inclusivo e violento (ela sofreu *bullying* na escola). Neste ponto, ressalta-se que o sofrimento individual pode ter em sua etiologia aspectos sociais/ambientais. Elementos dos casos ilustrativos mostraram ambientes pouco acessíveis e respeitosos em relação a características do TEA, o que contribui para a construção de uma crença/visão negativa de si mesma e do futuro, que gera tristeza, evitações e um quadro depressivo. Sendo assim, em adultos com TEA e com desenvolvimento cognitivo preservado, recomenda-se que a avaliação e o monitoramento dos pensamentos automáticos sejam também considerados e, mediante identificação de distorções, que se pense em uma reestruturação cognitiva, assim como em intervenções no âmbito social.

Quando se pensa em indivíduos com TEA com comprometimento cognitivo e/ou de linguagem, intervenções baseadas na abordagem analítico-comportamental são recomendadas. Porém, a literatura mostra uma concentração aumentada de estudos sobre a intervenção precoce dessa perspectiva teórica na fase da infância, sinalizando uma escassez de evidências científicas com participantes com diagnóstico de TEA na fase da adolescência e da vida adulta (Do Carmo *et al.*, 2022). A análise funcional é um importante instrumento da prática clínica, que busca identificar as contingências atuais e inferir as contingências que operaram no passado baseada observação direta (relação terapêutica) ou indireta (relatos de comportamentos) (Delitti, 2001; Nery; Fonseca, 2018). Com a análise funcional, o terapeuta busca identificar a função do comportamento apresentado, que permite a elaboração de hipóteses a respeito da aquisição e manutenção de repertórios comportamentais, a elaboração de intervenções que levem em consideração as características do indivíduo e de seu contexto de vida, assim como o planejamento da manutenção e generalização dos avanços terapêuticos no ambiente clínico na vida cotidiana, seja na escola, na universidade, no trabalho, na família, seja nos relacionamentos de amizade e outros (Nery; Fonseca, 2018).

Da perspectiva da análise funcional, é essencial atentar para as variáveis ambientais em que o indivíduo se encontra, relacionando-as com os comportamentos que se instalaram e se mantêm, utilizando, para isso, dados da história de vida, das contingências atuais e da relação terapêutica. No caso de Andressa, por exemplo, percebemos que o histórico de *bullying* no ambiente escolar, as dificuldades de interação social com os colegas e o ambiente pouco acolhedor na universidade reforçam o sentimento de inadequação, isolamento social e solidão. Diante de experiências negativas do passado e de um contexto excludente, Andressa pode preferir se isolar ou mesmo ter vontade de desistir de um curso universitário com o qual se identifica para tentar se esquivar ou fugir dessas vivências desconfortáveis e que geram sofrimentos. Nota-se, assim, que os comportamentos de Andressa apresentam como precursores contingências ambientais. Nesses termos, a análise funcional dos casos de adultos com TEA pode contribuir para a compreensão contextualizada de comportamentos de esquiva e fuga, por exemplo, que são estratégias comumente adotadas por indivíduos com TEA, a fim de evitar desconforto. A compreensão de variáveis precursoras e das suas consequências, aplicadas a cada caso, é fundamental para o estabelecimento dos objetivos de uma intervenção analítico-comportamental. Entre os objetivos, na adolescência e na vida adulta, são comuns o ensino de habilidades comunicativas, de habilidades sociais, de leitura, a intervenção para seletividade alimentar e os treinos de habilidades comportamentais para eventos específicos, como cortar o cabelo, prestar vestibulares, apresentar-se em público, realizar atividades em grupo, entrevistas de empregos e outras situações eventualmente difíceis para pessoas autistas (Do Carmo *et al.*, 2022).

Outro aspecto importante nos relatos dos casos se refere às características da rede de apoio. Andressa e Kátia citaram familiares (mães, companheiro ou companheira) como figuras de suporte relevantes e com impacto protetivo para a saúde mental, além dos profissionais da saúde. Fonseca *et al.* (2019), em uma revisão sistemática da literatura sobre a influência do TEA nas relações familiares, identificaram um aumento de estresse, ansiedade, depressão, queixas de sintomas físicos e sobrecarga em cuidadores de crianças com TEA, sendo as mães as mais acometidas. No caso de familiares de indivíduos que receberam o diagnóstico apenas na vida adulta, como é o caso de Andressa e Kátia, percebem-se impactos e mudanças na rotina familiar, desde a infância, sendo que algumas experiências passam por ressignificações por parte dos familiares após o diagnóstico. Assim, as intervenções com adultos devem considerar também o fortalecimento da rede social de apoio ao indivíduo com TEA e a sua família, visto que adolescentes e adultos com esse diagnóstico apresentam peculiaridades no que diz respeito às situações de enfrentamento vividas pela família (Gomes *et al.*, 2015). Desse modo, diante dos desafios a serem enfrentados pelo próprio indivíduo, pela família e pelos profissionais que acompanham o caso, é fundamental o alinhamento de expectativas, visando tecer um espaço de diálogo constante, permeado por trocas, demonstrações de afeto e muito respeito às individualidades em cada caso e contexto.

Sobre o tema do gênero, muitos adultos com TEA relatam alguma questão relacionada à identidade de gênero, uma área ainda incipiente no que diz respeito a evidências. Em estudo inicial, 77,8% dos homens com TEA referem se identificar como homens e 67,1% das mulheres com TEA referem se identificar como mulheres, em comparação com 93,1% dos homens e 87,3% das mulheres neurotípicos. Cabe mencionar que mulheres autistas parecem apresentar maior propensão a uma orientação homossexual ou bissexual, quando comparadas a homens com o transtorno (Swetlik; Earp; Franco, 2019). Os casos apresentados nos levam a assinalar que, embora possam apresentar alterações e algumas dificuldades no estabelecimento de relacionamentos íntimos, adultas com TEA podem namorar, casar, ter filhos, fazer amizades, trabalhar etc. Em ambos os casos, o diagnóstico auxiliou as mulheres e seus familiares próximos no processo de adaptações à velha/nova condição.

Por fim, cabe retomar as vivências de Andressa e Kátia, que sinalizam lacunas e barreiras no processo de inclusão no contexto universitário. Sobre esse aspecto, são necessárias ações governamentais e institucionais de acompanhamento e avaliação em relação ao cumprimento das políticas de acesso e permanência, possibilitando que a educação superior se torne um espaço que acolha integralmente todos os estudantes, conforme assegurado em decretos, portarias e leis de inclusão (Silva *et al.*, 2020; Oliveira, Santiago, Teixeira, 2022).

Apesar de o Brasil ser um país reconhecido pela defesa e garantia dos direitos das pessoas em situação de vulnerabilidade, vivemos a contradição de os direitos básicos ainda não serem efetivos e suscetíveis a violações, a depender do contexto político vigente. Nos últimos anos, no Brasil, vivemos isso num momento histórico marcado pela ascensão do conservadorismo social e político, quando, na esfera política, ocorriam decisões governamentais excludentes e cortes financeiros na saúde, na educação e em outros setores responsáveis por proporcionar o cumprimento de direitos básicos da população. Na esfera social, era perceptível o incitamento a comportamentos preconceituosos, homofóbicos, racistas e capacitistas como algo natural no embate com grupos minoritários de resistência em defesa dos direitos humanos (Silva *et al.*, 2020). Esse passado não tão distante nos lembra que as legislações e ações governamentais se instituem de acordo com a cultura política vigente e o grau de organização da sociedade civil, reafirmando a importância de políticas públicas e ações afirmativas de inclusão serem implementadas e defendidas como direitos básicos da população (*ibid.*).

Diante de avanços e retrocessos, a inclusão social e escolar de pessoas autistas ou com outras deficiências deve considerar as múltiplas vivências e individualidades, reduzindo as barreiras e desigualdades enfrentadas. Assim, salienta-se a necessidade de avanços na implementação e avaliação das políticas públicas de saúde e educação para o público adulto com TEA, pois isso gera impactos na saúde mental de indivíduos com essa condição. Ainda, é importante o desenvolvimento de pesquisas que abordem o autismo em todas as suas fases, não apenas na infantojuvenil, em especial os estudos que gerem evidências de intervenções cognitivas e comportamentais para esse público, que pode apresentar autoestigma, crenças distorcidas sobre o TEA e sobre si, e comportamentos de esquiva e fuga diante de eventos desconfortáveis e que gerem sofrimento. Por fim, as reflexões deste capítulo sobre a saúde mental de pessoas com TEA, trazendo resultados de pesquisas e elementos de casos clínicos, levam-nos a concluir que o ambiente (pais, família, escola, cultura, política) desempenha papel central na compreensão da saúde mental de indivíduos com TEA, em especial de adultos com sintomas brandos, cujas características do transtorno podem ter sido ocultadas e mascaradas, gerando desgaste e sofrimento individual.

Referências

ALVES A. L. C. *et al.* The Autism Spectrum Quotient in a sample of Brazilian adults: analyses of normative data and performance. *Dementia & Neuropsychologia*, v. 16, p. 244-248, 2022.

AMERICAN PSYCHIATRIC ASSOCIATION (APA). *Diagnostic and statistical manual of mental disorders*. 3. ed. Washington, DC: APA Press, 1980.

AMERICAN PSYCHIATRIC ASSOCIATION (APA). *Diagnostic and statistical manual of mental disorders*. 3. ed. rev. Washington, DC: APA Press, 1987.

AMERICAN PSYCHIATRIC ASSOCIATION (APA). *DSM-5: Manual diagnóstico e estatístico de transtornos mentais*. Porto Alegre: Artmed, 2014.

BACHMANN, C. J. *et al.* Internalised stigma in adults with autism: a German multi-center survey. *Psychiatry Research*, v. 276, p. 94-99, 2019.

BISHOP-FITZPATRICK, L.; MINSHEW, N. J.; EACK, S. M. A systematic review of psychosocial interventions for adults with autism spectrum disorders. *Adolescents and Adults with Autism Spectrum Disorders*, Nova York: Springer, v. 1, p. 315-327, 2014.

BRASIL. Lei n. 12.764, de 27 de dezembro de 2012. Institui a Política Nacional de Proteção dos Direitos da Pessoa com Transtorno do Espectro Autista; e altera o § 3º do art. 98 da Lei n. 8.112, de 11 de dezembro de 1990. *Diário Oficial da União*, Brasília, DF, 28 dez. 2012. Disponível em: http://www.planalto.gov.br/ccivil_03/_ato2011-2014/2012/lei/l12764.htm. Acesso em: 8 out. 2023.

BRASIL. Ministério da Saúde. Secretaria de Atenção à Saúde. Departamento de Ações Programáticas e Estratégicas. Área Técnica de Saúde da Pessoa com Deficiência. *Diretrizes de atenção a reabilitação da pessoa com transtorno do espectro do autismo*. Brasília: Ministério da Saúde, 2014.

BRASIL. Ministério da Saúde. Secretaria de Atenção à Saúde. Departamento de Ações Programáticas Estratégicas. *Linha de cuidado para a atenção às pessoas com transtornos do espectro do autismo e suas famílias na Rede de Atenção Psicossocial do Sistema Único de Saúde*. Brasília: Ministério da Saúde, 2015. p. 1-156.

BRAVIM, R. F. Contratação e retenção de profissionais com TEA: fatores contributivos e restritivos de sua incorporação às ações estratégicas de responsabilidade social corporativa, 2017. Dissertação (Mestrado em Administração de Empresas) – Programa de Pós-graduação em Administração de Empresas, Fundação Instituto Capixaba de Pesquisas em Contabilidade, Economia e Finanças (Fucape), Vitória, Espírito Santo, 2017.

DELITTI, M. Análise funcional: o comportamento do cliente como foco da análise funcional. *In*: DELITTI, M. (org.). *Sobre comportamento e cognição: a prática da análise do comportamento e da terapia cognitiva-comportamental*. Santo André: Esetec, 2001. p. 37-44.

DO CARMO, T. R. *et al*. Intervenção analítico-comportamental em adolescentes e adultos diagnosticados com Transtorno do Espectro Autista: uma revisão sistemática. *Perspectivas em Análise do Comportamento*, v. 12, n. 2, p. 487-501, 2022. Disponível em: https://www.revistaperspectivas.org/perspectivas/article/view/826. Acesso em: 13 out. 2023.

FONSECA, L. K. R. *et al*. Influências do transtorno do espectro autista nas relações familiares: revisão sistemática. *Revista Baiana de Saúde Pública*, v. 43, n. 2, p. 444-465, 2019.

GOMES, P. T. M. *et al*. Autismo no Brasil, desafios familiares e estratégias de superação: revisão sistemática. *Jornal de Pediatria*, Rio de Janeiro, v. 91, p. 111-121, 2015.

HOWLIN, P. Adults with autism: changes in understanding since DSM-111. *Journal of Autism and Developmental Disorders*, v. 51, n. 12, p. 4291-4308, 2021.

HOWLIN, P.; MAGIATI, I. Autism spectrum disorder: outcomes in adulthood. *Current Opinion in Psychiatry*, v. 30, n. 2, p. 69-76, 2017.

HOWLIN, P.; MOSS, P. Adults with autism spectrum disorders. *The Canadian Journal of Psychiatry*, v. 57, n. 5, p. 275-283, 2012.

INSTITUTO NACIONAL DE ESTUDOS E PESQUISAS EDUCACIONAIS ANÍSIO TEIXEIRA (INEP). Censo da educação superior. Brasília, DF: MEC, 2022. Disponível em: https://www.gov.br/inep/pt-br/areas-de-atuacao/pesquisas-estatisticas-e-indicadores/censo-da-educacao-superior. Acesso em: 8 out. 2023.

KNAPP, P.; BECK, A. T. Fundamentos, modelos conceituais, aplicações e pesquisa da terapia cognitiva. *Brazilian Journal of Psychiatry*, v. 30, p. s54-s64, 2008.

LAI, M. C.; BARON-COHEN, S. Identifying the lost generation of adults with autism spectrum conditions. *The Lancet Psychiatry*, v. 2, n. 11, p. 1013-1027, 2015.

LEOPOLDINO, C. B. Inclusão de autistas no mercado de trabalho: uma nova questão de pesquisa. *Revista Eletrônica Gestão & Sociedade*, Belo Horizonte, v. 9, n. 22, jan./abr., p. 853-868, 2015.

LEOPOLDINO, C. B.; COELHO, P. F. C. O processo de inclusão de autistas no mercado de trabalho. *E&G Economia e Gestão*, Belo Horizonte, v. 17, n. 48, set./dez., 2017.

MCQUAID, G. A.; LEE, N. R.; WALLACE, G. L. Camouflaging in autism spectrum disorder: examining the roles of sex, gender identity, and diagnostic timing. *Autism*, v. 26, n. 2, p. 552-559, 2022.

MILNER, V.; COLVERT, E.; HAPPÉ, F. A qualitative exploration of the female experience of autism spectrum disorder (ASD). *Journal of Autism and Developmental Disorders*, v. 49, p. 2389-2402, 2019.

NATIONAL INSTITUTE FOR HEALTH AND CARE EXCELLENCE (NICE). Autism spectrum disorder in adults: diagnosis and management. *Nice Clinical Guideline CG142*, 2012.

NERY, L. B.; FONSECA, F. N. Análises funcionais moleculares e molares: um passo a passo. *In*: FARIAS, A. K. C. R.; NERY, L. B.; FONSECA, F. N. *Teoria e formulação de casos em análise comportamental clínica*. Porto Alegre: Artmed, 2018. p. 22-54.

NICOLAIDIS, C. *et al*. "Respect the way I need to communicate with you": healthcare experiences of adults on the autism spectrum. *Autism*, v. 19, n. 7, p. 824-831, 2015.

OLIVATI, A. G.; LEITE, L. P. Experiências acadêmicas de estudantes universitários com transtornos do espectro autista: uma análise interpretativa dos relatos. *Revista Brasileira de Educação Especial*, Bauru, v. 25, n. 4, p. 729-746, 2019.

OLIVEIRA, A. F. T. M.; SANTIAGO, C. B. S.; TEIXEIRA, R. A. G. Educação inclusiva na universidade: perspectivas de formação de um estudante com transtorno do espectro autista. *Educação e Pesquisa*, São Paulo, v. 48, p. 1-22, 2022.

SHATTUCK, P. T. *et al.* Services for adults with autism spectrum disorder: a systems perspective. *Current Psychiatry Reports*, v. 22, p. 1-12, 2020.

SILVA, S. C. *et al.* Estudantes com transtorno do espectro autista no ensino superior: analisando dados do Inep. *Psicologia Escolar e Educacional*, São Paulo, v. 24, p. 1-19, 2020.

SWETLIK, C.; EARP, S. E.; FRANCO, K. N. Adults with autism spectrum disorder: updated considerations for healthcare providers. *Cleveland Clinic Journal of Medicine*, v. 86, n. 8, p. 543-553, 2019.

TALARICO, M. V. T. S.; PEREIRA, A. C. S.; GOYOS, A. C. N. A inclusão no mercado de trabalho de adultos com transtorno do espectro do autismo: uma revisão bibliográfica. *Revista Educação Especial*, Santa Maria, v. 32, p. 1-19, 2019.

TURNOCK, A.; LANGLEY, K.; JONES, C. R. G. Understanding stigma in autism: a narrative review and theoretical model. *Autism in Adulthood*, v. 4, n. 1, p. 76-91, 2022.

ZANON, R. B.; BACKES, B.; BOSA, C. A. Identificação dos primeiros sintomas do autismo pelos pais. *Psicologia: teoria e pesquisa*, Brasília, v. 30, p. 25-33, 2014.

PARTE II

EDUCAÇÃO

5
PRÁTICAS BASEADAS EM EVIDÊNCIAS PARA A EDUCAÇÃO DE CRIANÇAS BRASILEIRAS COM TRANSTORNO DO ESPECTRO DO AUTISMO

Carlo Schmidt
Debora Regina de Paula Nunes
Mariele Finatto

Introdução

O transtorno do espectro autista (TEA) é um transtorno de desenvolvimento com prevalência atual de 1:36 no contexto norte-americano, ocorrendo cerca de quatro vezes mais em meninos do que em meninas (Maenner *et al.*, 2023). Estima-se que o Brasil tenha hoje entre 1,5 e 2 milhões de pessoas diagnosticadas com TEA (Brentani; Polanczyk; Miguel, 2021), uma condição neurodesenvolvimental caracterizada por alterações sociocomunicativas e comportamentais. Dificuldades em manter relacionamentos e compartilhar brincadeiras imaginárias ou manifestar limitado interesse por seus pares são comportamentos tipicamente evidenciados nessa população (APA, 2022).

O modo como essas características se apresentam em cada pessoa pode variar, daí o transtorno ser entendido como o "espectro" do autismo, como refere Schmidt (2017, p. 255):

> Uma determinada criança pode apresentar sérias dificuldades na área sociocomunicativa, como a ausência de linguagem e resistência à aproximação de outras crianças, ao mesmo tempo em que podem não estar presentes estereotipias motoras, sendo o comportamento mais adaptativo e flexível a mudanças. Entretanto, outra criança com o mesmo diagnóstico pode apresentar uma linguagem verbal desenvolvida, que facilite a comunicação, concomitante ao uso de expressões faciais adequadas ao contexto, porém acompanhadas por comportamentos extremamente rígidos, com reações negativas às mudanças no ambiente.

Independentemente do modo como essas características se manifestem em cada indivíduo, elas repercutem na aprendizagem, incorrendo na necessidade de algum tipo de apoio. Em contexto educacional, isso tem sido um desafio, já que o Censo Escolar da Educação Básica de 2022 registra a matrícula de 429.521 alunos com TEA em sistemas educacionais públicos e privados no país (Brasil, 2023).

Em resposta às demandas pedagógicas dos alunos com TEA e os diagnosticados com outras deficiências, a Política Nacional de Educação Especial na Perspectiva da Educação Inclusiva orientou os sistemas de ensino para a realização do Atendimento Educacional Especializado (AEE) nas escolas (Brasil, 2008). Em 2011, o Decreto n. 7.611 salientou que esse atendimento deveria ser ofertado, prioritariamente, nas Salas de Recursos Multifuncionais (SRM) da própria instituição de ensino frequentada pelo aluno. Como resultado, esse educando passou a ser atendido por educadores especiais ou professores especialistas, em SRMs, afastados dos colegas e docentes da sala de aula comum. Percebeu-se, portanto, uma desarticulação entre o trabalho realizado pelos profissionais do AEE e o do professor da sala regular, visto que as práticas desenvolvidas nas SRMs seguem um modelo clínico, individualizado, em formato um a um, em local separado da sala de aula.

Tais práticas desconsideraram a interação do aluno com deficiência com seus pares, preterindo o ambiente naturalístico da escola e se centrando em um atendimento controlado na interação com um adulto especializado (Vilaronga; Mendes, 2014).

Visando minimizar a separação excludente que esse movimento provocava na educação inclusiva, começaram a surgir propostas de práticas de AEE mais articuladas, como o ensino colaborativo (Vilaronga; Mendes, 2014; Machado; Almeida, 2010), a bidocência (Christo; Mendes, 2019) ou o coensino (Santos; Lopes, 2020), que envolvem a parceria direta entre os professores da educação comum e especial. Tais formas de trabalho se mostraram em crescente ascensão na literatura como uma estratégia inclusiva (Erben; Mello, 2023; Mendes; Vilaronga, 2023). Porém, a pouca formação de professores de educação especial para desenvolver práticas efetivas revelou a necessidade de recomendação de práticas que tivessem respaldo científico (Nunes; Schmidt, 2019). Assim, toma força na educação a expressão *práticas baseadas em evidências*.

A consolidação das práticas baseadas em evidências

As práticas baseadas em evidências consistem em uma abordagem que prevê um protocolo de passos de pesquisa para facilitar a comparação dos diferentes achados, a fim de possibilitar a identificação entre os resultados (Reichow; Volkmar; Cicchetti, 2008). Oriundas da medicina, as práticas baseadas em evidências se fundamentam em experiências bem-sucedidas, seguindo evidências científicas sistematizadas por meio de revisões de literatura apresentadas em relatórios nacionais e internacionais. A exemplo disso, foi realizada no Brasil a Primeira Conferência Nacional de Alfabetização Baseada em Evidências (Conabe), resultando na publicação do Relatório Nacional de Alfabetização Baseada em Evidências (Renabe) em abril de 2020 (Brasil, 2020).

Embora políticas públicas tenham sido implementadas com base nas práticas baseadas em evidências, esse movimento não parece consensual no campo da educação brasileira (Bruin, 2015; Chizzotti,

2015; Guldberg, 2016; Devechi; Trevisan; Cenci, 2022). Como citam Cook e Odom (2013, p. 137): "A introdução de Práticas Baseadas em Evidências em qualquer área parece ser inexoravelmente seguida por um período de questionamento e resistência, o que certamente ocorre na Educação".

Os que criticam a adoção desse modelo argumentam haver falta de representatividade de educadores nos documentos e cursos que versam sobre as práticas baseadas em evidências: supervalorização de métodos quantitativos, exclusividade no uso de uma metodologia (experimental) sobre as demais, falta de consenso no conceito de evidência científica, entre outros motivos (Campos, 2009; Devechi; Trevisan; Cenci, 2022).

No contexto internacional, a literatura também mostra que as práticas baseadas em evidências ainda são pouco implementadas nas escolas. Uma análise de 175 estudos rigorosos que as destacaram concluiu que apenas 43% foram desenvolvidos em escolas inclusivas estadunidenses, mostrando a distância entre a pesquisa e sua implementação (Martin *et al.*, 2021).

Nesse sentido, é preciso compreender tanto a maneira como uma prática baseada em evidências é consolidada quanto o processo de transposição para o chão da escola. Tendo como cenário o autismo, voltemos nossa discussão para as agências de pesquisa que têm identificado, por meio de revisões sistemáticas da literatura, conjuntos de práticas baseadas em evidências a serem aplicadas em pessoas com TEA. Fazemos menção, precisamente, ao National Professional Development Center on Autism Spectrum Disorder (NPDC) e ao National Clearinghouse on Autism Evidence and Practice (NCAEP), que têm avaliado práticas interventivas para pessoas com autismo de 0 a 22 anos de idade (Sam *et al.*, 2022; Steinbrenner *et al.*, 2020).

O NPDC foi criado em 2007 pelo gabinete estadunidense de programas educacionais para investigar e difundir as práticas baseadas em evidências. Foram classificadas 27 intervenções em seu relatório, publicado em 2014 e atualizado em 2016, com base em uma revisão sistemática da literatura feita com artigos de 1990 até 2011 (Wong *et al.*, 2015). Já o NCAEP retomou o trabalho desenvolvido pelo NPDC e atualizou os artigos sobre práticas baseadas em evidências de 2012 até 2017, encontrando 28 práticas baseadas em evidências em seu último relatório, publicado em 2020 (Steinbrenner *et al.*, 2020) e apresentado no Quadro 1, a seguir.

Quadro 1: Práticas baseadas em evidências

Prática baseada em evidências	Definição
Análise de tarefas	Processo no qual uma atividade ou um comportamento é dividido em pequenos passos gerenciáveis para avaliar e ensinar uma habilidade.
Atraso de tempo	Prática usada para diminuir sistematicamente o número de avisos durante uma atividade, atrasando brevemente o aviso entre a instrução inicial e qualquer outra instrução ou aviso adicional.
Automonitoramento	Instrução focada nos alunos que discriminam entre comportamentos inapropriados, monitorando e registrando com precisão seus próprios comportamentos e se recompensando por se comportar adequadamente.
Avaliação funcional de comportamento	Maneira sistemática de determinar a função ou a finalidade de um comportamento para que o plano de intervenção possa ser desenvolvido de forma efetiva.
Comportamento cognitivo/estratégias instrucionais	Instrução sobre gerenciamento ou controle de processos cognitivos que reduzem a mudança no comportamento social e acadêmico.
Comunicação alternativa e aumentativa	Intervenções que usam e/ou ensinam o uso de um sistema de comunicação não verbal/vocal com ajuda (p. ex.: dispositivo, caderno de comunicação) ou sem ajuda (p. ex.: linguagem gestual).
Exercício e movimento	Intervenções que usam esforço físico, habilidades motoras específicas/técnicas de movimento consciente para direcionar uma variedade de habilidades comportamentais.
Extinção	Remoção de consequências reforçadoras para comportamentos desafiadores, a fim de reduzir esses comportamentos no futuro.

Prática baseada em evidências	Definição
Instrução direta	Abordagem sistemática do ensino, usando um pacote de instruções sequenciadas, com *script* ou lições. Enfatiza o diálogo de professor e aluno por meio de respostas em coro e independentes que possibilitam a correção sistemática e explícita de erros para promover aprendizagem e generalização.
Instrução e intervenção assistida por tecnologia	Instrução ou intervenção em que o uso da tecnologia é central. A tecnologia é projetada e empregada para apoiar a aprendizagem ou o desempenho de um comportamento do aluno.
Instrução e intervenção baseada em pares	Intervenção na qual os pares promovem diretamente as relações sociais das crianças com autismo, entre outras habilidades e objetivos individuais de aprendizagem.
Integração sensorial ®	Intervenções que têm como objetivo aumentar a capacidade da pessoa para integrar informações sensoriais (visuais, auditivas, táteis, proprioceptivas e vestibulares), corpo e ambiente, a fim de responder usando organizações e comportamento adaptativo.
Interrupção da resposta/ redirecionamento	Introdução de uma dica, comentário ou outro distrator quando está ocorrendo um comportamento indesejável, o que faz com que o aluno mude o foco de sua atenção, resultando na redução desse comportamento indesejável.
Intervenção baseada no antecedente	Organização de eventos ou circunstâncias que precedem uma atividade ou demanda, a fim de aumentar a ocorrência de comportamentos ou levar à redução de comportamentos desafiadores/inadequados.
Intervenção implementada pelos pais	Intervenção com os filhos implementada pelos pais, que promovem a comunicação social, entre outras habilidades, e diminuem comportamentos desafiadores.
Intervenção mediada por música	Intervenções que incorporam canções, entonação melódica e/ou ritmo para apoiar a aprendizagem ou o desempenho de habilidades/comportamentos. Inclui a musicoterapia e outras intervenções que incorporam música para trabalhar um comportamento-alvo.
Intervenção naturalística	Uma coleção de técnicas e estratégias incorporadas às atividades e rotinas do dia a dia, em que o aluno é naturalmente estimulado a desenvolver habilidades e comportamentos-alvo.
Modelação	Demonstração de comportamentos-alvo desejados que resultam na aquisição desse repertório pelo aluno.

Prática baseada em evidências	Definição
Momentum comportamental	Organização das expectativas de comportamento em uma sequência em que baixas respostas probabilísticas, ou mais difíceis, estão embutidas em uma série de respostas de alta probabilidade ou menor esforço, a fim de aumentar a persistência e a ocorrência de respostas de baixa probabilidade.
Narrativas sociais	Intervenções que descrevem situações sociais para destacar as características relevantes de um comportamento-alvo e oferecem exemplos de resposta adequada.
Promptings	Ajuda verbal, gestual ou física que possibilita ao aluno o suporte necessário para ele adquirir um comportamento-alvo ou nele se engajar.
Reforçamento	Aplicação de consequências após resposta e habilidade do aluno, que aumenta a probabilidade dessa resposta voltar a ocorrer.
Reforço diferencial de comportamento alternativo, incompatível ou outro	Processo sistemático que aumenta o comportamento desejável ou a ausência de um comportamento indesejável, fornecendo consequências positivas.
Suportes visuais	Aparato visual que dá suporte ao aluno para que ele possa se engajar em um comportamento desejado com ou sem ajudas adicionais.
Treino de comunicação funcional	Conjunto de práticas que substituem um comportamento desafiador com função de comunicação por meios mais adequados e eficazes de comunicação e habilidades comportamentais.
Treino de habilidades sociais	Instrução individual ou em grupo projetada para ensinar aos alunos maneiras de participar adequadamente e com êxito de suas interações sociais.
Treino em tentativa discreta	Abordagem instrucional com tentativas repetidas de treino, em que cada tentativa consiste na apresentação de uma instrução pelo professor, resposta do aluno e consequências cuidadosamente programadas, com pausa antes da próxima instrução.
Videomodelação	Demonstração gravada em vídeo do comportamento ou habilidade-alvo, mostrada ao aluno para ajudá-lo a aprender tal comportamento ou habilidade.

Fonte: Steinbrenner *et al.*, 2020, p. 28-29.

As práticas baseadas em evidências devem, segundo as referidas agências, atender a requisitos essenciais, que incluem: (a) a disponibilização de um protocolo de implementação que permita a replicação das estratégias propostas; (b) a descrição detalhada da população atendida, viabilizando a identificação do perfil dos potenciais beneficiários da intervenção; (c) a demonstração da eficácia da prática por meio de estudos de natureza experimental, com adequadas medidas de validade interna; (d) a demonstração do efeito da intervenção por investigadores independentes (Hume *et al*., 2021; Steinbrenner *et al*., 2020).

O rigor metodológico demandado para que uma prática seja avaliada como prática baseada em evidências aumentou consideravelmente na última década. Passaram a ser elegíveis para análise estudos que adotam metodologias capazes de estabelecer claras relações de funcionalidade entre variáveis. Nesse sentido, são identificadas para avaliação apenas pesquisas que fazem uso de delineamentos experimentais, preferencialmente os que implementem modelos de linha de base múltipla (LBM), tratamento alternado (Abab), assim como estudos randomizados. Desse modo, 83% dos estudos que alicerçaram as recomendações do NCAEP, publicadas em 2020, adotam delineamentos experimentais, ao passo que 17% são estudos com grupos randomizados (Steinbrenner *et al*., 2020).

Observa-se, portanto, que as "práticas baseadas em evidências" são definidas em grande parte pela metodologia de pesquisa usada para avaliá-las (Fixsen *et al*., 2009). Em última instância, esse modelo tem como objetivo identificar práticas que tenham alto grau de eficácia e permitam estabelecer relações de "causalidade" (Bruin, 2015). Isso implica considerar estratégias interventivas que tenham sido testadas em contextos com grande controle experimental (Bower, 2003). Esse cenário, que prima pela validade interna de um experimento, viabiliza estabelecer relações funcionais entre um tratamento (variável independente) e a resposta de um sujeito ou grupo (variável dependente). Isso permite ao pesquisador afirmar, com alto grau de precisão, que as mudanças no comportamento de um indivíduo podem ser atribuídas à intervenção proposta e não a outras possíveis variáveis confundidoras.

Repensando as práticas baseadas em evidências para as escolas

Restringir o conceito de "evidência" à eficácia de um tratamento traz implicações expressivas na implementação de novas práticas. Isso porque o grau de controle experimental requerido pode, muitas vezes, impactar a generalização dos dados da pesquisa, ou seja, sua aplicação em contextos reais (Bower, 2003; Bruin, 2015; Guldberg, 2016). É importante, portanto, considerar sua *efetividade*. Em outras palavras, o quanto de efeitos benéficos uma prática interventiva produz quando aplicada em condições naturais.

Questões como essa têm levado pesquisadores no campo da educação especial a adotar modelos mais heterogêneos de pesquisa – como os delineamentos multimétodo (Kozleski, 2017) – ou envolver mais ativamente em pesquisas experimentais os pais e os professores, como agentes de intervenção (Muller; Nunes; Schmidt, 2023; Oliveira; Schmidt; Pendeza, 2020). Em ambos os casos, é identificada a valorização de aspectos qualitativos do contexto em que os estudos são desenvolvidos.

Um dos pontos centrais nessa discussão diz respeito ao construto de *validade social* dos dados, ou seja, o nível de significância de uma prática interventiva da perspectiva dos consumidores (Wolf, 1978). Isso contempla medidas relativas ao grau de relevância social dos objetivos da intervenção, os procedimentos usados para alcançá-los e o impacto dos resultados no comportamento dos participantes. Pensemos, por exemplo, em um modelo de intervenção com uso da comunicação alternativa e ampliada (CAA) com alunos com TEA na sala de aula, que é uma das práticas baseadas em evidências apresentadas no Quadro 1. Para fins de *validação social* da pesquisa, poderiam ser avaliados: (1) a viabilidade, segundo os professores, de usar o recurso da CAA na sala de aula; (2) o nível de complexidade do programa de formação docente para o uso da CAA; (3) o impacto do uso da CAA no repertório dos alunos; (4) a percepção dos professores, cuidadores e outros interlocutores sobre as habilidades comunicativas dos alunos após a intervenção; (5) o grau de relevância em ensinar a CAA para alunos com TEA, da perspectiva dos pais e professores; (6) os custos financeiros dessa implementação. Essas medidas, que validam socialmente um estudo, podem trazer indícios de quanto uma prática será, de fato, adotada.

Dados de validade social têm sido recomendados pelas agências de pesquisa responsáveis pela avaliação das práticas baseadas em evidências (McNeill, 2019). Registros indicam, no entanto, que apenas 27% dos estudos que alicerçam as metodologias recomendadas pelo NPDC fornecem essa medida (*ibid.*). Esse dado aponta para uma preocupação maior com o rigor da metodologia dos estudos acadêmicos sobre intervenções do que com a real possibilidade de ela replicar esses resultados positivos quando aplicada nas escolas, o que, por sua vez, ajuda a explicar a distância entre a pesquisa (evidência) e a realidade (prática).

Além da validade social, o processo de transposição das práticas descritas na literatura científica para o contexto escolar depende de um complexo conjunto de *variáveis culturais e situacionais*, intrínsecas ao contexto social (Cook; Odom, 2013; Guldberg, 2016; Nunes; Schmidt, 2019). No âmbito escolar, isso pode incluir, por exemplo, a concepção de gestores e docentes em relação ao TEA, as bases teóricas da prática proposta e os recursos físicos, humanos e materiais necessários para implementá-la. Infere-se, portanto, que uma prática baseada em evidências poderá ser incorporada ao repertório docente se ela se ajustar à sua base de conhecimentos, às características dos alunos e às demandas ambientais (Nunes; Schmidt, 2019).

Conforme o exposto, é essencial trazer à discussão aspectos "culturais" das práticas baseadas em evidências. Grande parte das práticas alcunhadas como "eficazes" na literatura sobre TEA advém de países anglo-saxões, precisamente dos Estados Unidos, onde as pesquisas de cunho experimental prevalecem, inclusive no campo educacional. Esses estudos envolvem, em sua maioria, participantes estadunidenses que, embora diversos – considerando a forte presença de latinos, hispanos e asiáticos –, estão incluídos em contextos culturais específicos. Nesse sentido, é preciso cautela na transposição de tais práticas para o cenário nacional.

É questionável, por exemplo, a forma como os ministérios da saúde e da educação, no Brasil, têm recomendado os procedimentos interventivos – muitas vezes, alcunhados de práticas baseadas em evidências – para populações com TEA (Nunes; Schmidt; Nunes Sobrinho, 2021). Além da falta de respaldo de pesquisas nacionais que validem tais práticas, são identificadas divergências no perfil profissiográfico dos educadores brasileiros e estadunidenses, revelando que aspectos formativos podem impactar na efetividade do uso das práticas baseadas em evidências em contextos naturais (Nunes; Schmidt; Nunes Sobrinho, 2021).

De fato, a *formação de professores* parece ser um ponto central quando se discute a implementação de práticas baseadas em evidências na educação especial. O último relatório do NCAEP mostra 28 práticas baseadas em evidências, em que pelo menos 14 fazem parte de um "pacote comportamental" – *behavioral package* (Steinbrenner *et al.*, 2020). Ou seja, são práticas a serem utilizadas em combinação com outras, de uma perspectiva teórica ancorada na psicologia comportamental. Por exemplo, uma das práticas baseadas em evidências é o reforço positivo, já apresentado no Quadro 1 como "Reforçamento", definido como a aplicação de consequências após a ocorrência de um comportamento para aumentar a frequência desse comportamento futuramente. Porém, o reforçamento como uma prática baseada em evidências isolada parece auxiliar muito pouco um professor que procura uma prática para ajudar seu aluno, porque ela é utilizada quase sempre em combinação com outras micropráticas baseadas em evidências, como *prompting*, ensino por tentativas discretas, extinção, ensino naturalístico, entre outras do pacote comportamental. Portanto, para que o professor possa realmente levar essa prática para a escola e implementá-la, ele precisará de uma formação mínima em análise do comportamento aplicada (ABA), que o habilite a inserir o reforçamento em uma relação de contingência, sendo utilizado como recurso dentro de uma série de instruções sistemáticas. Assim, já não se trata da disponibilização de uma prática baseada em evidências como "algo que funcione" (*what works*), mas a necessidade de uma formação anterior específica em ABA, o que é imprescindível para viabilizá-la.

A cautela recomendada adquire relevo quando observamos a formação e a decorrente produção do conhecimento acadêmico na educação especial brasileira. Uma análise sobre a epistemologia dos estudos produzidos pela Associação Nacional de Pós-graduação e Pesquisa em Educação (Anped), mais especificamente pelo Grupo de Trabalho (GT) 15, correspondente à educação especial, mostrou que, desde a Política Nacional de Educação Especial (Brasil, 2008), a maioria das pesquisas se utilizou de abordagem fenomenológico-hermenêutica (metodologias subjetiva, qualitativa e interpretativa), seguida por abordagens crítico-dialéticas (fundamentadas no materialismo histórico, apoiadas na relação lógica entre a tese, a antítese e a síntese), não sendo encontrado nenhum estudo de natureza empírico-analítica (baseado na relação causal, sendo as causas consideradas os eixos centrais da explicação científica) (Blanco; Orlando, 2015). Portanto, a transposição de estudos desenvolvidos em contexto estadunidense, de natureza pragmático-positivista, cuja epistemologia se encontra ligada à verificação de relações causais entre variáveis para identificar "o que funciona", não é o modo como a ciência da educação vem se desenvolvendo no Brasil. Nesse contexto, a formação de professores e pesquisadores toma relevo como um aspecto essencial a ser considerado quando o tema é a aplicação de pesquisas na prática docente.

A despeito das controvérsias metodológicas e culturais, é imprudente negar as contribuições que os estudos internacionais trazem para o campo do autismo, particularmente para a área da educação e da educação especial. Assim, é necessário identificar modelos que valorizem o saber científico sem negligenciar o conhecimento tácito (Nunes; Schmidt, 2019; Nunes; Schmidt; Nunes Sobrinho, 2021). Dessa perspectiva, apresentamos, a seguir, um exemplo de como uma prática baseada em evidências pode ser transposta para a realidade educacional nacional.

A implementação da ciência na prática

Com vistas a discutir alternativas de transposição de uma prática baseada em evidências para a realidade nacional, será apresentado um relato de pesquisa desenvolvida no Brasil entre 2016 e 2019. A autora investigou, em contexto de sala de aula regular, os efeitos da intervenção implementada por pares (IMP) na aprendizagem de educandos com TEA. Trata-se de um procedimento interventivo, avaliado como uma prática baseada em evidências, apresentado no Quadro 1 como "Instrução e intervenção baseada em pares", em que um adulto, normalmente o professor, instrui crianças (pares) para desenvolver habilidades específicas de pessoas com alguma deficiência, tal como habilidades sociais ou acadêmicas.

Nessa modalidade de intervenção, o "ingrediente ativo" é a interação horizontal que ocorre exclusivamente entre crianças, sem a presença do adulto. O termo "ingrediente ativo" é entendido como o principal componente da intervenção. Apesar de esse termo haver surgido da área da saúde, na qual é utilizado para designar o principal componente da ação terapêutica de intervenções farmacológicas, já há alguns estudos que o demonstram em intervenções não farmacológicas (Beresford; Clarke; Maddison, 2018).

O estudo em apreço, realizado durante o doutoramento da autora, contou com a participação de dois alunos com autismo (com 6 e 7 anos) e quatro pares com desenvolvimento típico, que eram seus colegas de sala de aula. Por meio de uma parceria com a escola, determinou-se que as atividades "de mesa", ou seja, que envolvessem o ensino de conteúdo acadêmico, seriam o foco da intervenção. Nesses momentos, as crianças com TEA se sentavam, cada uma, entre duas crianças sem autismo, colegas de turma, para receber ajuda, o que foi chamado na tese de "comportamento mediador dos pares".

O estudo, que durou cinco meses, foi composto por três etapas. Na primeira, por meio de registros videografados, foi analisado o nível de engajamento dos alunos com TEA nas tarefas escolares antes da aplicação da IMP. Em seguida, a professora de educação especial capacitou os quatro colegas com desenvolvimento típico a atuar como mediadores dos alunos com TEA. Depois, foram realizados registros desses mesmos alunos em interação com os pares com autismo na sala de aula regular.

Metodologicamente, tratou-se de um estudo quase experimental do tipo A-B, em que a variável dependente era o engajamento das crianças com TEA na tarefa e a variável dependente, a intervenção mediada por pares. Por se tratar de uma prática baseada em evidências, o *site* do NPDC traz o protocolo completo para a intervenção, desde fichas e material até a formação *online* para pesquisadores. Visando conferir uma alta fidelidade ao estudo original, os autores traduziram as fichas originais do inglês para o português, como a "Ficha de seleção dos pares típicos" (Sam; Afirm Team, 2015), utilizada para selecionar as crianças que seriam os tutores do aluno com autismo.

Conforme a pesquisa foi sendo desenvolvida, adaptações no protocolo original foram sendo feitas para atender às demandas contextuais. A primeira mudança ocorreu na seleção dos pares. Era previsto, nos 11 itens descritos nas fichas de seleção, que os mediadores deveriam ter boa frequência na escola, dominar o conteúdo que iriam mediar, ser pacientes, entre outros aspectos. No dia da escolha dos pares, a ficha foi levada para ser preenchida durante uma observação da turma no pátio. Antes de considerar os itens da ficha, a professora, que acompanhava os pesquisadores, disse "Eu sei quem seria o melhor aluno para acompanhá-lo. Aquelas meninas ali". As crianças apontadas pela docente estavam interagindo com o menino com autismo durante o recreio. Nesse episódio, arrumavam sua roupa, conversavam e pareciam confortáveis em sua companhia. Apesar de estar clara a importância do atendimento aos critérios da ficha de seleção dos pares, a escolha das mediadoras se tornou decisiva pela observação do que ocorria no ambiente escolar: um engajamento natural e espontâneo entre os três. Embora as meninas não atendessem completamente aos critérios, optou-se por modificar o protocolo original da IMP. Era relevante, naquele momento, dar primazia ao contexto, em detrimento do cumprimento do protocolo.

A segunda modificação realizada no protocolo original envolveu o agente de capacitação. De acordo com as diretrizes da IMP, quem deveria orientar os pares sobre as estratégias de engajamento com o aluno com TEA era a professora de sala de aula. Não obstante, os pesquisadores decidiram que quem faria essa orientação seria a professora de educação especial, porque, em virtude de sua formação, tinha maior conhecimento sobre intervenções com alunos com autismo. Além disso, sua função era volante, deslocando-se nos espaços escolares durante a prática do AEE. A professora de sala, por sua vez, encontrava-se intensamente envolvida com todos os alunos na regência da sala, dispondo de menos tempo e conhecimento para cumprir atividades sistemáticas de orientação a esse pequeno grupo de alunos. Tais características presentes na escolha suscitaram uma mudança na implementação da IMP, em que a agente de intervenção passou a ser a professora de educação especial e não a professora de sala de aula.

É importante destacar que a literatura sobre práticas baseadas em evidências refere que modificações menores podem ser realizadas, desde que não alterem a estrutura central da intervenção. Ao entendermos que tais mudanças não interferiam no "ingrediente ativo" da IMP, que é a interação entre pares de mesmo nível de desenvolvimento (interação horizontal), efetuaram-se modificações na forma de implementação da IMP em relação ao idealmente descrito nos protocolos do NPDC.

Mesmo com as mudanças efetuadas, não houve alterações nos itens que compõem o *checklist* de fidelidade da intervenção, ou seja, aqueles passos considerados essenciais para a implementação com rigor e fidelidade às intervenções originais que sustentam as evidências dessa prática baseada em evidências. Além disso, a análise dos efeitos da intervenção se mostrou significativa, acusando uma boa sobreposição dos dados da fase de intervenção sobre a linha de base (Ramos *et al.*, 2021). Com isso, concluiu-se que a intervenção, conforme as adaptações da sua implementação no Brasil, forneceu evidências de efetividade.

Esses fatores contextuais são destacados na literatura quando é proposto um modelo de transposição (Lubas; Mitchell; De Leo, 2016; Nunes; Schmidt, 2019):

> O conhecimento do contexto educacional traz uma perspectiva ecológica para a compreensão das particularidades sociais e culturais do cenário escolar. Isso implica conhecer não apenas o microssistema, composto pelo grupo de alunos em sala de aula, mas também o mesossistema, que envolve a dinâmica administrativa da escola e aspectos relativos à gestão, além do macrossistema, constituído pelas particularidades sociais e culturais da comunidade onde a instituição está alocada (Nunes; Schmidt, 2019, p. 98).

O exemplo anteriormente apresentado busca a adoção de um olhar crítico sobre a implementação de práticas baseadas em evidências, especialmente quando se trata do contexto brasileiro. Os resultados obtidos de sua implementação na estrutura do sistema educacional brasileiro, imerso na complexidade de nossa cultura, exige atenção à fidelidade dos estudos desenvolvidos em outros países, em que o pesquisador deve olhar não somente para o "pacote" em que essa prática vem embutida. É preciso desmembrar suas partes à luz da educação brasileira, rumando no estreito caminho entre o rigor teórico-metodológico previsto nos estudos e as características do local onde ele está sendo desenvolvido. Como referem Cook e Odom (2013, p. 137, tradução nossa):

> Ao selecionar práticas a utilizar em programas de educação especial, as práticas baseadas em evidências são um ótimo ponto de partida; mas a utilização de uma práticas baseada em evidências, como qualquer outra prática pedagógica, representa uma espécie de "experimento" em que educadores especiais devem validar a sua eficácia para cada criança individualmente.

Portanto, faz parte da implementação de práticas baseadas em evidências a consideração de fatores para além do rigor presente nas evidências dos estudos, tais como as características do professor (conhecimento, tentativa e erro) e dos alunos (idade, ambiente, características do espectro do TEA presentes e comorbidades) (Lubas; Mitchell; De Leo, 2016).

Considerações finais

A expressiva presença de alunos diagnosticados com TEA incluídos na sala de aula de ensino comum instiga uma reflexão sobre a implementação de intervenções práticas com maior eficácia. Apesar de agências internacionais consolidarem e difundirem um conjunto de práticas baseadas em evidências resultantes de um rigoroso processo de revisão de literatura (Sam *et al.*, 2022; Steinbrenner *et al.*, 2020), observa-se uma disparidade entre as prescrições da comunidade científica e a prática escolar. Nesse contexto, é esperado que os educadores frequentemente recorram a metodologias pedagógicas de maneira intuitiva, prescindindo do embasamento teórico e da base científica que as sustentariam (Nunes; Schmidt, 2019).

Apesar da existência de políticas públicas que delineiam diretrizes para os professores lidarem com a educação desse alunado, parece subsistir uma resistência à implementação de práticas baseadas em evidências no âmbito educacional (Bruin, 2015; Chizzotti, 2015; Guldberg, 2016; Devechi; Trevisan; Cenci, 2022; Cook; Odom, 2013). Para além dessa resistência, a utilização de práticas baseadas em evidências na prática docente demanda considerações sobre seus protocolos de implementação e a heterogeneidade das características sintomatológicas dos alunos atendidos (Schmidt, 2017).

Atualmente, percebe-se que o conceito de práticas baseadas em evidências emerge como uma promissora solução para professores envolvidos no ensino de alunos com TEA. Contudo, sua aplicabilidade no contexto educacional requer uma abordagem meticulosa para a implementação, que inclui repensar aspectos como a natureza da formação de professores e pesquisadores, a aquisição de recursos para a aplicação em sala de aula e, frequentemente, adaptações nos protocolos de implementação para sua validação nacional. Essas adaptações, conforme ilustrado no estudo de Ramos (2019), podem, além de não comprometer a eficácia das práticas baseadas em evidências, aprimorar sua adequação ao contexto específico de aplicação.

Autores como Odom, Hall e Steinbrenner (2020) enfatizam que nem todas as práticas baseadas em evidências são eficazes para todos os alunos, mesmo quando aplicadas com elevado grau de fidelidade. Além disso, a interpretação do que constitui uma prática baseada em evidências pode variar, e intervenções não classificadas como tais ainda podem ser eficazes (Flannery; Wisner-Carlson, 2020). Em outras palavras, não é possível afirmar que uma prática não designada como prática baseada em evidências seja ineficaz, da mesma forma que a designação como tal não garante eficácia universal para todos os alunos com TEA. Não obstante esse questionamento, é incontestável darmos preferência às práticas cujos resultados já tenham sido testados.

A realização de pesquisas que aproximem as práticas baseadas em evidências do contexto educacional é imperativa. Esses estudos devem transcender o ambiente acadêmico, visando à adaptação dessas práticas à cultura brasileira e à compreensão do professor que as implementa, preservando integralmente os passos de seus protocolos de implementação e seus componentes ativos.

Referências

AMERICAN PSYCHIATRIC ASSOCIATION (APA). *Manual Diagnóstico e Estatístico de Transtornos Mentais*. PDSM-Tr. 5. ed. rev. Porto Alegre: Artmed, 2022.

BERESFORD, B.; CLARKE, S.; MADDISON, J. Therapy interventions for children with neurodisabilities: a qualitative scoping study. *Health Technology Assessment*, v. 22, n. 3, p. 1-150, 2018. Disponível em: https://pubmed.ncbi.nlm.nih.gov/29345224/. Acesso em: 16 abr. 2024.

BLANCO, M. A. T.; ORLANDO, R. M. Pesquisa sobre educação especial na Anped: uma análise epistemológica dos artigos do GT 15 (2008-2012). *Rev. Comunicações*, n. 1, p. 197-209, 2015. Disponível em: http://educa.fcc.org.br/scielo.php?pid=S2238-121X2015000100197&script=sci_abstract. Acesso em: 16 abr. 2024.

BOWER, P. Efficacy in evidence-based practice. *Clinical Psychology & Psychotherapy*, v. 10, n. 6, p. 328-336, 2003.

BRASIL. Decreto n. 7.611, de 17 de novembro de 2011. Dispõe sobre a educação especial, o atendimento educacional especializado e dá outras providências. Brasília:

Diário Oficial da União, 2011. Disponível em: https://www.planalto.gov.br/ccivil_03/_ato2011-2014/2011/decreto/d7611.htm. Acesso em: 16 abr. 2024.

BRASIL. Ministério da Educação. Instituto Nacional de Estudos e Pesquisas Educacionais Anísio Teixeira (Inep). Diretoria de Estatísticas Educacionais. *Censo Escolar 2022*. Brasília: MEC, 2023. Disponível em: https://download.inep.gov.br/censo_escolar/resultados/2022/apresentacao_coletiva.pdf. Acesso em: 16 abr. 2024.

BRASIL. Ministério da Educação. Secretaria de Alfabetização (Sealf). *Relatório Nacional de Alfabetização Baseada em Evidências*. Brasília: MEC/Sealf, 2020. Disponível em: https://alfabetizacao.mec.gov.br/images/pdf/renabe_web.pdf. Acesso em: 16 abr. 2024.

BRASIL. Ministério da Educação. Secretaria de Educação Especial (Seesp). *Política Nacional de Educação Especial na Perspectiva da Educação Inclusiva*. Brasília: MEC, 2008. Disponível em: http://portal.mec.gov.br/arquivos/pdf/politicaeducespecial.pdf. Acesso em: 16 abr. 2024.

BRENTANI, H.; POLANCZYK, G. V.; MIGUEL, E. C. Brazil and autism. *In*: VOLKMAR, F. R. (ed.). *Encyclopedia of Autism Spectrum Disorders*. Cham: Springer International Publishing, 2021. p. 734-744.

BRUIN, C. Conceptualizing effectiveness in disability research. *International Journal of Research & Method in Education*, v. 40, n. 2, p. 113-136, 2015. Disponível em: https://doi.org/10.1080/1743727X.2015.1033391. Acesso em: 16 abr. 2024.

CAMPOS, M. M. Para que serve a pesquisa em educação?. *Cadernos de Pesquisa*, v. 39, n. 136, p. 269-283, 2009.

CHIZZOTTI, A. A pesquisa educacional e o movimento "pesquisas científicas baseadas em evidências". *Práxis Educativa*, v. 10, n. 2, p. 329-342, 2015. Disponível em: http://educa.fcc.org.br/scielo.php?script=sci_abstract&pid=S1809-43092015000200329&lng=pt&nrm=iso. Acesso em: 16 abr. 2024.

CHRISTO, S. V.; MENDES, G. M. L. Ensino colaborativo/coensino/bidocência para a educação inclusiva: as apostas da produção científica. *Instrumento: Revista de Estudo e Pesquisa em Educação*, v. 21, n. 1, p. 33-44, 2019. Disponível em: https://periodicos.ufjf.br/index.php/revistainstrumento/article/view/19079. Acesso em: 16 abr. 2024.

COOK, B. G.; ODOM, S. L. Evidence-based practices and implementation science in special education. *Exceptional Children*, v. 79, n. 3, p. 135-144, 2013. Disponível em: https://doi.org/10.1177/001440291307900201. Acesso em: 16 abr. 2024.

DEVECHI, C. P. V.; TREVISAN, A. L.; CENCI, A. V. A abordagem da educação baseada em evidências científicas na formação de professores: recuo da prática. *Revista Brasileira de Educação*, v. 27, 2022. Disponível em: https://doi.org/10.1590/S1413-24782022270106. Acesso em: 16 abr. 2024.

ERBEN, E.; MELLO, K. B. Um estudo sobre as políticas públicas que dão suporte ao ensino colaborativo em países como Estados Unidos, Itália e Brasil. *Revista Educação Especial*, v. 36, n. 1, p. e10/1-20, 2023. Disponível em: https://doi.org/10.5902/1984686X72108. Acesso em: 16 abr. 2024.

FIXSEN, D. L. *et al*. Core implementation components. *Research on Social Work Practice*, v. 19, n. 5, 2009. Disponível em: https://doi.org/10.1177/1049731509335549. Acesso em: 16 abr. 2024.

FLANNERY, K. A.; WISNER-CARLSON, R. *Autism and education. Psychiatr Clin North Am.*, v. 43, n. 4, p. 647-671, 2020. Disponível em: https://doi.org/10.1016/j.chc.2019.12.005. Acesso em: 16 abr. 2024.

GULDBERG, K. Evidence-based practice in autism educational research: can we bridge the research and practice gap?. *Oxford Review of Education*, v. 43, n. 2, p.149-161, 2016. Disponível em: https://doi.org/10.1080/03054985.2016.1248818. Acesso em: 16 abr. 2024.

HUME, K. *et al*. Evidence-based practices for children, youth, and young adults with autism: third generation review. *Journal of Autism and Developmental Disorders*, v. 51, p. 4013-4032, 2021. Disponível em: https://doi.org/10.1007/s10803-020-04844-2. Acesso em: 16 abr. 2024.

KOZLESKI, E. B. The uses of qualitative research: powerful methods to inform evidence-based practice in education. *Research and Practice for Persons with Severe Disabilities*, v. 42, n. 1, 2017. Disponível em: https://doi.org/10.1177/1540796916683710. Acesso em: 16 abr. 2024.

LUBAS, M.; MITCHELL, J.; DE LEO, G. Evidence-based practice for teachers of children with autism: a dynamic approach. *Intervention in School and Clinic*, v. 51, n. 3, p. 188-193, 2016. Disponível em: https://journals.sagepub.com/doi/10.1177/1053451215585801. Acesso em: 16 abr. 2024.

MAENNER, M. J. *et al*. Prevalence and characteristics of autism spectrum disorder among children aged 8 years. Autism and Developmental Disabilities Monitoring Network, 11 sites, United States, 2020. *MMWR Surveillance Summaries*, v. 72, n. 2, p. 1, 2023.

MACHADO, A. C.; ALMEIDA, M. A. Parceria no contexto escolar: uma experiência de ensino colaborativo para educação inclusiva. *Revista Psicopedagogia*, v. 27, n. 84, p. 344-351, 2010. Disponível em: http://pepsic.bvsalud.org/scielo.php?script=sci_arttext&pid=S0103-84862010000300004. Acesso em: 16 abr. 2024.

MARTIN, R. J. *et al*. A descriptive analysis of evidence-based interventions for students with autism spectrum disorders. *Contemporary School Psychology*, n. 25, p. 75-85, 2021. Disponível em: https://doi.org/10.1007/s40688-020-00282-0. Acesso em: 16 abr. 2024.

MCNEILL, J. Social validity and teachers' use of evidence-based practices for autism. *Journal of Autism and Developmental Disorders*, v. 49, n. 11, p. 4585-4594, 2019. Disponível em: https://pubmed.ncbi.nlm.nih.gov/31432310/. Acesso em: 16 abr. 2024.

MENDES, E. G.; VILARONGA, C. A. R. *Ensino colaborativo como apoio à inclusão escolar: unindo esforços entre educação comum e especial*. São Carlos: EdUFSCar, 2023.

MULLER, K. F.; NUNES, D. R. P.; SCHMIDT, C. Caregiver implemented dialogic reading: impact on children with and without autism in Brazil. *International Journal of Special Education*, v. 38, n. 1, p. 47-57, 2023. Disponível em: https://doi.org/10.52291/ijse.2023.38.5. Acesso em: 16 abr. 2024.

NUNES, D. R. P.; SCHMIDT, C. Educação especial e autismo: das práticas baseadas em evidências à escola. *Cadernos de Pesquisa*, v. 49, n. 173, p. 84-104, 2019. Disponível em: https://doi.org/10.1590/198053145494. Acesso em: 16 abr. 2024.

NUNES, D. R. P.; SCHMIDT, C.; NUNES SOBRINHO, F. P. Transtorno do espectro autista: proposições das políticas públicas às práticas baseadas em evidências. *Arquivos Analíticos de Políticas Educativas*, v. 29, n. 77, 2021. Disponível em: https://doi.org/10.14507/epaa.29.5993. Acesso em: 16 abr. 2024.

ODOM, S. L.; HALL, L. J.; STEINBRENNER, J. R. Implementation science research and special education. *Exceptional Children*, v. 86, n. 2, p. 117-119, 2020. Disponível em: http://doi.org/10.1177/0014402919889888. Acesso em: 16 abr. 2024.

OLIVEIRA, J. J. M.; SCHMIDT, C.; PENDEZA, D. P. Intervenção implementada pelos pais e empoderamento parental no transtorno do espectro autista. *Psicologia Escolar e Educacional*, v. 24, p. e218432, 2020. Disponível em: https://doi.org/10.1590/2175-35392020218432. Acesso em: 16 abr. 2024.

RAMOS, F. S. Transtorno do espectro autista e intervenção mediada por pares: aprendizagem no contexto de inclusão. 2019. Dissertação (Mestrado em Educação) – Universidade Federal de Santa Maria, Santa Maria, RS, 2019. Disponível em: http://repositorio.ufsm.br/handle/1/20485. Acesso em: 16 abr. 2024.

RAMOS, F. S. *et al.* Intervenção mediada por pares no engajamento acadêmico de alunos com autismo. *Revista Brasileira de Educação Especial*, v. 27, 2021. Disponível em: https://doi.org/10.1590/1980-54702021v27e0261. Acesso em: 16 abr. 2024.

REICHOW, B.; VOLKMAR, F. R.; CICCHETTI, D. V. Development of the evaluative method for evaluating and determining evidence-based practices in autism. *J Autism Dev Disord*, v. 38, n. 7, p. 1311-1319, 2008. Disponível em: https://pubmed.ncbi.nlm.nih.gov/18095149/. Acesso em: 16 abr. 2024.

SAM, A. *et al. Selecting an evidence-based practice*. Chapel Hill: Frank Porter Graham Child Development Institute, Autism Focused Intervention Modules and

Resources, University of North Carolina, 2022. Disponível em: https://afirm.fpg.unc.edu/selecting-evidence-based-practice. Acesso em: 16 abr. 2024.

SAM, A.; AFIRM Team. *Peer-mediated instruction and intervention*. Chapel Hill: National Professional Development Center on Autism Spectrum Disorder, FPG Child Development Center, University of North Carolina, 2015. Disponível em: https://afirm.fpg.unc.edu/peer-mediated-instruction-and-intervention. Acesso em: 16 abr. 2024.

SANTOS, K. C. Z.; LOPES, B. J. S. Ensino colaborativo ou coensino na educação infantil: um estudo bibliométrico. *Ensaios Pedagógicos*, v. 4, n. 1, p. 76-86, 2020. Disponível em: https://www.ensaiospedagogicos.ufscar.br/index.php/ENP/article/view/207. Acesso em: 16 abr. 2024.

SCHMIDT, C. Transtorno do espectro autista: onde estamos e para onde vamos. *Psicologia em Estudo*, v. 22, n. 2, p. 221-230, abr./jun., 2017. Disponível em: https://doi.org/10.4025/psicolestud.v22i2.34651. Acesso em: 16 abr. 2024.

STEINBRENNER, J. R. *et al. Prática baseada em evidências para crianças, adolescentes e jovens adultos com autismo*. Trad. Terapia Aba: Luiza Guimarães e Roberta Dias. Chapel Hill: University of North Carolina, Frank Porter Graham Child Development Institute, National Clearinghouse on Autism Evidence and Practice Review Team, 2020. Disponível em: https://ncaep.fpg.unc.edu/sites/ncaep.fpg.unc.edu/files/imce/documents/Pr%C3%A1tica%20Baseada%20em%20Evid%C3%AAncias%20para%20Crian%C3%A7as%2C%20Adolescentes%20e%20Jovens%20Adultos%20com%20Autismo.pdf. Acesso em: 16 abr. 2024.

VILARONGA, C. A. R.; MENDES, E. G. Ensino colaborativo para o apoio à inclusão escolar: práticas colaborativas entre os professores. *Revista Brasileira de Estudos Pedagógicos*, v. 95, n. 239, p. 139-151, 2014. Disponível em: https://www.scielo.br/j/rbeped/a/dBz3F9PJFfswJXFzn3NNxTC/abstract/?lang=pt. Acesso em: 16 abr. 2024.

WOLF, M. M. Social validity: the case for subjective measurement or how applied behavior analysis is finding its heart. *Journal of Applied Behavior Analysis*, v. 11, n. 2, p. 203-214, 1978. Disponível em: https://www.ncbi.nlm.nih.gov/pmc/articles/PMC1311293/. Acesso em: 16 abr. 2024.

WONG, C. *et al.* Evidence-based practices for children, youth, and young adults with autism spectrum disorder: a comprehensive review. *J Autism Dev Disord.*, v. 45, p. 1951-1966, 2015. Disponível em: https://doi.org/10.1007/s10803-014-2351-z. Acesso em: 16 abr. 2024.

6

A IMPORTÂNCIA DA ESCOLA PARA ESTUDANTES COM AUTISMO

Adriana Araújo Pereira Borges
Maria Luísa Magalhães Nogueira
Síglia Pimentel Höher Camargo

Introdução

Durante muito tempo, o processo educacional dos alunos com deficiência ocorreu nas escolas especiais. A partir dos anos 1990, esse lócus passou a ser criticado, e as políticas de inclusão escolar se consolidaram em vários países, incluindo o Brasil. Uma série de leis, decretos e normas foi publicada, e a matrícula dos alunos com deficiência em escolas regulares passou a ser compulsória após a Política Nacional de Educação Especial na Perspectiva da Educação Inclusiva (PNEEPEI) (Brasil, 2008). Porém, apesar de respaldada pela legislação brasileira, a presença desses estudantes nas classes comuns ainda é um dissenso. Por um lado, existe a defesa da escola como um lugar privilegiado para a aprendizagem de conhecimentos acadêmicos, comportamentos e habilidades. Por outro, uma parte das pessoas defende a ideia de que as escolas especiais deveriam receber as crianças com deficiência. Nos últimos anos, uma terceira via de escolarização começou a fazer eco, baseada no movimento *homeschooling*: a defesa da permanência das pessoas com deficiência em suas casas, ou seja, nem escola especial nem escola regular para esses estudantes.

No Brasil, o público-alvo da educação especial foi definido pela PNeepei, considerando aqueles alunos com deficiência, transtornos globais do desenvolvimento (TGD) e altas habilidades e superdotação (Brasil, 2008). Em relação aos TGD, é importante esclarecer que o termo foi eliminado na quinta versão do manual de transtornos mentais (DSM-5) (APA, 2014). Alguns autores optam por substituir TGD por transtorno do espectro autista (TEA) ao se referirem a esse público da educação especial, embora não haja necessidade, já que a Política Nacional de Proteção dos Direitos da Pessoa com Transtorno do Espectro Autista (Brasil, 2012) passou a considerar o TEA uma deficiência.

O número de estudantes com deficiência que chegam às escolas tem crescido exponencialmente no mundo todo (Freire; Nogueira, 2023). De acordo com o Censo Escolar (Brasil, 2021), entre 2010 e 2021, o segmento da educação infantil teve um crescimento de 214% nas matrículas de alunos com deficiência nas classes comuns. No ensino fundamental houve um crescimento de 121%, e, no ensino médio, o aumento foi ainda mais expressivo, de 524%. Esse dado do ensino médio é bastante significativo do efeito da educação de alunos com deficiência em classes comuns adotada no Brasil nos níveis mais altos de ensino. Em relação ao TEA, os dados mostram que, em 2012, havia 20.511 matrículas nas classes comuns e 7.952 nas classes especiais. Em 2022, os dados revelam 405.056 matrículas nas classes comuns e 24.456 nas classes especiais, refletindo esse fenômeno mundial do aumento dos diagnósticos.

No entanto, esse crescimento e, consequentemente, o conhecimento e a disseminação da conscientização sobre o transtorno, desde a sua primeira descrição, não vieram acompanhados necessariamente de mudanças nos currículos universitários, para que a formação dê aos futuros profissionais instrução sobre os recursos e metodologias adequados para o reconhecimento e a inclusão efetiva desse público, nem no campo da educação nem na esfera da saúde (Nogueira *et al.*, 2022).

É importante destacar que cada autista é único, assim como são únicas todas as pessoas. A crescente presença dos alunos com deficiência nas escolas, mais especificamente daqueles com autismo, coloca em evidência um sistema excludente. A escola tem se revelado uma instituição meritocrática, um ambiente em que as pessoas são constantemente avaliadas e comparadas entre si. Muitas vezes, o ambiente escolar, que deveria ser acolhedor, rechaça a diferença. Diante dessa estrutura tão rígida, alguns grupos sugerem tirar as crianças da escola e educá-las em casa, em vez de mudar o sistema de ensino. Essa cultura não inclusiva, marcada por práticas que limitam e subestimam as pessoas com deficiência, foi construída e é alimentada por elementos estruturais que demandam uma mudança paradigmática.

O capacitismo pode ser entendido como a negação da capacidade e das aptidões das pessoas com deficiência. Roy Grinker, antropólogo norte-americano, busca compreender quais elementos estão incorporados na maneira capacitista por meio da qual são vistas e compreendidas a deficiência e a saúde mental, visão profundamente permeada pelo estigma:

> O estigma diminui e flui como resultado de condições estruturais profundas – em particular, do capitalismo, das ideologias do individualismo e da responsabilidade pessoal, e dos complicados legados da guerra, do racismo e do colonialismo (Grinker, 2021, p. xxiii).

O autor afirma, ainda, a importância de conhecer a história do estigma, para que se possa mirar nas forças sociais que mantêm esse cenário e reduzir as barreiras que impedem as pessoas de ter acesso a direitos básicos.

Este capítulo discute os desafios enfrentados na educação dos alunos com autismo na escola regular, com base na problematização sobre o lugar de escolarização desses sujeitos. São abordados aspectos da vulnerabilidade desse público, demonstrando que a escola é um direito fundamental. Por fim, são apresentados dados sobre os desafios enfrentados pelas famílias na pandemia, que justificam a importância do ambiente escolar para os alunos com deficiência.

Classes especiais, escolas especiais ou educação domiciliar: Diferentes formas de segregar?

A discussão sobre o lugar de escolarização dos alunos com autismo passa, necessariamente, pela discussão sobre a escola brasileira. Januzzi (1985) lembra que, em 1878, havia 9 milhões de habitantes no Brasil e somente 175 mil alunos. Em 1890, 85% dos brasileiros de todas as idades eram analfabetos. Os dados atuais demonstram que quase três em cada dez brasileiros são analfabetos funcionais (Observatório Brasileiro das Desigualdades, 2023). Portanto, mesmo sendo obrigatória para os alunos da educação primária desde 1934, a escolarização da população brasileira é um processo ainda em desenvolvimento.

A escola seriada, estabelecida a partir de 1893 no estado de São Paulo e que se espalhou pelos outros estados nos anos seguintes, organizou-se baseada na homogeneização das turmas (Gil; Saraiva, 2023). Dessa perspectiva, seria possível separar as crianças em classes nas quais todas estivessem no mesmo nível intelectual: "Constituindo a criança, antes de tudo, um ser em estado de evolução, o agrupamento de acordo com sua marcha evolutiva e as etapas biopsíquicas por ela atingidas seria talvez o melhor critério para seleção" (Antipoff, 1934/2023, p. 50). Nesse período, os testes de inteligência foram amplamente utilizados com a finalidade de estabelecer critérios para a separação das crianças nas classes escolares. Se os alunos não provassem nas avaliações realizadas no ano escolar que haviam adquirido as competências esperadas, repetiam o ano.

As classes especiais surgem nesse mesmo período e, por um lado, permitiram que os alunos com deficiência, até então impedidos de frequentar as escolas comuns, pudessem ter acesso ao sistema educacional. Por outro lado, essas classes foram instituídas em um sistema que, desde o início, organizou-se segundo uma lógica em que a maior parte dos estudantes, principalmente das classes populares, repetia até evadir-se. Um currículo rígido para todos, inflexível e sem apoios impedia a trajetória de boa parte dos estudantes.

A homogenização das classes escolares, que deveria colocar o aluno na "melhor classe", de acordo com suas características intelectuais, provou ser totalmente equivocada, pois o número de repetentes era enorme. Ou seja, se a homogenização realmente funcionasse e os testes pudessem definir em qual turma cada aluno deveria estar, era de esperar que os alunos alcançassem o sucesso acadêmico. No entanto, Patto (2022) evidencia a ineficácia dessa estratégia de ensino com dados históricos da década de 1940, em que, do montante de crianças matriculadas no primeiro ano em 1945, somente 4% concluíram o primário sem serem reprovadas, com a metade do restante de alunos evadindo-se sem completar essa primeira fase da escolarização. Embora os dados oficiais de 1984 indicassem melhora nos índices de reprovação e evasão, a autora sinaliza que a situação real, tantos anos mais tarde, não era tão animadora quanto os dados poderiam supor:

> Trinta anos depois, Barretto (1984) não autoriza qualquer otimismo: os dados oficiais, aparentemente indicativos de uma melhora na prestação de serviços escolares à população, são relativizados quando repassados pelos olhos atentos de quem se propõe a procurar nos números sua face menos óbvia (Patto, 2022, p. 33).

Já partir dos anos 1950, as classes especiais vão sendo gradativamente ocupadas por alunos negros e pobres, ao passo que as escolas especiais se multiplicam e passam a receber os alunos com deficiência (Borges, 2015). Entre 1950 e 1990, quando o paradigma da educação inclusiva ganha espaço, as escolas especiais assumem o protagonismo da escolarização desse público, mas numa lógica muito parecida com a das escolas regulares, baseada também em um currículo inflexível ou limitado em torno das chamadas atividades de vida diária ou de vida prática, que pressupõe a não necessidade de suprir estudantes com deficiência com conhecimento acadêmico.

Foi somente nos anos 1990, em uma tendência mundial em favor da educação inclusiva, iniciada com a Conferência Mundial de Educação para Todos, na Tailândia, que a escola passou a se organizar com base na ideia de um currículo acessível. Portanto, as mudanças do sistema educacional que beneficiaram todos os estudantes estão relacionadas à presença dos alunos com deficiência nas escolas regulares, sendo ela positiva para toda a escola, que precisa rever suas práticas e adotar metodologias que possam favorecer a aprendizagem de todos.

Essa é a proposta da educação inclusiva que se perpetua até hoje em diversos países, inclusive no Brasil, embora cada um com suas leis e normativas de como organizar um sistema educacional que reconheça e valorize as diferenças inerentes ao ser humano. Ao mesmo tempo, pode não ser fácil mudar a escola, romper com a ideia da homogenização das classes escolares e trabalhar com a diversidade. Existem argumentos que permanecem no discurso de quem segue a favor de contextos restritivos, como o da escola especial, ou da classe especial na escola regular. Esses argumentos, sumarizados em um artigo que testava a implementação na escola inclusiva de um modelo de intervenção desenvolvido em um contexto segregado (Vivanti *et al.*, 2019), sugerem que os ambientes especializados seriam mais adequados, pois as necessidades específicas, principalmente de aprendizagem, seriam atendidas por profissionais especializados; que nesses ambientes as crianças com deficiência seriam menos expostas a situações de preconceito e discriminação; e, ainda, que em ambientes inclusivos essas crianças não receberiam atenção adequada dos educadores (*ibid.*).

De fato, se a escola regular não modificar paradigmas e crenças arraigadas quanto ao entendimento do seu papel como instituição de ensino, ela acabará por não fornecer um serviço educacional adequado aos estudantes com deficiência e, nesse sentido, não estamos sequer falando de educação inclusiva. A inclusão pressupõe justamente a modificação da escola para o atendimento das necessidades educacionais especiais desses educandos (Martins; Chacon, 2022). Por esse motivo, Esteve (2019) considera a inclusão escolar como a terceira revolução educacional, após as grandes mudanças ocorridas até o século XVIII, culminando com a determinação do rei da Prússia de que a educação deveria ser pública e de responsabilidade do Estado, e com os movimentos da Nova Escola no século XX. Nos últimos anos, são inúmeros os exemplos de estudos e vivências práticas que demonstram os ganhos desenvolvimentais de estudantes com autismo e outras deficiências quando se colocam em prática as mudanças escolares necessárias para uma verdadeira inclusão (Martins; Camargo, 2023; Neely *et al.*, 2013; Ramos *et al.*, 2021). Embora pesquisas recentes, desenvolvidas em diferentes países, demonstrem a efetividade e os benefícios da educação em escolas regulares e classes comuns, alguns grupos passaram a se posicionar favoravelmente ao *homeschooling*, ou ensino domiciliar, o que afeta diretamente os alunos com deficiência. Em primeiro lugar, é importante definir o conceito de ensino domiciliar e contextualizar o avanço dessa proposta no Brasil, que ameaça conquistas importantes relacionadas aos direitos humanos:

> A fundamentação da educação domiciliar é originária de uma vasta gama de posições antiestatistas, que passam por anarquistas, liberais individualistas e posições religiosas fundamentalistas, entre outras. Uma das correntes teóricas que também dá suporte a essa visão de educação é o neoliberalismo (Oliveira; Barbosa, 2017, p. 2).

A educação dos filhos em casa, comum até o século XIX, foi substituída pela obrigatoriedade de matrícula nas escolas. A educação domiciliar volta a ter força a partir dos anos 1970, nos Estados Unidos, onde é regulamentada em todos os 50 estados. No Brasil, o primeiro projeto de lei sobre o tema foi proposto em 1994 (Lima *et al.*, 2022).

Nesse contexto e com o pretexto de as escolas regulares não serem adequadas para esse público, surgem argumentos em defesa da educação domiciliar para alunos com autismo. Em um artigo recentemente publicado, Monteiro e Marra (2022) defendem que o ensino escolar presencial não seja obrigatório para alunos com autismo. O artigo traz dados enviesados sobre o *homeschooling* e dados equivocados sobre o autismo, afirmando de maneira genérica que crianças que estudam em casa têm amizades de melhor qualidade, melhores relacionamentos com pais e adultos e que são tão felizes quanto as crianças que frequentam as escolas. Não citam estudos que demonstrem essas afirmações. As crianças com autismo, segundo as autoras, têm como principal sintoma a agressividade e, por isso, deveriam ser afastadas da escola:

> No caso da criança autista, que tem como principais sintomas a agressividade, dificuldade de interação social, comportamento repetitivo e intolerância a barulhos altos como os que costuma [*sic*] ser comuns na escola, o ensino em casa é uma boa opção, pois aumenta a possibilidade dela [*sic*] adquirir conhecimentos, senso social e responsabilidade, bem como assegura que ela consiga exibir menos tumulto emocional e comportamentos problemáticos do que seus pares (Monteiro; Marra, 2022, p. 2752).

Ideias que defendem a escolha dos pais entre colocar a criança na escola ou ensinar em casa demonstram todo o capacitismo que ainda insiste em se fazer presente na sociedade. Em se tratando do direito fundamental à educação, o capacitismo vem sempre revestido do discurso do direito à escolha ou do que seria "melhor" para o outro:

> No caso da criança autista, mesmo considerando que a mesma [*sic*] tem grandes chances de sucesso, principalmente em instituições particulares preparadas para o atendimento do autismo, é preciso levar em consideração que muitos autistas simplesmente não conseguem se adaptar a ambientes com muito barulho, muita gente, muita atividade, etc.; e, por isso, a educação domiciliar, em um ambiente já conhecido pelo autista, lhe dá sensação de segurança, se apresentando como uma hipótese melhor e, provavelmente, com um custo similar ao da educação fornecida pelas escolas particulares (Monteiro; Marra, 2022, p. 2764).

A criança com autismo, nesse discurso capacitista, teria grandes chances de se desenvolver, mas em instituições particulares. A escola pública é ignorada, pois, ao defender o ensino domiciliar, defende-se a lógica neoliberal, como dito anteriormente. As autoras afirmam, ainda, que muitos autistas não se adaptam a determinados ambientes, sendo o custo de uma educação domiciliar equivalente ao custo de uma educação fornecida em escolas particulares. As autoras afirmam também que seria importante possibilitar que a criança seja "instruída em casa, longe dos 'holofotes' do ensino público ou privado" (Monteiro; Marra, 2022, p. 2767). O objetivo é tirar o autista de cena, anular sua existência, mantê-lo em casa, valendo-se de um discurso de garantia de direitos, mas que esconde a lógica estigmatizante da sociedade.

Estudos sobre o *homeschooling* no contexto estadunidense e na Inglaterra avaliaram a motivação dos pais que buscaram a educação doméstica e identificaram que tal opção se deu pela percepção de falha na escola no que tange às necessidades das crianças com TEA (Parsons; Lewis, 2010; Hurlbutt, 2011).

Outro estudo estadunidense, de Simmons e Campbell (2019), buscou investigar, para nove pais de crianças com TEA, quais foram os motivos que levaram à busca do ensino domiciliar, bem como caracterizar as experiências educacionais oferecidas. Os resultados sugerem que os pais, em grande parte, não estão implementando práticas baseadas em evidências ou estão utilizando métodos que contradizem diretamente os padrões de melhores práticas em relação tanto à quantidade mínima diária de atividades pedagógicas quanto às áreas de conteúdo atendidas. Além disso, a vulnerabilidade das pessoas com deficiência pode ser acentuada ao serem privadas do ambiente escolar. A violência doméstica é, na maioria das vezes, denunciada ou evidenciada na escola (Elsen *et al.*, 2011), constituindo-se, em muitos casos, na única via de proteção da criança.

Outra limitação encontrada foi a restrição às oportunidades sociais. Sem acesso à educação, nesse âmbito, não se amplia o repertório das crianças (com deficiência ou típicas), que ficam restritas aos limites de cultura e educação de seus pais, privadas da possibilidade de expandir seus horizontes e, por consequência, os de seus familiares.

Estudiosos que se dedicam ao desenvolvimento social de crianças típicas e atípicas são unânimes em afirmar o importante papel da escola no desenvolvimento de habilidades sociais fundamentais e precursoras da aquisição de habilidades mais complexas. Isso porque é na escola que a criança vai vivenciar novas formas de interação social, que não se restringem apenas a pais, irmãos ou cuidadores do núcleo familiar, mas abrangem aquelas oportunizadas pela convivência com os pares, ou seja, outras crianças da mesma idade. Essas relações horizontais (Hartup, 1996) têm características próprias, exigindo da criança o desenvolvimento de novas habilidades, como respeitar regras sociais, dividir, esperar, bem como formas específicas de cooperação, competição, intimidade e autoconhecimento (Del Prette; Del Prette, 2017). Segundo Walker, Ramsey e Gresham (2004), essas habilidades proporcionam competências que facilitam o início e a manutenção de relações sociais positivas, o desenvolvimento de amizades, o ajuste escolar satisfatório e a adaptação às demandas do ambiente, características que estão frequentemente prejudicadas em crianças com autismo. Poder vivenciar a aprendizagem de habilidades sociais por intermédio da escola tem o potencial não apenas de promover a aquisição de comportamentos socialmente competentes com os pares, como também prevenir possíveis consequências da sua ausência. Já é consenso que estudantes que experienciam dificuldades com os pares têm maiores chances de apresentar problemas de conduta, delinquência, ansiedade e depressão (Murray; Grennberg, 2006). Scheuermann e Hall (2016) também indicam que estudantes com dificuldades em vários aspectos do comportamento social tipicamente exibem problemas de comportamento e que isso está intimamente relacionado com sucesso social e acadêmico.

Nos últimos anos, vivenciamos na prática uma educação domiciliar forçada, imposta pela pandemia de Covid-19, que levou as autoridades sanitárias à recomendação de que a população não saísse de casa e mantivesse o distanciamento social, na tentativa de limitar a contaminação pelo vírus. Como consequência, as escolas ficaram fechadas e os estudantes foram instruídos pelos professores de forma remota ou pelos pais, por meio de atividades enviadas pela escola. Essa experiência nos trouxe a real noção tanto dos impactos da falta quanto da importância da escolarização para todos os alunos. Antes de discorrer mais a respeito dos benefícios da escola para o aluno com autismo, é importante analisar o que a pandemia trouxe de ensinamentos, os quais subsidiam os argumentos aqui apresentados.

O que a pandemia ensinou sobre o ensino domiciliar dos alunos com autismo?

Em 2020, primeiro ano da pandemia de Covid-19, foi realizada uma pesquisa sobre ensino remoto para alunos com deficiência, que objetivava ouvir as famílias sobre a experiência do ensino remoto emergencial na pandemia (Borges *et al.*, 2021), por meio de um questionário autoaplicado construído na plataforma Google Forms. Em relação à pesquisa ampla, que contou com 1.043 respostas, o TEA representou 54,4% da amostra, ou seja, 568 alunos.

As mães, na maioria das vezes, são as principais cuidadoras das pessoas com TEA (Misquiatti *et al.*, 2015), e a maioria dos questionários foi respondida por elas, uma porcentagem de 80%. Nesse contexto, as mulheres costumam ser as mais atingidas. Outra pesquisa, realizada somente com mulheres no Brasil, apontou que 47% delas eram responsáveis pelos cuidados de alguém nesse período (Sempreviva Organização Feminista & Organização Feminista Gênero e Número, 2020). Dessa forma, as mulheres, principais responsáveis pelos filhos, passaram a ser expostas a duplas ou triplas jornadas de trabalho (Figueira; Brilhante, 2021; Santana; Borges Sales, 2020).

Os resultados da pesquisa de Borges *et al.* (2021) indicaram que cerca de 80% dos alunos não conseguiram acompanhar as aulas ou fazer as atividades com autonomia. Quanto às habilidades, 45,8% perderam habilidades após o isolamento social. Apenas 18% dos alunos adquiriram novas habilidades. Quase 70% ficaram mais agitados durante o período de isolamento social. A análise das respostas indicou, ainda, que houve piora dos sintomas de TEA, com maior agitação. Isso significa que boa parte das famílias, nesse contexto de pandemia e de trabalho remoto, teve de se desdobrar para auxiliar os filhos nas atividades e que os desafios foram impeditivos de desfechos favoráveis, como ganho de autonomia e aprendizagem.

Dentre os suportes necessários para a realização das atividades escolares com os filhos, o recurso mais demandado pelos familiares durante o ensino remoto foi o mediador/auxiliar de apoio à inclusão – o que indica como é complicado para um pai ou uma mãe manejar todas as demandas de um filho com TEA no âmbito da educação. O mediador/auxiliar de apoio à inclusão é um profissional que acompanha estudantes com deficiência e auxilia o professor em diversas demandas do estudante com deficiência que necessite de auxílio para locomoção, alimentação e higiene, por exemplo, podendo variar em nomenclatura e função de município para município. No caso do TEA, entende-se que esse profissional deve fornecer apoio não para atividades de autocuidado e alimentação, mas nas relações com questões sociocomunicativas e de planejamento e organização de atividades, já que estudantes com autismo, em geral, se bem orientados, podem aprender a gerir com independência alimentação e higiene, não necessitando de um cuidador. Por outro lado, esses estudantes podem se perder nas nuances comunicativas e enfrentam desafios relacionados às funções executivas, podendo necessitar de adaptações nas atividades, nos prazos e no ambiente. Para 91,8% das famílias, esse foi o recurso considerado mais necessário durante a pandemia, ou seja, o apoio escolar.

O segundo suporte indicado pelos respondentes foi a adaptação para escrita, com 25% dos familiares de autistas demandando esse recurso, que também é fornecido pela escola. Em casa, a criança que necessita desse e de outros recursos de tecnologia assistiva e comunicação aumentativa e alternativa para sua escolarização, por exemplo, fica desprovida não apenas do recurso, mas dos serviços escolares especializados que a auxiliam na sua utilização.

Embora alguns pais de indivíduos com autismo sejam de classe média alta, com altos níveis de escolarização, capazes de fornecer o suporte domiciliar para seus filhos, essa não é a realidade de grande parte dos estudantes brasileiros com autismo, que dependem dos recursos públicos para o atendimento de suas necessidades. Além disso, relatos oriundos da experiência de educação domiciliar durante a pandemia revelam que *expertise* nas técnicas e didáticas de ensino não fazem parte do repertório de habilidades da maioria dos pais de crianças em fase escolar, independentemente de sua classe social – pela simples obviedade de não terem sido preparados para a função de professor (Costa; Picharillo; Elias, 2023). Somaram-se a isso a quebra da rotina e a descontinuidade de serviços de saúde e lazer, que desempenham papel significativo na progressão do desenvolvimento e no bem-estar de estudantes com autismo e seus familiares. Isso trouxe uma sobrecarga física e psicológica descomunal para as famílias, que, no mundo todo, tiveram de lidar com a educação domiciliar dos filhos e com as demandas do trabalho remoto, os afazeres domésticos e o cuidado com os membros da família infectados (Teixeira; Xavier; Félix, 2022).

Para além dos impactos oriundos de uma condição sanitária mundialmente afetada, a pandemia nos revelou, do ponto de vista emocional e educacional, que o distanciamento social, a falta de oportunidade para interagir em um amplo círculo de relações em diversos meios, como na escola, não é algo que o ser humano esteja apto a suportar. Nem mesmo aqueles a quem atribuímos, equivocadamente, a falta de interesse em interagir socialmente. Diversos estudiosos do autismo têm apontado que a evitação das interações sociais das pessoas com o transtorno ocorre pela falta de habilidade para interagir, muito mais do que pela falta de interesse em interagir (Camargo; Bosa, 2012). Corroborando antigas teorias de Vygotsky e outros teóricos sociointeracionistas sobre a necessidade inata e inerentemente humana do outro para sobreviver e se desenvolver, os dados recentes de estudos durante e após a pandemia envolvendo crianças em fase de escolarização demonstram os prejuízos no desenvolvimento social, intelectual e acadêmico que a privação social e escolar acarretou. Mesmo os estudantes com alto nível de funcionamento, que se desempenharam bem e se dizem satisfeitos com o ensino remoto, tiveram prejuízos desenvolvimentais (Costa; Picharillo; Elias, 2023). Isso porque a escola é um ambiente que proporciona a exposição da criança a situações sociais mais amplas, com base no que se conhece como um "currículo oculto", referente a normas, regras e comportamentos implícitos dos contextos educacionais (Reicher, 2020). Por meio do ensino remoto ou domiciliar, a criança não necessita confrontar essas exigências que lhes são difíceis, ao mesmo tempo em que perde a chance de desenvolvê-las mediante as oportunidades da convivência escolar. Além disso, os estudos relatam que a permanência prolongada do estudante com autismo no ambiente doméstico acarretou aumento significativo de problemas comportamentais e na qualidade e quantidade de sono e alimentação, bem como aumento das estereotipias, excessiva exposição a telas e a consequente diminuição do foco de atenção em atividades (Daulay, 2021; Latzer; Leitner; Karnieli-Miller, 2021), prejudicando a educação formal em diversos aspectos.

Embora ainda seja necessário compreender melhor os impactos da escolarização remota e domiciliar da pandemia sobre os estudantes com autismo no longo prazo, o que se sabe até o momento aponta para os prejuízos que a defesa de uma escolarização em casa pode acarretar no desenvolvimento de crianças com autismo; seja pelo malefício da convivência restrita, seja pela perda das oportunidades de aprendizagem que a escola proporciona. Nesse sentido, evidencia-se a importância da presença do estudante com autismo na escola regular.

Discutindo o lócus de escolarização dos alunos autistas

Um estudo estadunidense (Causton-Theoharis *et al.*, 2011) buscou investigar seis salas de aula de educação especial, com o total de 41 estudantes na amostra, em cinco escolas diferentes, em três estados, por sete anos, focando nos aspectos sociais, emocionais e acadêmicos. A pesquisa concluiu que os contextos de escolas ou classes especiais não entregam o que prometem, isto é:

> Os alunos nessas salas de aula não estão recebendo o suposto prometido de salas de aula de educação especial. Eles não estavam aprendendo em um local com uma comunidade protetora e/ou forte

> [que promove interações entre pares]. Eles estavam em ambientes muito mais perturbadores, não menos. Os alunos não estavam tendo acesso à educação geral de forma individualizada. Professores e mediadores não estavam usando intervenções comportamentais ponderadas, mas sim ameaças, castigos e restrições (Causton-Theoharis *et al.*, 2011, p. 76).

A pesquisa identificou que esses ambientes contam com mais distratores do que as escolas comuns (dado o grande número de adultos necessários). Além disso, não apresentam a previsibilidade e a estrutura de rotina para os alunos e não têm currículos alinhados com as bases curriculares do país. Ainda, como já mencionado, os suportes comportamentais adequados não são dados, possivelmente um reflexo do treinamento precário dos profissionais.

A perspectiva a favor do paradigma inclusivo parte de uma dimensão do campo dos direitos humanos que defende o mínimo de restrição para crianças com deficiência (Vivanti *et al.*, 2017) com a garantia do direito de conviver com pares da mesma idade com desenvolvimento típico. Ademais, argumenta-se que crianças com deficiência podem aprender e participar de ambientes comuns, onde metodologias específicas, que já existem e já foram testadas com sucesso, podem ser implementadas. Argumenta-se, ainda, que o ambiente inclusivo é mais profícuo para a aplicação das habilidades em desenvolvimento, já que os pares típicos "interagem com uma responsividade maior e reforçam as tentativas das crianças atípicas" (Vivanti *et al.*, 2019, p. 4). Por fim, a presença dessas crianças seria também benéfica para as crianças com desenvolvimento típico, que terão convivido desde cedo com a deficiência e a diferença, elementos próprios da humanidade. Assim, saberão como lidar com eles, naturalizando-se essa realidade e prevenindo relações de preconceito.

Como diversos estudos já citados evidenciam, o convívio com uma criança com TEA é um privilégio no cotidiano escolar: colegas aprendem maior flexibilidade na relação com a diferença e podem se tornar adultos mais abertos a construir uma sociedade melhor; recursos e estratégias utilizados para TEA são benéficos para todos. Para as crianças com autismo, os ganhos do cotidiano escolar também são muitos. No campo da socialização, Fiaes e Bichara (2009) indicam a importância da convivência das crianças com autismo com modelos mais avançados de comportamento. Salomão (2012) pontua a relevância indiscutível dos aspectos sociais da interação para o processo de aquisição da linguagem, verbal e gestual, e, obviamente, para o melhor desenvolvimento das habilidades cognitivas dessas crianças.

Além desses argumentos citados com maior frequência, a literatura científica sugere que a participação em ambientes inclusivos está associada a desfechos em que fatores protetivos, como amizade e maior independência na vida adulta, estão mais presentes:

> Por volta dos 9 anos, amizade e engajamento com pares são geralmente associados com *programas escolares integrados/inclusivos*, e são preditores de resultados em termos de independência na vida adulta e sintomas reduzidos, assim como de habilidades adaptativas fortes (Lord *et al.*, p. 3, 2018, grifo nosso, tradução nossa).

A psicologia do desenvolvimento considera que há oportunidades de aprendizagem que não podem ser fornecidas por interações adulto-criança, mais comuns e frequentes em ambientes não inclusivos. Na primeira infância, crianças, típicas e atípicas, veem-se como similares, o que fornece a possibilidade de desenvolvimento de domínios cruciais, como cognitivo, motor e emocional (Vivanti *et al.*, 2017). Esses achados, que vêm sendo atualizados em pesquisas recentes, vão ao encontro do adágio "há coisas que só uma criança pode ensinar a outra".

Pares podem fazer com que as atividades pedagógicas sejam mais motivadoras, tornando o processo de aprendizagem mais fácil e mais divertido – o que tem um impacto maior na retenção da aprendizagem, isto é, se estamos expostos a objetivos e ambiente de aprendizagem motivadores e prazerosos (Vivanti *et al.*, 2017).

A metanálise de Bene, Banda e Brown (2014) indicou uma grande variedade de habilidades que crianças com TEA podem aprender com os pares no ambiente escolar, com arranjos instrucionais. As metodologias existem e precisam apenas chegar aos educadores das salas de aula regulares.

Além disso, as próprias características dos estudantes com autismo podem ser usadas no ambiente educacional, favorecendo a aprendizagem. Um dos exemplos é o interesse restrito (monotropismo) que se relaciona com a rigidez do pensamento. Permitir que as crianças se envolvam em atividades que considerem seus interesses fortes pode ser vantajoso, como se lê em Wood (2021, p. 25, tradução nossa):

> Numa inversão de suposições e entendimentos típicos sobre o autismo e sua associação com comportamento repetitivo, rigidez e dependência da rotina (APA, 2013), quando "interesse, atenção e motivação" (Milton, 2017, p. 1674) de crianças autistas são atendidos, uma gama de benefícios potencialmente resulta para elas e para os funcionários da escola. Nesse enquadramento mais positivo, o autismo pode ser concebido "como uma diferença ou um estilo cognitivo", em vez de um "transtorno mental" (Lawson, 2011, p. 41), e os fortes interesses das crianças autistas poderiam ser aproveitados de forma frutífera em ambientes educacionais para aumentar sua participação no currículo e em outros aspectos da vida escolar (Winter-Messiers, 2007; Koenig; Williams, 2017).

Apesar de ainda hoje preponderar o discurso legítimo da falta de preparo dos professores para a inclusão de estudantes com deficiência no ensino comum, estudos recentes indicam a necessidade de ações de formação continuada menos genéricas e mais consistentes e focadas na necessidade não só dos alunos como também dos professores, no que diz respeito a conhecimento de práticas pedagógicas eficazes baseadas em evidências (Camargo *et al.*, 2020; Schmidt *et al.*, 2016) para o ensino de estudantes com autismo.

Martins e Camargo (2023) conduziram um estudo no sul do Brasil com três crianças pré-escolares com autismo que, ao serem inseridas pela primeira vez na escola, encontraram dificuldades de adaptação, apresentando problemas comportamentais e de engajamento nas tarefas propostas pela professora. Como intervenção, as pesquisadoras instruíram a professora na utilização de práticas baseadas em evidências ancoradas na análise aplicada do comportamento, como rotinas visuais, reforço positivo, modelagem etc., de acordo com as necessidades de cada participante. Utilizando delineamentos de pesquisa de caso único e medidas do tamanho do efeito da intervenção, os resultados indicaram uma melhora geral estatisticamente significativa que variou de 80% a 100% nos comportamentos disruptivos, na participação dos estudantes com autismo nas atividades e na interação social com pares e professores, facilitando a sua inclusão e a permanência na escola.

Da mesma forma, os estudos de Ramos *et al.* (2021) e Crespo (2020) indicam o potencial da utilização de intervenções mediadas por pares no contexto escolar inclusivo para auxiliar no incremento das habilidades sociais e acadêmicas de estudantes com autismo. O estudo de Crespo (2020) obteve diferenças estatisticamente significativas na frequência de interação das três crianças pré-escolares com seus pares, já Ramos *et al.* (2021) demonstraram que à variação da mediação dos pares correspondia a variação do engajamento dos estudantes com autismo do ensino fundamental nas tarefas acadêmicas em sala de aula.

No norte do Brasil, outro estudo (Pereira; Nunes, 2018) também implementou uma intervenção no contexto inclusivo, demonstrando a importância da organização e avaliação curricular para um estudante pré-escolar com autismo por meio do plano educacional individualizado (PEI). Ao promover uma intervenção com um delineamento quase experimental, obtiveram-se como resultado melhoras qualitativas e quantitativas na participação do estudante nas tarefas acadêmicas.

Esses e outros estudos recentemente conduzidos demonstram a efetividade de diversas práticas pedagógicas baseadas em evidências (Nunes; Schmidt, 2019) para promover as habilidades acadêmicas, sociais, adaptativas e de comunicação dos estudantes com autismo em contextos inclusivos brasileiros. Ou seja, existem dados e argumentos cientificamente comprovados em favor da inclusão escolar de estudantes com autismo no ensino comum como uma prática benéfica não apenas para eles, mas para os demais alunos e para a sociedade.

Conclusão

A vasta literatura sobre educação indica a importância da interação social para o desenvolvimento humano, no qual a escola merece espaço de destaque tanto por seu potencial de oferta para a convivência entre pares, quanto pelo papel dos educadores, mediadores na relação da criança com o mundo. Esse aspecto não é diferente ou menos importante quando falamos de estudantes com deficiências. A inclusão escolar tem sido demonstrada como uma mudança benéfica e necessária nas práticas escolares para garantir o direito universal à educação previsto na Constituição. É fato que ainda temos um longo caminho a percorrer no preparo de educadores e escolas para que a efetiva inclusão das diferenças ocorra. Isso requer ação e, por isso, prender-se ao discurso da falta de preparo nos impede de agir em busca dele e experimentar as transformações que podem ocorrer e que tanto almejamos na educação de crianças com ou sem deficiência e na sociedade. Não se trata de opiniões vazias de argumentos ou evidências de efetividade, pois um crescente número de estudos nacionais e internacionais tem apontado para essa direção. A pandemia, com todos os infortúnios sociais e econômicos que mundialmente causou, trouxe também uma forte evidência da importância da escola para todas as crianças, inclusive aquelas com autismo. Com base nessa e em outras evidências, é notório que a escola comum é um lócus de escolarização privilegiado para estudantes com TEA e outras deficiências. Entretanto, cabe enfatizar que a simples presença de um estudante com deficiência na escola não garante que ele se beneficie da convivência com pares com desenvolvimento típico. É essencial a mediação dos educadores com práticas pedagógicas efetivas, que atendam às necessidades dos estudantes e promovam a verdadeira inclusão. Para isso, é preciso ter em mente alguns fatores críticos para o sucesso de programas inclusivos (Karagiannis; Stainback; Stainback, 1999; Winton, 2016), os quais constituem princípios da educação inclusiva:

1. ênfase filosófica na valorização e apreciação da diversidade;
2. dissociação de deficiência e incapacidade;

3. crença na aprendizagem mútua entre estudantes;
4. estratégias de ensino que envolvam aprendizagem cooperativa;
5. objetivos e metas personalizados;
6. suporte para colaboração contínua entre professores;
7. crença no papel inclusivo de toda a comunidade escolar;
8. valorização da importância dos pais como parceiros educativos.

Além desses princípios, sabemos que também é necessário, para que possamos avançar e fornecer uma educação inclusiva de qualidade, o entendimento de que os alunos com deficiência devem frequentar classes comuns com colegas sem deficiência da mesma faixa etária na escola regular. O professor deve buscar a formação continuada e qualificar-se para ensinar a todos os alunos indiscriminadamente, com métodos diversificados e práticas comprovadamente eficazes para o processo de ensino e aprendizagem dos estudantes. O envolvimento colaborativo entre família, equipe de saúde, escola, professores, universidades, municípios e estados precisam também ser fortalecidos para retroalimentar as demandas e as buscas de soluções, conhecimento e investimento para o progressivo e necessário avanço da educação inclusiva. A escola e os professores não são, portanto, os únicos responsáveis pelo sucesso da inclusão escolar. O investimento em políticas públicas deve ser promovido e fiscalizado por toda a sociedade. No entanto, a presença de todos esses fatores não será suficiente enquanto o repensar sobre o papel da escola não romper as barreiras atitudinais historicamente enraizadas na sociedade, a fim de evitar proposições excludentes e capacitistas, que acabam por restringir, nas ações do dia a dia escolar, o acesso apropriado à riqueza de estímulos e aos benefícios sociais, acadêmicos e de desenvolvimento oferecidos pela escola.

Referências

AMERICAN PSYCHIATRIC ASSOCIATION (APA). *Manual diagnóstico e estatístico de transtornos mentais*: DSM-5. Porto Alegre: Artmed, 2014.

ANTIPOFF, H. (1934/2023) Ortopedia mental nas classes especiais. *In*: BORGES, A. A. P. (org.). *A educação especial na obra de Helena Antipoff*. Belo Horizonte: LaPPEEI/CDPHA, 2023. p. 49-154.

BENE, K.; BANDA, D. R.; BROWN, D. A meta-analysis of peer-mediated instructional arrangements and autism. *Journal of Autism and Developmental Disorders*, n. 1, p. 135-142, 2014.

BORGES, A. A. P. As classes especiais e Helena Antipoff: uma contribuição à história da educação especial no Brasil. *Revista Brasileira de Educação Especial*, v. 21, p. 345-362, 2015.

BORGES, A. A. P. *et al*. Impacto da Covid-19 na educação de alunos com deficiência: o que dizem os familiares. Relatório de pesquisa. Belo Horizonte: UFMG, 2021.

BRASIL. Instituto Nacional de Estudos e Pesquisas Educacionais Anísio Teixeira (Inep). *Censo Escolar 2021*. Disponível em: http://www.portal.mec.gov.br. Acesso em: 1 out. 2023.

BRASIL. Ministério da Educação (MEC). Lei n. 12.764, de 27 de dezembro de 2012. Institui a Política Nacional de Proteção dos Direitos da Pessoa com Transtorno do Espectro Autista. Disponível em: http://www.planalto.gov.br/ccivil_03/_ato2011-2014/2012/lei/l12764.htm. Acesso em: 13 out. 2023.

BRASIL. Ministério da Educação (MEC). Política Nacional de Educação Especial na Perspectiva da Educação Inclusiva. Brasília: MEC, 2008. Disponível em: http://portal.mec.gov.br/arquivos/pdf/politicaeducespecial.pdf. Acesso em: 6 fev. 2023.

CAMARGO, S. P. H. *et al*. Desafios no processo de escolarização de crianças com autismo no contexto inclusivo: diretrizes para formação continuada na perspectiva dos professores. *Educação em Revista, online*, v. 36, p. 1-22, 2020.

CAMARGO, S. P.; BOSA, C.A. Competência social, inclusão escolar e autismo: um estudo de caso comparativo. *Psicologia: Teoria e Pesquisa*, UnB, v. 28, p. 315-324, 2012.

CAUSTON-THEOHARIS, J. *et al*. Does self-contained special education deliver on its promises? A critical inquiry into research and practice. *Journal of Special Education Leadership*, v. 24, n. 2, p. 61-78, 2011.

COSTA, A. B.; PICHARILLO, A. D. M.; ELIAS, N. C. Efeitos da pandemia de Covid-19 na educação de indivíduos com transtorno do espectro do autismo. *Revista Brasileira de Educação Especial*, v. 29, p. e0226, 2023.

CRESPO, R. O. *Comunicação e interação social de crianças com transtorno do espectro do autismo: possíveis efeitos de uma intervenção mediada por pares*. 2020. Dissertação (Mestrado) – Programa de Pós-graduação em Educação, Faculdade de Educação, Universidade Federal de Pelotas, Pelotas, 2020.

DAULAY, N. Home education for children with autism spectrum disorder during the Covid-19 pandemic: Indonesian mothers experience. *Research in Developmental Disabilities*, v. 114, p. 1-12, 2021. Disponível em: https://doi.org/10.1016/j.ridd.2021.103954. Acesso em: 19 maio 2024.

DEL PRETTE A.; DEL PRETTE, Z. A. P. *Competência social e habilidades sociais: manual teórico-prático*. Petrópolis: Vozes, 2017.

ELSEN, I. *et al*. Escola: um espaço de revelação da violência doméstica contra crianças e adolescentes. *Psicologia Argumento*, v. 29, n. 66, p. 303-314, 2011.

ESTEVE, J. M. *A terceira revolução educacional: a educação na sociedade do conhecimento*. São Paulo: Moderna, 2019.

FIAES, C. S.; BICHARA, I. D. Brincadeiras de faz de conta em crianças autistas: limites e possibilidades numa perspectiva evolucionista. *Estudos de Psicologia*, Natal, n. 14, p. 231-238, 2009.

FIGUEIRA, L. M. A.; BRILHANTE, A. V. M. Mother's perception of autistic children on isolation motivated by the pandemic of Covid-19. *New Trends in Qualitative Research*, n. 8, p. 514-520, 2021.

FREIRE, J. M. S.; NOGUEIRA, G. S. Considerações sobre a prevalência do autismo no Brasil: uma reflexão sobre inclusão e políticas públicas. *Revista Foco*, v. 16, n. 3, p. e1225, 2023.

GIL, N.; SARAIVA, M. (org.). *Escola com repetência: análise do tema na pauta dos jornais*. Porto Alegre: Casa de Letras, 2023.

GRINKER, R. R. *Nobody's normal: how culture created the stigma of mental illness*. S.l.: W.W. Norton, 2021.

HARTUP, W. W. The company they keep: friendships and their developmental significance. *Child Development*, n. 67, p. 1-13, 1996.

HURLBUTT, K. S. Experiences of parents who homeschool their children with autism spectrum disorders. *Focus on Autism and Other Developmental Disabilities*, v. 26, n. 4, p. 239-249, 2011.

JANUZZI, G. M. *A luta pela educação do deficiente mental no Brasil*. São Paulo: Cortez, 1985.

KARAGIANNIS, A.; STAINBACK, S.; STAINBACK, W. Fundamentos do ensino inclusivo. *In*: STAINBACK, S.; STAINBACK, W. (orgs). *Inclusão: um guia para educadores*. Trad. M. Lopes. Porto alegre: Artmed, 1999. p. 21-34.

LATZER, I. T.; LEITNER, Y.; KARNIELI-MILLER, O. Core experiences of parents of children with autism during the Covid-19 pandemic lockdown. *Autism*, v. 25, n. 4, p. 1047-1059, 2021.

LIMA, I. G. *et al.* A rede da educação domiciliar no Brasil: a aliança conservadora em ação. *Práxis Educativa*, v. 17, p. 1-24, 2022. Disponível em: https://revistas.uepg.br/index.php/praxiseducativa/article/view/21141. Acesso em: 1 out. 2023.

LORD, C. *et al.* Autism spectrum disorder. *Lancet*, n. 392, p. 508-520, 2018.

MARTINS, B. A.; CHACON, M. C. M. Estar presente é estar incluído? Análise de situações em que a inclusão escolar não acontece. *Revista Ibero-Americana de Estudos em Educação*, Araraquara, v. 17, n. esp. 2, p. 1339-1355, jun. 2022.

MARTINS, J. S.; CAMARGO, S. P. H. A adaptação de crianças com autismo na pré-escola: estratégias fundamentadas na análise do comportamento aplicada. *Revista Brasileira de Estudos Pedagógicos Rbep-Inep*, v. 104, p. e5014, 2023.

MISQUIATTI, A. R. N. *et al.* (2015). Family burden and children with autism spectrum disorders: perspective of caregivers. *Revista Cefac*, n. 17, p. 192-200, 2015.

MONTEIRO, E. T. P.; MARRA, N. C. Possibilidades legais para que o ensino escolar presencial não seja obrigatório para crianças com autismo. *Revista Ibero-Americana de Humanidades, Ciências e Educação*, v. 8, n. 5, p. 2752-2777, 2022.

MURRAY, C.; GREENBERG, M. T. Examining the importance of social relationships and social contexts in the lives of children with high-incidence disabilities. *The Journal of Special Education*, v. 39, n. 4, p. 220-233, 2006.

NEELY, L. *et al.* The effect of instructional use of an iPad® on challenging behavior and academic engagement for two students with autism. *Research in Autism Spectrum Disorders*, v. 7, p. 509-516, 2013.

NOGUEIRA, M. L. M. *et al.* Transtorno do espectro do autismo em Minas Gerais: panorama da formação médica. *Revista Educação Especial*, v. 35, p. 1-21, 2022.

NUNES, D. R. P.; SCHMIDT, C. Educação especial e autismo: das práticas baseadas em evidências à escola. *Cadernos de Pesquisa*, São Paulo, v. 49, n. 173, p. 84-104, 2019.

OBSERVATÓRIO BRASILEIRO DAS DESIGUALDADES. *Um retrato das desigualdades no Brasil hoje*. Relatório do Observatório Brasileiro das Desigualdades, 2023. 41 p. Disponível em: https://static.poder360.com.br/2023/08/Relatorio-2023-Observatorio-Brasileiro-das-Desigualdades-1.pdf. Acesso em: 21 maio 2024.

OLIVEIRA, R. L. P.; BARBOSA, L. M. R. O neoliberalismo como um dos fundamentos da educação domiciliar. *Pro-Posições*, Campinas, v. 28, n. 2, p. 193-212, ago. 2017.

PATTO, M. H. S. *A produção do fracasso escolar: histórias de submissão e rebeldia*. São Paulo: Instituto de Psicologia/Universidade de São Paulo, 2022.

PARSONS, S.; LEWIS, A. The home-education of children with special needs or disabilities in the UK: views of parents from an online survey. *International Journal of Inclusive Education*, v. 14, n. 1, p. 67-86, 2010.

PEREIRA, D. M.; NUNES, D. R. P. Diretrizes para a elaboração do PEI como instrumento de avaliação para educando com autismo: um estudo interventivo. *Revista Educação Especial*, v. 31, n. 63, p. 939-960, 2018.

RAMOS, F. S. *et al*. Intervenção mediada por pares no engajamento acadêmico de alunos com autismo. *Revista Brasileira de Educação Especial*, v. 27, p. 759-776, 2021.

REICHER, D. Debate: remote learning during Covid-19 for children with high functioning autism spectrum disorder. *Child and Adolescent Mental Health*, v. 25, n. 4, p. 263-264, 2020.

SALOMÃO, N. M. R. A fala dirigida à criança e o desenvolvimento da linguagem infantil. *In*: PICCININI, C. A.; ALVARENGA, P. (org.). *Maternidade e paternidade: a parentalidade em diferentes contextos*. São Paulo: Casa do Psicólogo, 2012, p.151-167.

SANTANA, C. L. S.; BORGES SALES, K. M. Aula em casa: educação, tecnologias digitais e pandemia Covid-19. *Interfaces Científicas: Educação*, v. 10, n. 1, p. 75-92, 2020.

SEMPREVIVA ORGANIZAÇÃO FEMINISTA & ORGANIZAÇÃO FEMINISTA GÊNERO E NÚMERO. *Sem parar: o trabalho e a vida das mulheres na pandemia*. Relatório de pesquisa, 2020. Disponível em: http://mulheresnapandemia.sof.org.br/wp-content/uploads/2020/08/Relatorio_Pesquisa_SemParar.pdf. Acesso em: 18 set. 2020.

SCHEUERMANN, B. K.; HALL, J. A. *Positive behavioral supports for the classroom*. 3. ed. Boston: Pearson, 2016.

SCHMIDT, C. *et al*. Inclusão escolar e autismo: uma análise da percepção docente e práticas pedagógicas. *Psicologia: Teoria e Prática*, v. 18, n. 1, p. 222-235, 2016.

SIMMONS, C. A.; CAMPBELL, J. M. Homeschool decision-making and evidence-based practice for children with autism spectrum disorder. *Journal of Developmental and Physical Disabilities*, n. 31, p. 329-346, 2019.

TEIXEIRA, O. F. B.; XAVIER, S. P. L.; FÉLIX, N. D. C. Repercussions of the Covid-19 pandemic for people with autism and their family members: a scoping review. *Revista Latino-Americana de Enfermagem*, v. 30, p. e3729, 2022.

VIVANTI, G. *et al*. *Implementing the group-based Early Start Denver Model for preschoolers with autism*. Cham: Springer International, 2017.

VIVANTI, G. *et al*. Outcomes of children receiving Group-Early Start Denver Model in an inclusive versus autism-specific setting: a pilot randomized controlled trial. *Autism*, v. 23, n. 5, p. 1165-1175, 2019.

WALKER, H. M.; RAMSEY, E.; GRESHAM, F. M. (ed.). *Antisocial behavior in school: evidence-based practices*. 2. ed. Belmont: Wadsworth, 2004.

WINTON, P. J. Taking stock and moving forward: implementing quality early childhood inclusive practices. *In*: REICHOW, B. *et al*. (ed.). *Handbook of early childhood special education*, 2016, p. 57-74.

WOOD, R. Autism, intense interests and support in school: from wasted efforts to shared understandings. *Educational Review*, v. 73, n. 1, p. 34-54, 2021.

7
FAMÍLIA, ESCOLA E O TRANSTORNO DO ESPECTRO AUTISTA

Maria Cristina Triguero Veloz Teixeira
Janaína Aparecida de Oliveira Augusto

Família e o transtorno do espectro autista

A família tem um papel fundamental em todas as etapas do curso e da evolução do transtorno do espectro autista (TEA), desde a identificação de sinais e sintomas, a procura de intervenções e o acompanhamento do desenvolvimento da criança até a inserção social na vida adulta (Constantino *et al.*, 2020; Cooke; Smith; Brenner, 2020). Em relação ao papel dos pais e cuidadores na observação das primeiras manifestações de sinais e sintomas do TEA, a literatura tem indicado que as preocupações iniciais geralmente são relatadas entre os 14 e 18 meses de idade da criança, sendo que o atraso no desenvolvimento da linguagem, a ausência de contato visual e os déficits na interação têm sido as principais preocupações iniciais apontadas (Garcia *et al.*, 2021; Snijder *et al.*, 2022; Matos; Bara; Cordeiro, 2022). Por outro lado, os comportamentos repetitivos e interesses restritos são observados com mais frequência por familiares a partir do segundo ano de vida (Matheis *et al.*, 2017; Richards; Mossey; Robins, 2016); no entanto, um recente estudo de revisão sistemática verificou a presença desses comportamentos repetitivos entre 12 e 18 meses de vida (Comparan-Meza *et al.*, 2021).

Estudos longitudinais com desenho retrospectivo têm indicado que, entre 12 e 18 meses de idade, crianças que posteriormente são diagnosticadas com TEA já apresentam sinais como dificuldade no contato visual e na atenção compartilhada, manipulação atípica de objetos e brinquedos (girar, alinhar etc.), movimentos estereotipados com as mãos e/ou os pés, atrasos na comunicação, atrasos motores, entre outros (Snijder *et al.*, 2022; Loubersac *et al.*, 2021). Essa identificação parental dos sinais também se manifesta diferentemente, a depender da comorbidade com deficiência intelectual (DI). Estudos recentes têm indicado que pais de crianças autistas com DI tendem a manifestar preocupações mais precocemente, relatando sinais atípicos do desenvolvimento, quando comparados com pais de crianças com TEA sem comprometimento cognitivo (Zablotsky *et al.*, 2017; Jayanath; Ozonoff, 2020).

Apesar de exercerem um papel crucial na identificação dos primeiros sinais de TEA, as famílias enfrentam desafios durante o processo diagnóstico, frequentemente descritos na literatura como exaustivos e angustiantes (Cooke; Smith; Brenner, 2020). As dificuldades na busca de um diagnóstico estão relacionadas a dificuldades no acesso a profissionais especializados (psicólogo, fonoaudiólogo e terapeuta ocupacional), falta de conhecimento dos profissionais, manejo e encaminhamentos inadequados, ausência do uso de instrumentos de rastreio, presença de comorbidades, nível de escolaridade parental etc. (Lappé *et al.*, 2018; Constantino *et al.*, 2020).

Usualmente, são os pediatras os primeiros profissionais aos quais a família recorre quando há suspeita de TEA na criança, daí a necessidade de que esse profissional esteja preparado para fazer avaliação e rastreamento clínicos dos sinais precocemente (Lappé *et al.*, 2018; Snijder *et al.*, 2022). Nesse caso, a recomendação é o uso de instrumentos de rastreamento como o *Modified Checklist for Autism in Toddlers* (MCHAT), indicado para crianças com até 30 meses, contribuindo para o encaminhamento da criança a avaliações especializadas e serviços de saúde mental para intervenções precoces (Choueiri; Garrison; Tokatli, 2023; Jensen *et al.*, 2021; Carbone *et al.*, 2020).

Em relação às dificuldades de acesso a serviços de saúde mental ou dificuldades para que os profissionais que realizam a atenção básica reconheçam os sinais e sintomas, existem iniciativas parentais que têm sido objeto de estudos científicos, por exemplo, verificação dos sinais de TEA em vídeos caseiros fornecidos pelos próprios pais (Riva *et al.*, 2023; Dow *et al.*, 2022; Nabil; Akram; Fathalla, 2021; Corona *et al.*, 2020). No cenário nacional, o estudo longitudinal e exploratório de Backes *et al.* (2019) analisou a perda de habilidades de linguagem e outras competências socioemocionais mediante a análise de vídeos caseiros, verificando diferentes sinais compatíveis com TEA, tais como perda no número de emissões de palavras, diminuição de repertórios comportamentais, como habilidades sociais e de brincar. O estudo reforça a diminuição das habilidades linguísticas como uma das primeiras e a principal preocupação manifestada pelos pais, e recomenda que esse sinal auxilie na identificação precoce do TEA (Backes *et al.*, 2019).

Outro aspecto que deve ser considerado em relação à família é o impacto do diagnóstico na saúde mental parental. Um diagnóstico de TEA pode estar associado a sentimentos de angústia e incerteza sobre as condutas que devem ser adotadas para as melhores intervenções e sobre como deve ser o envolvimento parental nessas intervenções para o melhor prognóstico do transtorno no curso de vida (Merlleti, 2018; Flenik; Bara; Cordeiro, 2023).

Estudos têm indicado que o ambiente familiar impacta no desenvolvimento de crianças e adolescentes de modo geral. Em indivíduos com TEA, esse aspecto pode representar o agravamento ou a diminuição dos sintomas e o surgimento de problemas de comportamento (Ku; Stinson; Macdonald, 2019; Downes; Cappe, 2021; Flenik; Bara; Cordeiro, 2023;). Assim, as orientações profissionais e educacionais devem levar em consideração a dinâmica familiar (Zwaigenbaum *et al.*, 2015).

Famílias de crianças com transtornos do neurodesenvolvimento, como o TEA, por exemplo, têm mais chance de apresentar sintomas de ansiedade, depressão e estresse quando comparadas com pais de crianças típicas (Baixauli *et al.*, 2019). O nível de estresse parental e a dinâmica familiar recebem influências diretas da gravidade dos sintomas de TEA. Diante disso, é fundamental que os profissionais envolvidos no tratamento estejam alertas aos fatores que podem impactar na evolução das intervenções e no desenvolvimento da criança (Baixauli *et al.*, 2019).

O aumento no nível de estresse nos cuidadores de crianças com TEA pode estar relacionado às dificuldades na comunicação, aos problemas de comportamento e ao nível de gravidade dos sinais e sintomas característicos do transtorno (Øien; Eisemann, 2016; Yorke *et al.*, 2018; Ibrahimagić *et al.*, 2022).

Os cuidadores de crianças com TEA podem enfrentar demandas parentais diferentes daquelas de familiares de crianças neurotípicas, e a gravidade dos sintomas do TEA influencia diretamente essas demandas. Flenik, Bara e Cordeiro (2023) descrevem que o estresse parental e o funcionamento familiar são diretamente influenciados pela gravidade dos sintomas. Ter um filho com TEA pode impactar no funcionamento familiar, alterar a rotina de todos os envolvidos, exigindo novas estratégias de adaptação, além de impactar a saúde mental e emocional dos membros da família (Flenik; Bara; Cordeiro, 2023). Diante disso, é necessário que os profissionais que acompanham a criança fiquem alertas e, ao perceber sinais de estresse ou desgaste emocional, orientem e encaminhem o cuidador para acompanhamento por especialista (psicólogo).

De modo geral, em razão da complexidade e das características do TEA, os cuidadores podem ter de enfrentar longos períodos de intervenções em diversas áreas (psicologia, fonoaudiologia, terapia ocupacional, psicopedagogia, entre outras), o que pode impactar significativamente a família no aspecto financeiro, visto que os custos com terapias e medicações podem chegar a cifras que ultrapassam o orçamento familiar (Buescher *et al.*, 2014; Rogge; Janssen, 2019; Ou *et al.*, 2015). Além disso, a literatura tem mostrado que frequentemente um dos cuidadores (geralmente a mãe) deixa de trabalhar para poder cuidar integralmente do filho (Gomes *et al.*, 2015; Pinto *et al.*, 2016).

É importante que os profissionais da área da saúde e educação forneçam orientações baseadas nas necessidades específicas da criança, para que os cuidadores possam adaptar o ambiente e fornecer estratégias adequadas e eficientes, que visem melhorar problemas de comportamento e favoreçam o desenvolvimento do indivíduo (Ku; Stinson; Macdonald, 2019; Flenik; Bara; Cordeiro, 2023).

Indivíduos com TEA podem apresentar comorbidades com transtorno do desenvolvimento intelectual/deficiência intelectual (DI), transtorno do déficit de atenção/hiperatividade (TDAH), transtorno de ansiedade, depressão, distúrbios de sono, problemas de comportamento, entre outros. Desse modo, as famílias são uma excelente fonte de informações para a identificação dessas outras condições que, quando não identificadas corretamente, podem contribuir para a demora no diagnóstico e a piora dos sintomas e interferir na evolução das intervenções (Baio *et al.*, 2018; Hyman; Levy; Myers, 2020).

As diferentes comorbidades associadas ao TEA podem tornar o tratamento de crianças e adolescentes com esse transtorno mais desafiador e complexo, requerendo uma abordagem abrangente e uma articulação entre profissionais de saúde e educação, podendo envolver intervenções farmacológicas, terapias desenvolvimentistas, terapias comportamentais, suporte educacional, terapias fonoaudiológicas, terapias ocupacionais, bem como outros tratamentos específicos para outras condições médicas/biológicas associadas (APA, 2023). Nesse sentido, é fundamental que as comorbidades sejam identificadas adequadamente e incluídas no plano terapêutico (Baio *et al.*, 2018; Hyman; Levy; Myers, 2020).

Todavia, é importante destacar que cada família e indivíduo com TEA é único, e a gestão e o manejo dos comportamentos e sintomas variam de acordo com as necessidades e características específicas de cada criança. Por isso, é essencial que a família busque orientação profissional especializada para ajudá-la no cuidado e suporte adequados.

Treinamento parental e o transtorno do espectro autista

A inclusão da família no processo de intervenção é extremamente importante para o desenvolvimento e prognóstico da criança com TEA. Há evidências de que o treinamento de pais ou cuidadores oportuniza melhoras na redução de comportamentos disruptivos (irritabilidade, comportamentos agressivos, problemas de conduta etc.), na comunicação social, no manejo de problemas de comportamento, no funcionamento adaptativo, na diminuição do nível de estresse dos cuidadores, entre outros (Hyman; Levy; Myers, 2020; Coltri Silva, 2022).

O treinamento parental no TEA é uma abordagem que visa capacitar os pais ou cuidadores a lidar de forma eficaz com os desafios associados ao transtorno (Bearss *et al.*, 2015). O objetivo é fornecer estratégias e ferramentas para promover o desenvolvimento social, emocional, comunicativo e comportamental dos filhos (Hyman; Levy; Myers, 2020). De modo geral, o treinamento parental pode ser dividido em duas categorias: suporte aos pais e intervenções mediadas pelos pais (Bearss *et al.*, 2015).

As intervenções de apoio aos pais ou cuidadores são focadas no conhecimento sobre o TEA e incluem o gerenciamento de comportamentos para melhora na comunicação e psicoeducação. Por exemplo, a psicoeducação é uma estratégia positiva para compreensão e enfrentamento dos desafios que o desenvolvimento e a implementação de um plano educacional individualizado (PEI) comporta (Bradshaw *et al.*, 2017). Além disso, pais de crianças diagnosticadas necessitam de orientação sobre intervenções eficazes e baseadas em práticas, uso de medicações, principalmente focadas no tratamento de comorbidades. A psicoeducação também pode ser benéfica à medida que novos desafios se desenrolam ao longo da vida da criança, como o início da puberdade ou a transição para a vida adulta (Bearss *et al.*, 2015).

O profissional responsável pela psicoeducação poderá recorrer a materiais didáticos, *sites* especializados, indicação de grupos de apoio familiar ou programas de psicoeducação estruturados, a fim de que as informações e orientações sejam passadas de maneira eficiente aos cuidadores (Bearss *et al.*, 2015; Bradshaw *et al.*, 2017). Os autores acrescentam que os programas psicoeducacionais estruturados geralmente têm duração curta (6 a 12 sessões) e podem ser conduzidos em grupos ou individualmente. Os programas no modelo grupal podem contribuir para a promoção de apoio mútuo e a criação de oportunidades para compartilhar experiências pessoais com outros pais. Há evidências de que a psicoeducação para cuidadores de indivíduos favorece o aumento do conhecimento dos pais, a diminuição do estresse parental e a redução da sensação de isolamento e angústia (Zwaigenbaum *et al.*, 2015; Bearss *et al.*, 2015; Bradshaw *et al.*, 2017).

As intervenções mediadas pelos pais utilizam técnicas e estratégias focadas em sintomas-alvo do TEA (por exemplo, comunicação ou interação social), problemas de comportamento (agressividade, birras etc.) e desenvolvimento de habilidades (atividades da vida diária, interação etc.) (Bearss *et al.*, 2015; Althoff *et al.*, 2019).

Os programas de intervenções mediadas pelos pais podem ser divididos em intervenções primárias e complementares. Os programas primários envolvem ativamente os pais desde o início, para que facilitem a aquisição de competências específicas pela criança (por exemplo, atenção compartilhada) ou a redução dos comportamentos inadequados da criança. Os complementares contemplam intervenções mediadas inicialmente pelo terapeuta. Depois, os cuidadores são incentivados a aplicá-las em casa (Kasari *et al.*, 2014; Bearss *et al.*, 2015; Althoff *et al.*, 2019).

O treinamento de resposta pivotal (PRT) é um exemplo de intervenção mediada pelos pais para filhos com TEA, que visa atingir áreas centrais que facilitem ganhos generalizados em múltiplos domínios de desenvolvimento (Koegel; Koegel, 2006). Os pais são ensinados a criar para a criança oportunidades de aprendizagem em comunicação social, de acordo com os princípios do PRT, isto é, seguir os interesses da criança, ganhar a atenção dela, fornecer níveis apropriados de suporte, fornecer reforço imediato e contingente em resposta à iniciação ou tentativa da criança e intercalar tarefas de manutenção e aquisição (Koegel; Koegel, 2012). A ênfase da formação dos pais em PRT está na implementação desses princípios nas rotinas da vida diária da criança. Dessa forma, será facilitada a continuação da intervenção para além do ambiente clínico e a generalização das competências aprendidas.

Os treinamentos podem ser mediados por profissionais especializados, como psicólogos, terapeutas comportamentais ou profissionais da área da saúde. Eles podem ser realizados em casa, nos serviços de saúde mental ou em outros ambientes comunitários, na modalidade presencial ou remota, e há variabilidade em frequência e duração, podendo englobar uma diversidade de técnicas e estratégias, tais como (Zwaigenbaum *et al.*, 2015; Althoff *et al.*, 2019; Hyman; Levy; Myers, 2020):

a) Comunicação: fornecer aos cuidadores formas eficazes de se comunicar com seus filhos, por meio de linguagem verbal, sinais ou recursos de comunicação aumentativa e alternativa (CAA).

b) Socialização: auxiliar os cuidadores a promover a interação e o engajamento social em situações cotidianas, como brincadeiras ou atividades entre pares ou grupo.

c) Manejo de comportamentos: orientar os cuidadores sobre a forma de lidar com problemas de comportamento, como comportamentos agressivos, hiperatividade, comportamentos disruptivos, estereotipias etc.

d) Rotinas e estruturação: auxiliar os cuidadores a estabelecer rotinas e a estruturar o ambiente, de maneira a torná-lo mais previsível e organizado para a criança.

e) Funcionamento adaptativo: orientar os cuidadores sobre a maneira de desenvolver habilidades de vida diária, autocuidado, autonomia e independência nas atividades do dia a dia, entre outras.

f) Apoio emocional: oferecer suporte emocional aos cuidadores, visto que familiares de crianças com TEA podem apresentar níveis de estresse mais altos quando comparados com pais de crianças típicas. Nesse sentido, o treinamento pode incluir estratégias de autocuidado parental e técnicas de gerenciamento do estresse.

No Brasil, os estudos focados no treinamento parental têm mostrado melhoras na comunicação, linguagem e interação de crianças, além de aumentar o empoderamento parental (Fernandes *et al.*, 2011; Schmidt *et al.*, 2015; Andrade *et al.*, 2016; Oliveira; Schmidt; Pendeza, 2020).

É importante ressaltar que o treinamento parental no TEA deve ser estruturado individualmente, levando em consideração as características específicas da criança e da família. Ingersoll *et al.* (2017) acrescenta que a abordagem multidisciplinar, envolvendo profissionais de diferentes áreas, como psicólogos, fonoaudiólogos, fisioterapeutas e terapeutas ocupacionais, pode ser eficaz para promover o desenvolvimento global da criança e o bem-estar da família toda.

Independentemente do tipo de treinamento, essa modalidade terapêutica deve priorizar o fornecimento de ferramentas e suportes para que os cuidadores possam lidar com comportamentos e demandas específicas da criança, e que visem diminuir os problemas de comportamento e a dificuldade de comunicação social, além de contribuir para o desenvolvimento da criança de modo geral (Serrano; Pereira, 2011; Oliveira; Schmidt; Pendeza, 2020).

Estudos anteriores revelaram indicadores de eficácia do treinamento parental em melhorias de habilidades sociocomunicativas, diminuição de comportamentos disruptivos, progressos em habilidades sociais e na qualidade de vida de crianças com TEA e suas famílias (Ingersoll *et al.*, 2017; Oliveira; Schmidt; Pendeza, 2020).

Pais podem ser coterapeutas, auxiliando no monitoramento e na evolução do desenvolvimento da criança nas intervenções. Os profissionais responsáveis pelos acompanhamentos também devem considerar a participação dos pais na definição de metas e prioridades para o tratamento de seus filhos (Zwaigenbaum *et al.*, 2015; Althoff *et al.*, 2019). Ademais, essa abordagem favorece a generalização das competências aprendidas no ambiente clínico ou escolar, pois o cuidador pode implementar em casa manejos e estratégias utilizadas nesses locais (Ingersoll *et al.*, 2017).

No Brasil, o Ministério da Saúde publicou em 2014 um documento sobre as diretrizes de atenção à reabilitação da pessoa com TEA, e suas famílias. Dentre outras informações, essas diretrizes destacam as ações do projeto terapêutico singular (PTS) para as pessoas com TEA, incluindo orientação e apoio às famílias e aos cuidadores, assim como a articulação do cuidado nas escolas (Brasil, 2014).

Todavia, um estudo realizado na cidade de Niterói, no Rio de Janeiro, verificou falhas na comunicação entre as recomendações dos profissionais da saúde mental e as orientações recebidas pelas famílias (Siqueira, 2021). Isso pode favorecer a falta de suporte adequado e a desinformação dos cuidadores, o que, por sua vez, pode impactar no curto e médio prazo o manejo de problemas de comportamento, ocasionando a perda de oportunidade de estimulação de habilidades cognitivas e prejudicando o desenvolvimento de habilidades comunicativas (An, 2017; Bradshaw *et al.*, 2017).

Em resumo as famílias exercem um papel crucial na observação e identificação dos primeiros sintomas de TEA e, posteriormente, no processo de intervenção como agentes facilitadores da continuidade dos estímulos e estratégias realizados no ambiente clínico e no monitoramento da evolução dos comportamentos e sintomas.

Escola e o transtorno do espectro autista

Assim como a família, a escola tem um papel crucial na identificação precoce dos sinais de TEA, visto que, desde a educação infantil, os professores podem identificar comportamentos atípicos em crianças, como dificuldades de comunicação e interação social, padrões de comportamento repetitivos, interesses restritos e alterações sensoriais (Couto *et al.*, 2019).

No contexto escolar, os professores podem observar e relatar às famílias e aos profissionais da área da saúde os comportamentos já citados, além de solicitar aos pais informações suplementares sobre o desenvolvimento da criança. Dessa forma, podem orientar as famílias a procurar profissionais especializados para a realização de avaliações diagnósticas, que deverão ser conduzidas por uma equipe interdisciplinar (psicólogo, fonoaudiólogo, pediatra e terapeuta ocupacional). Tal conduta pode contribuir para diagnóstico e intervenção precoces, oportunizando a diminuição de problemas de comportamentos e o agravamento dos sintomas (Couto *et al.*, 2019).

Apesar de os sinais de TEA estarem presentes desde os primeiros meses de vida, crianças com sintomas leves e/ou com inteligência dentro da média podem ser identificadas tardiamente (acima de 7 anos), quando o aumento de demandas sociais auxilia na observação de diferenças na comunicação social ou de rigidez entre crianças e adolescentes. Nesse sentido, a escola passa a ser crucial na identificação desses déficits (Hyman; Levy; Myers, 2020).

Indivíduos com TEA podem apresentar comprometimentos cognitivos (atenção, funções executivas, linguagem etc.) e comportamentais ao longo da vida, que podem impactar na aprendizagem e no desenvolvimento de modo geral. Além disso, alunos com TEA podem apresentar comorbidades com outros transtornos, como DI, TDAH e transtornos específicos de aprendizagem, tornando o processo de inclusão ainda mais desafiador e complexo (Baio *et al.*, 2018; Hyman; Levy; Myers, 2020).

É importante que a escola esteja ciente da presença de comorbidades e seja feito um trabalho em conjunto com os profissionais da saúde e a família para fornecer o suporte necessário à criança, podendo englobar adaptações, estratégias de manejo comportamental e orientações para lidar adequadamente com as condições adicionais (Baio *et al.*, 2018).

No Brasil, o Decreto n. 6.571/2008 visa garantir o acesso de alunos com TEA e outras deficiências ao ensino regular e a programas de inclusão, como o atendimento educacional especializado (AEE) e as salas de recursos multifuncionais. Contudo, para que a inclusão ocorra, os professores devem estar preparados para lidar com as necessidades específicas de cada aluno, oferecendo recursos e adaptações apoiados em práticas baseadas em evidências que facilitem a aprendizagem e a participação na vida escolar (Brasil, 2009).

Documentos oficiais publicados pelo Ministério da Educação estabelecem que o AEE tem como objetivo identificar e eliminar as barreiras que impactam o processo de aprendizagem do aluno (Brasil, 2009). Ressalta-se que o objetivo do AEE não é substituir o ensino regular para essas crianças, mas, sim, ser utilizado como um recurso complementar ao processo de aprendizagem do aluno que está inserido nesse serviço (Brasil, 2013). Nesse sentido, há orientações para que o AEE seja oferecido no contraturno, de preferência na escola em que o aluno esteja matriculado ou em centros especializados.

Destaca-se que se faz necessário que os professores responsáveis pelo AEE tenham formação especializada e o planejamento do atendimento e das atividades levem em consideração as necessidades educacionais particulares de cada aluno (Brasil, 2013). Assim, é de suma importância que professores, coordenadores pedagógicos e gestores educacionais realizem frequentemente cursos de capacitação e formações continuadas para que possam oferecer e implementar a educação inclusiva para todos os alunos, independentemente do diagnóstico ou dos níveis de comprometimentos cognitivos ou comportamentais (Schmidt *et al.*, 2016; Nascimento; Cruz; Braun, 2016; Azevedo, 2017; Couto *et al.*, 2019).

Ademais, é importante ressaltar que o processo de inclusão e adaptação deve ocorrer não apenas no AEE como também nos mais diversos espaços escolares que a criança frequente. Assim, no planejamento estabelecido pelo professor, deverão estar incluídas estratégias que visem à troca e interação entre os professores do ensino regular do aluno com TEA e seus colegas de turma (Brasil, 2009).

Benitez e Domeniconi (2014) acrescentam que é dever do professor de educação especial orientar quanto ao uso dos serviços pedagógicos e do AEE. O professor de sala de aula regular é responsável pelo ensino dos conteúdos programáticos, baseados nos Parâmetros Curriculares Nacionais, e a família é responsável por acompanhar e auxiliar os filhos nas tarefas escolares em casa e garantir um ambiente domiciliar que favoreça o desenvolvimento das crianças. No entanto, apesar de haver leis e decretos sobre inclusão escolar para alunos com TEA no Brasil, Schmidt, Finatto e Ferreira (2022) descrevem a ausência de orientações específicas ou direcionamento para práticas ou metodologias de ensino que favoreçam a inclusão e o desenvolvimento de alunos com TEA no ambiente escolar. Esses autores acrescentam que atualmente o Ministério da Educação disponibiliza cartilhas com orientações e diretrizes específicas no AEE para estudantes que apresentem condições como altas habilidades ou déficits sensoriais (deficiência auditiva, visual ou múltipla).

Quanto às práticas pedagógicas, as estratégias utilizadas pelos professores podem favorecer a aprendizagem e o desenvolvimento socioemocional. Contudo, estudos brasileiros têm descrito as dificuldades desses profissionais em realizar adaptações pedagógicas de maneira efetiva (Kubaski, 2014; Nascimento; Cruz; Braun, 2016; Azevedo, 2017; Nunes; Schmidt, 2019), evidenciando novamente a importância e a necessidade de conhecimento prévio e preparo do professor para que esse processo ocorra de forma adequada e efetiva.

A inclusão do aluno com TEA requer também a participação da família. No entanto, há evidências da ausência de orientações da escola para os cuidadores (Siqueira, 2021; Conte *et al.*, 2022;). A falta de diretrizes escolares para a família pode criar dificuldades para que os pais acompanhem e auxiliem os filhos nas atividades e tarefas de casa e no gerenciamento de tempo e espaço para estudar no ambiente domiciliar (Benitez; Domeniconi, 2014; Siqueira, 2021).

Fatores como falta de conhecimento do professor, ausência de práticas baseadas em evidências e alto custo no investimento de recursos físicos e ambientais podem contribuir para que a inclusão de crianças com TEA não ocorra de maneira efetiva (Schmidt *et al.*, 2016; Camargo *et al.*, 2020; Weizenmann; Pezzi; Zanon, 2020). Diante disso, alguns estudos têm descrito que os professores se sentem despreparados para as demandas da inclusão escolar de crianças e adolescentes com TEA (Nascimento; Cruz; Braun, 2016), o que pode contribuir para a ausência de orientações às famílias.

Os profissionais envolvidos no tratamento do aluno com TEA (psicólogos, terapeutas ocupacionais, fonoaudiólogos, psicopedagogos, entre outros) também podem auxiliar no processo de inclusão na escola. A participação desses profissionais ocorre essencialmente no desenvolvimento do plano educacional individualizado (PEI) para atender às necessidades específicas da criança, no planejamento de estratégias que propiciem um ambiente escolar inclusivo, seguro e acolhedor, e nas orientações para adaptações físicas e ambientais, criação de rotinas, atividades e uso de recursos visuais como ferramentas que visem ajudar na organização e compreensão de instruções e regras no ambiente escolar (Couto *et al.*, 2019).

A intersetorialidade entre saúde e educação é essencial no TEA, já que se trata de um transtorno com características peculiares e complexas que requerem a interligação entre diversas áreas (Rousseau *et al.*, 2014). Porém, há evidências de que, no contexto brasileiro, ainda não há uma interlocução efetiva entre esses serviços, provocando desinformação e ausência de condutas coerentes entre as áreas, o que pode impactar a evolução e o prognóstico da criança (Siqueira, 2021).

Estratégias para que a comunicação entre a criança e os professores ocorra de maneira efetiva devem ser consideradas na inclusão escolar, pois o aluno pode ter dificuldade na comunicação verbal e não verbal. Desse modo, é fundamental o uso de formas diferentes de comunicação, como *picture exchange communication system* (PECS), comunicação alternativa e aumentativa (CAA) ou sistemas de comunicação por sinais (Smith; Iadarola, 2015; Brignell *et al.*, 2018). Ressalta-se que essas estratégias de comunicação também devem ser ensinadas aos colegas de sala e demais profissionais da escola, para que a criança possa se comunicar com todos e em qualquer momento.

No ambiente escolar, o uso de estratégias baseadas na análise do comportamento aplicada (*applied behavior analysis* – ABA) e de programas como o tratamento e educação para autistas e crianças com déficits relacionados à comunicação (*treatment and education of autistic and related communication handicapped children* – TEACCH)

tem se mostrado promissor no curto e médio prazo para melhora em comunicação, habilidades cognitivas, socialização, autocuidado, reciprocidade social etc. (Boyd *et al.*, 2014; D'Elia *et al.*, 2014).

Em diversos momentos, há necessidade de manejar os comportamentos do aluno com TEA. As técnicas e estratégias oriundas da ABA inseridas no contexto escolar contribuem para práticas inclusivas, como promoção de engajamento da criança nas atividades escolares, identificação de aspectos ambientais aversivos, redução de comportamentos disruptivos e aumento da emissão de comportamentos adequados (Khoury *et al.*, 2015).

Pais, professores e profissionais da saúde relatam que crianças autistas apresentam, com frequência, interesse e facilidade no uso de dispositivos tecnológicos (*smartphones*, *tablets*, *notebooks* etc.). Diante disso, existe uma gama de tecnologias assistivas desenvolvidas, focadas nas necessidades de indivíduos com TEA, visando melhorar comportamentos desafiadores, comunicação, habilidades sociais e desempenho acadêmico, que podem ser utilizadas no ambiente escolar (Pontikas; Tsoukalas; Serdari, 2020).

É importante lembrar que a inclusão de alunos com TEA não deve estar restrita somente a ações de estimulação de habilidades de aprendizagem. Ela deve ser planejada para que haja inclusão social, interação e amizade entre todos os alunos. Para isso, a escola pode organizar atividades extracurriculares, grupos de apoio ou programas de tutoria e palestras, a fim de que todos possam ter conhecimento acerca da temática.

Em resumo, a escola desempenha um papel fundamental na identificação de sintomas e na inclusão de crianças e adolescentes com TEA. Com apoio adequado, adaptações e estratégias de ensino individualizadas, é possível proporcionar uma experiência educacional positiva e inclusiva para todos os alunos, contemplando o atendimento das necessidades específicas de cada aluno com TEA.

Conclusão

A família é o primeiro e o principal ambiente de suporte para pessoas com TEA. Ela desempenha um papel fundamental na identificação dos primeiros sintomas, sendo um agente essencial no processo de diagnóstico e busca de intervenções. Além disso, a participação familiar ativa nas intervenções favorece o desenvolvimento da criança e a diminuição de problemas de comportamento e sintomas, visto que as orientações fornecidas pelos profissionais auxiliam na implementação das estratégias em casa.

Os cuidadores de crianças e adolescentes com TEA podem apresentar níveis de estresse mais elevados e, por isso, táticas de suporte no manejo das demandas específicas que esse transtorno requer são essenciais à melhoria na qualidade de vida da criança e de sua família. A depender do nível de gravidade dos sintomas, adaptações e alterações na rotina familiar são necessárias para promover o desenvolvimento do indivíduo, o que acaba impactando o funcionamento familiar.

Nesse sentido, o planejamento de estratégias como treinamento parental focado nas demandas individuais de cada criança e da família se torna um recurso de suma importância para melhorar as habilidades sociocomunicativas e comportamentais. Por exemplo, a psicoeducação pode ser excelente aliada na adesão da família a tratamentos medicamentosos e intervenções adequadas, assim como as intervenções mediadas pelos pais podem favorecer maior engajamento e melhorar as interações familiares.

A escola também exerce papel fundamental na identificação dos sintomas de TEA, sendo o professor outro agente importante para fornecer orientações e informações às famílias e aos profissionais de saúde mental, já que as habilidades acadêmicas e sociais são adquiridas e desenvolvidas principalmente nesse ambiente. É importante que a escola esteja preparada para atender às necessidades do aluno com TEA. Isso inclui a adaptação curricular, o treinamento dos professores em estratégias de práticas inclusivas, o auxílio de profissionais de apoio, a criação de ambientes sensoriais adequados e a facilitação das interações sociais. Uma escola inclusiva e acolhedora pode proporcionar um ambiente de aprendizagem positivo para todos os alunos, com ou sem diagnóstico de TEA.

Ressalta-se a importância da integração entre os profissionais da educação e da saúde, visando a uma interlocução que possa favorecer trocas de informações e orientações assertivas e coerentes com as necessidades de cada aluno. A ausência de comunicação entre essas áreas pode acarretar falhas no planejamento, nas diretrizes e nas condutas acerca da criança, além da perda de oportunidade de fornecer à família orientações pertinentes ao processo de inclusão.

O processo de inclusão escolar de crianças e adolescentes com TEA demanda a colaboração e participação de todos (escola, família, profissionais da área da saúde) e é essencial para garantir o sucesso e o bem-estar desses indivíduos. A comunicação regular entre esses setores, a troca de informações sobre o desenvolvimento e as necessidades do estudante, o planejamento conjunto de metas e estratégias e a participação ativa da família nas atividades escolares são componentes extremamente importantes para que essa parceria seja efetiva.

Apesar de haver leis que garantem a inclusão de indivíduos com TEA na escola e o oferecimento de serviços adequados de saúde mental, estudos no contexto escolar brasileiro têm descrito barreiras (físicas e ambientais) e desafios, como a falta de formação adequada dos profissionais, a ausência de recursos materiais e a falta de intersetorialidade nas áreas da educação e da saúde, o que torna esse processo mais complexo e desafiador. Adicionalmente, enfatiza-se a importância de envolver a comunidade (agentes comunitários e famílias), a escola (professores, gestores e demais alunos), bem como a própria família na promoção de sensibilização e compreensão sobre o TEA, a fim de criar um ambiente social inclusivo.

Referências

ALTHOFF, C. E. *et al*. Parent-mediated interventions for children with autism spectrum disorder: a systematic review. *Am J Occup Ther*, v. 73, n. 3, p. 7303205010p1-7303205010p13, maio/jun. 2019.

AMERICAN PSYCHIATRIC ASSOCIATION (APA). *Manual diagnóstico e estatístico de transtornos mentais: DSM-5-TR*. 5. ed. rev. Porto Alegre: Artmed, 2023.

AN, S. L. Parent training occupational therapy program for parents of children with autism in Korea. *Occupational Therapy International*, [s.l.], v. 2017, p. 1-8, mar. 2017.

ANDRADE, A. A. *et al*. Treinamento de pais e autismo: uma revisão de literatura. *Ciências & Cognição*, v. 21, n. 1, p. 7-22, jan. 2016.

AZEVEDO, M. O. Práticas pedagógicas desenvolvidas com alunos com transtorno do espectro autista na escola regular: uma revisão integrativa da literatura. 2017. Dissertação (Mestrado em Educação) – Universidade Federal do Rio Grande do Norte, Natal, 2017.

BACKES, B. *et al*. Trajetória da perda de palavras no transtorno do espectro do autismo: análise de vídeos caseiros. *Psicol. Teor*, São Paulo, v. 3, p. 437-455, dez. 2019.

BAIO, J. *et al*. Prevalence of autism spectrum disorder among children aged 8 years: autism and developmental disabilities monitoring network, 11 sites, United States, 2014. *MMWR Surveill Summ*, v. 67, n. 6, p. 1-23, abr. 2018.

BAIXAULI, I. *et al*. Family factors and communicative skills in children with autism without intellectual disability. *Journal of Autism and Developmental Disorders*, v. 49, n. 12, p. 5023-5035, dez. 2019.

BEARSS, K. *et al*. Parent training in autism spectrum disorder: what's in a name?. *Clin Child Fam Psychol Rev*, v. 18, n. 2, p. 170-82, jun. 2015.

BENITEZ, P.; DOMENICONI, C. Capacitação de agentes educacionais: proposta de desenvolvimento de estratégias inclusivas. *Revista Brasileira de Educação Especial*, [s.l.], v. 20, n. 3, p. 371-386, set. 2014.

BOYD, B. A. *et al*. Comparative efficacy of LEAP, TEACCH and non-model specific special education programs for preschoolers with autism spectrum disorders. *J Autism Dev Disord*, v. 44, n. 2, p. 366-80, fev. 2014.

BRADSHAW, J. *et al*. Parent education for young children with autism and disruptive behavior: response to active control treatment. *Journal of Clinical Child & Adolescent Psychology*, v. 47, n. 1, p. 445-455, 19 out. 2017.

BRASIL. Ministério da Educação. Conselho Nacional de Educação. Câmara de Educação Básica. Resolução n. 4, de 2 de outubro de 2009. Institui Diretrizes

Operacionais para o Atendimento Educacional Especializado na Educação Básica, modalidade Educação Especial. Brasília: MEC. Disponível em: http://portal.mec.gov.br/dmdocuments/rceb004_09.pdf. Acesso em: 10 ago. 2023.

BRASIL. Ministério da Educação. Secretaria de Educação Continuada, Alfabetização, Diversidade e Inclusão. Orientação aos sistemas de ensino para a implementação da Lei n. 12.764/2012. Nota Técnica n. 24, de 21 de março de 2013. Brasília: MEC. Disponível em: http://portal.mec.gov.br/index.php?option=com_docman&view=download&alias=13287-nt24-sistem-lei12764-2012&Itemid=30192. Acesso em: 10 ago. 2023.

BRASIL. Ministério da Saúde. Diretrizes de atenção à reabilitação da pessoa com transtorno do espectro autista. Brasília: Ministério da Saúde, 2014. Disponível em: http://bvsms.saude.gov.br/bvs/publicacoes/diretrizes_atencao_reabilitacao_pessoa_autismo.pdf. Acesso em: 10 ago. 2023.

BRIGNELL, A. *et al.* Communication interventions for autism spectrum disorder in minimally verbal children. *Cochrane Database Syst Ver*, v. 5, n. 11, ed. 11, nov. 2018.

BUESCHER, A. V. S. *et al.* Costs of autism spectrum disorders in the United Kingdom and the United States. *Jama Pediatrics*, [s.l.], v. 168, n. 8, p. 721, 1 ago. 2014.

CAMARGO, S. P. H. *et al.* Desafios no processo de escolarização de crianças com autismo no contexto inclusivo: diretrizes para formação continuada na perspectiva dos professores. *Educação em Revista*, [s.l.], v. 36, p. e214220, jan. 2020.

CARBONE, P. S. *et al.* Primary care autism screening and later autism diagnosis. *Pediatrics*, v. 146, n. 2, p. e20192314, ago. 2020.

CHOUEIRI, R.; GARRISON, W. T.; TOKATLI, V. Early identification of autism spectrum disorder (ASD): strategies for use in local communities. *Indian Journal of Pediatrics*, v. 90, p. 377-386, abr. 2023.

COLTRI SILVA, L. Motivação materna na escolha de tratamento para seu filho com transtorno do espectro autista. 2022. Tese (Doutorado em Distúrbios do Desenvolvimento) – Universidade Presbiteriana Mackenzie, São Paulo, 2022.

COMPARAN-MEZA, M. *et al.* Biopsychological correlates of repetitive and restricted behaviors in autism spectrum disorders. *Brain Behav*, v. 11, n. 10, p. e2341, out. 2021.

CONSTANTINO, J. N. *et al.* Timing of the diagnosis of autism in African American children. *Pediatrics*, v. 146, n. 3, set. 2020.

CONTE, L. *et al.* Autism spectrum disorders and inclusion attitudes in the Italian school environments: teachers' knowledge, attitudes, perceptions and their necessity to consult a healthcare multidisciplinary team. *Acta Biomed*, v. 93, n. 4, p. 202-284, ago. 2022.

COOKE, E.; SMITH, V.; BRENNER, M. Parents' experiences of accessing respite care for children with autism spectrum disorder (ASD) at the acute and primary care interface: a systematic review. *BMC Pediatr*, v. 20, n. 1, p. 244, maio 2020.

CORONA, L. *et al*. *TELE-ASD-PEDS: a telemedicine-based ASD evaluation tool for toddlers and young children*. Nashville: Vanderbilt University Medical Center, 2020.

COUTO, C. C. *et al*. Experiências de professores com autismo: impacto no diagnóstico precoce e na inclusão escolar. *Rev. Eletr. Enferm*, v. 21, dez. 2019.

D'ELIA, L. *et al*. A longitudinal study of the TEACCH program in different settings: the potential benefits of low intensity intervention in preschool children with autism spectrum disorder. *J Autism Dev Disord*, v. 44, n. 3, p. 615-626, mar. 2014.

DOW, D. *et al*. The brief observation of symptoms of autism (BOSA): development of a new adapted assessment measure for remote telehealth administration through Covid-19 and beyond. *J Autism Dev Disord*, v. 52, p. 5383-5394, dez. 2022.

DOWNES, N.; CAPPE, E. Coparenting a child on the autism spectrum: a systematic review and call for research. *Journal of Child and Family Studies*, v. 30, n. 2, p. 388-402, jan. 2021.

FERNANDES, F. D. M. *et al*. Orientação a mães de crianças do espectro autístico a respeito da comunicação e linguagem. *Jornal da Sociedade Brasileira de Fonoaudiologia*, v. 23, n. 1, p. 1-7, mar. 2011.

FLENIK, T. M. N.; BARA, T. S.; CORDEIRO, M. L. Family functioning and emotional aspects of children with autism spectrum disorder in southern Brazil. *J Autism Dev Disord*, v. 53, n. 6, p. 2306-2313, mar. 2023.

GARCIA, R. *et al*. Survey for caregivers of people in the autism spectrum in Chile: first concerns, age of diagnosis and clinical characteristics. *Andes Pediatrica*, v. 92, n. 1, p. 25-33, fev. 2021.

GOMES, P. T. M. *et al*. Autism in Brazil: a systematic review of family challenges and coping strategies. *Jornal de Pediatria*, v. 91, n. 2, p. 111-121, mar.-abr. 2015.

HYMAN, S. L.; LEVY, S. E.; MYERS, S. M. Identification, evaluation, and management of children with autism spectrum disorder. *Pediatrics*, v. 145, n. 1, p. 1-66, jan. 2020.

IBRAHIMAGIĆ, A. *et al*. Parental stress regarding communication and language skills in children with autistic spectrum disorders. *Psychiatr Danub*, v. 34 (sup. 10), p. 44-52, dez. 2022.

INGERSOLL, B. *et al*. Self-directed telehealth parent-mediated intervention for children with autism spectrum disorder: examination of the potential reach and utilization in community settings. *Journal of Medical Internet Research*, [s.l.], v. 19, n. 7, p. 248, 12 jul. 2017.

JAYANATH, S.; OZONOFF, S. First parental concerns and age at diagnosis of autism spectrum disorder: a retrospective review from Malaysia. *Malays J Med Sci*, v. 27, n. 5, p. 78-89, out. 2020.

JENSEN, K. *et al.* Autism detection in children by combined use of gaze preference and the M-CHAT-R in a resource-scarce setting. *J Autism Dev Disord*, v. 51, n. 3, p. 994-1006, mar. 2021.

KASARI, C. *et al.* Caregiver-mediated intervention for low-resourced preschoolers with autism: an RCT. *Pediatrics*, v. 134, n. 1, p.e72-9, 2014. Disponível em: https://pubmed.ncbi.nlm.nih.gov/24958585/. Acesso em: 19 maio 2024.

KHOURY, L. P. *et al.* Efeitos de um programa de treinamento para professores no manejo comportamental de alunos com transtornos do espectro do autismo em sala de aula: um estudo-piloto. *In*: D'ANTINO, M. E. F.; BRUNONI, D.; SCHWARTZMAN, J. S. (org.). *Estudos interdisciplinares em educação e saúde em alunos com transtorno do espectro do autismo no município de Barueri, SP*. São Paulo: Memnonn, 2015. p. 127-155.

KOEGEL, R. L.; KOEGEL, L. K. *Key response treatments for autism: communication, social and academic development*. Baltimore: Brookes, 2006.

KOEGEL, R. L.; KOEGEL, L. K. *The PRT pocket guide: pivotal response treatment for autism spectrum disorders*. Baltimore/Londres/Sydney: Paul H. Brookes, 2012.

KU, B.; STINSON, J. D.; MACDONALD, M. Parental behavior comparisons between parents of children with autism spectrum disorder and parents of children without autism spectrum disorder: a meta-analysis. *Journal of Child and Family Studies*, v. 28, n. 6, p. 1445-1460, abr. 2019.

KUBASKI, C. A inclusão de alunos com transtorno do espectro do autismo na perspectiva de seus professores: estudo de caso de quatro escolas do município de Santa Maria/RS. 2014. Dissertação (Mestrado em Educação) – Universidade Federal de Santa Maria, Santa Maria, RS, 2014.

LAPPÉ, M. *et al.* The diagnostic odyssey of autism spectrum disorder. *Pediatrics*, v. 141, n. 4, p. 272-S279, abr. 2018.

LOUBERSAC, J. *et al.* Predictors of an earlier diagnosis of autism spectrum disorder in children and adolescents: a systematic review (1987-2017). *European Child & Adolescent Psychiatry*, v. 32, n. 3, p. 375-393, abr. 2021.

MATHEIS, M. *et al.* Factors related to parental age of first concern in toddlers with autism spectrum disorder. *Developmental Neurorehabilitation*, v. 20, n. 4, p. 228-235, maio 2017.

MATOS, M. B.; BARA, T. S.; CORDEIRO, M. L. Autism spectrum disorder diagnoses: a comparison of countries with different income levels. *Clin Epidemiol*, v. 13, n. 14, p. 959-969, ago. 2022.

MERLLETI, C. Autismo em causa: historicidade diagnóstica, prática clínica e narrativas de pais. *Psicol USP*, v. 29, n. 1, p. 146-151, jan.-abr. 2018.

NABIL, M. A.; AKRAM, A.; FATHALLA, K. M. Applying machine learning on home videos for remote autism diagnosis: further study and analysis. *Health Informatics J*, v. 27, n. 1, p. 1460458221991882, jan.-mar. 2021.

NASCIMENTO, F. F.; CRUZ, M. M.; BRAUN, P. Escolarização de pessoas com transtorno do espectro do autismo a partir da análise da produção científica disponível na Scielo-Brasil (2005-2015). *Education Policy Analysis Archives*, [s.l.], v. 24, p. 125, 19 dez. 2016.

NUNES, D. R. P.; AZEVEDO, M. Q. O.; SCHMIDT, C. Inclusão educacional de pessoas com autismo no Brasil: uma revisão da literatura. *Revista Educação Especial*, Santa Maria, v. 26, n. 47, p. 557-572, set.-dez. 2013.

NUNES, D. R. P.; SCHMIDT, C. Educação especial e autismo: das práticas baseadas em evidências à escola. *Cadernos de Pesquisa*, v. 49, n. 173, p. 84-104, jul.-set. 2019.

OLIVEIRA, J. J. M.; SCHMIDT, C.; PENDEZA, D. P. Intervenção implementada pelos pais e empoderamento parental no transtorno do espectro autista. *Psicologia Escolar e Educacional*, [s.l.], v. 24, n. 1, p. 1-10, jan. 2020.

OU, J. J. *et al.* Emprego e carga financeira de famílias com crianças pré-escolares diagnosticadas com transtornos do espectro do autismo na China urbana: resultados de um estudo descritivo. *BMC Psychiatry*, v. 15, n. 3, p. 1-8, 2015.

ØIEN, R.; EISEMANN, M. R. Brief report: parent-reported problems related to communication behavior and interests in children with autistic disorders and their impact on quality of life. *J Autism Dev Disord*, v. 46, n. 1, p. 328-331, jan. 2016.

PINTO, R. N. M. *et al.* M. Autismo infantil: impacto do diagnóstico e repercussões nas relações familiares. *Revista Gaúcha de Enfermagem*, v. 37, n. 3, p. 1-9, 2016.

PONTIKAS, C. M.; TSOUKALAS, E.; SERDARI, A. A map of assistive technology educative instruments in neurodevelopmental disorders. *Disabil Rehabil Assist Technol*, p. 1-9, out. 2020.

QUEIROZ, J. G. B. de A.; GUERREIRO, E. M. B. R. Política educacional e pedagógica da educação especial na perspectiva da educação inclusiva na rede de ensino público de Manaus. *Revista Brasileira de Educação Especial*, v. 25, n. 2, p. 233-248, abr.-jun. 2019.

RICHARDS, M.; MOSSEY, J.; ROBINS, D. L. Parents' concerns as they relate to their child's development and later diagnosis of autism spectrum disorder. *J Dev Behav Pediatr*, v. 37, n. 7, p. 532-540, set. 2016.

RIVA, V. *et al.* The teleNIDA: early screening of autism spectrum disorder through a novel telehealth approach. *J Autism Dev Disord*, v. 23, p. 1-11, fev. 2023.

ROGGE, N.; JANSSEN, J. The economic costs of autism spectrum disorder: a literature review. *J Autism Dev Disord*, v. 49, n. 7, p. 2873-2900, jul. 2019.

ROUSSEAU, C. *et al.* La santé mentale jeunesse: un domaine à la croisée des chemins. *Santé Mentale Au Québec*, [s.l.], v. 39, n. 1, p. 101-118, 10 jul. 2014.

SCHMIDT, C. *et al.* Intervenção precoce e autismo: um relato sobre o Programa Son-Rise. *Psicologia em Revista*, v. 21, n. 2, p. 413-429, 2015.

SCHMIDT, C. *et al.* Inclusão escolar e autismo: uma análise da percepção docente e práticas pedagógicas. *Psicologia: Teoria e Prática*, v. 18, n. 1, p. 222-235, 2016.

SCHMIDT, C.; FINATTO, M.; FERREIRA, L. Atendimento educacional especializado e autismo: uma aproximação às práticas baseadas em evidências. Pré-impressão de artigo submetido em 21 abr. 2021. Disponível em: https://preprints.scielo.org/index.php/scielo/preprint/view/3990/7452. Acesso em: 19 maio 2024.

SERRANO, A.; PEREIRA, A. Parâmetros recomendados para a qualidade da avaliação em intervenção precoce. *Revista Educação Especial*, [s. l.], v. 24, n. 40, p. 163-180, maio-ago. 2011.

SIQUEIRA, L. P. C. *Mapeamento da intersetorialidade entre serviços educacionais e serviços de saúde mental públicos destinados a crianças e adolescentes com transtorno do espectro autista na cidade de Niterói-RJ*. 2021. Tese (Doutorado em Distúrbios do Desenvolvimento) – Universidade Presbiteriana Mackenzie, São Paulo, 2021.

SMITH, T.; IADAROLA, S. Evidence base update for autism spectrum disorder. *J Clin Child Adolesc Psychol*, v. 44, n. 6, p. 897-922, 2015.

SNIJDER, M. I. J. *et al.* Parental experiences with early identification and initial care for their child with autism: tailored improvement strategies. *J Autism Dev Disord*, v. 52, n. 8, p. 3473-3485, ago. 2022.

WEIZENMANN, L. S.; PEZZI, F. A. S.; ZANON, R. B. Inclusão escolar e autismo: sentimentos e práticas docentes. *Psicologia Escolar e Educacional*, v. 24, p. e217841, 2020.

YORKE, I. *et al.* The association between emotional and behavioral problems in children with autism spectrum disorder and psychological distress in their parents: a systematic review and meta-analysis. *J Autism Dev Disord*, v. 48, n. 10, p. 3393-3415, out. 2018.

ZABLOTSKY, B. *et al.* Age of parental concern, diagnosis, and service initiation among children with autism spectrum disorder. *Am J Intellect Dev Disabil*, v. 122, p. 49-61, jan. 2017.

ZWAIGENBAUM, L. *et al.* Early identification of autism spectrum disorder: recommendations for practice and research. *Pediatrics*, v. 136, n. 1, p. 10-40, out. 2015.

8
PROGRAMAS PARA A PROMOÇÃO DA INCLUSÃO DE ESTUDANTES COM AUTISMO NO ENSINO SUPERIOR: DESAFIOS E POSSIBILIDADES

Iuri Pizetta Moschen
Cleonice Alves Bosa

Ensino superior: Evolução das políticas públicas de inclusão no Brasil

A Convenção Internacional sobre os Direitos da Pessoa com Deficiência (ONU, 2006), promulgada pelo Estado brasileiro por meio do Decreto n. 6.949, de 25 de agosto de 2009 (Brasil, 2009), resultou numa mudança paradigmática no contexto da deficiência. Em seu primeiro artigo, a convenção afirma que pessoas com deficiência são aquelas que "têm impedimentos de longo prazo, de natureza física, mental, intelectual ou sensorial, os quais, em interação com diversas barreiras, podem obstruir sua participação plena e efetiva na sociedade em igualdade de condições com as demais pessoas". Assim, a questão da acessibilidade se torna um ponto central na garantia de seus direitos. Desde então, o Estado brasileiro tem buscado garantir o acesso das pessoas com deficiência (PCD) à saúde, à educação, ao trabalho e a outros espaços por meio da elaboração de políticas públicas.

Do ponto de vista da educação, está entre os objetivos do poder público o aprimoramento dos sistemas educacionais, visando garantir condições de acesso, permanência, participação e aprendizagem para todos os estudantes com deficiência. Isso pode ser alcançado por meio da oferta de serviços e de recursos de acessibilidade que eliminem barreiras e promovam a inclusão. A Lei Brasileira de Inclusão (LBI, de 6 de julho de 2015) é a principal norma para assegurar e promover a igualdade de condições e o exercício de direitos e liberdades fundamentais para as PCDs. Essa lei afirma, no artigo 27, que a educação é um direito da PCD e que o sistema educacional deve ser inclusivo em todos os níveis, levando em conta as características, os interesses e as necessidades de aprendizagem do indivíduo. Na educação básica, há evidências de que houve avanços no desenvolvimento socioemocional e de aprendizagem dos estudantes na última década (Abed, 2016; Del Prette; Del Prette, 2022), embora ainda haja muitos obstáculos. Entretanto, no ensino superior, apenas recentemente as discussões têm sido ampliadas e as ações, implementadas.

Em 2013, foi instituído o programa Incluir – Acessibilidade na Educação Superior, que buscou orientar a institucionalização da política de acessibilidade nas Instituições Federais de Educação Superior (Ifes). O objetivo era assegurar o direito da pessoa com deficiência à educação superior, fundamentado nos princípios e diretrizes contidos na Convenção Internacional sobre os Direitos das Pessoas com Deficiência (ONU, 2006) e nos Decretos n. 5.296/2004, n. 5.626/2005, n. 186/2008, n. 6.949/2009 e n. 7.611/2011 (Brasil, 2004, 2005, 2008, 2009, 2011). Esse programa foi executado por uma parceria entre a Secretaria de Educação Superior (SESu) e a Secretaria de Educação Continuada, Alfabetização, Diversidade e Inclusão (Secadi). As ações tinham por finalidade fomentar a criação e a consolidação de núcleos de acessibilidade nas universidades federais, que ficariam responsáveis pela organização de ações institucionais que garantissem a inclusão de pessoas com deficiência na vida acadêmica, assim reduzindo e/ou eliminando barreiras pedagógicas, arquitetônicas e de comunicação e informação, no sentido de promover o cumprimento dos requisitos legais de acessibilidade.

De 2005 a 2011, o programa Incluir se efetivou por meio de chamadas públicas concorrenciais, que possibilitaram o início da formulação de estratégias para identificação das barreiras ao acesso das pessoas com deficiência à educação superior. A partir de 2012, essa ação foi universalizada, atendendo todas as Ifes e possibilitando o desenvolvimento de uma política de acessibilidade ampla e articulada. Nesse período, o Ministério da Educação (MEC), por intermédio da Secadi e da SESu, passa a apoiar projetos das Ifes com aporte financeiro, diretamente, previsto na matriz orçamentária das instituições, com a finalidade de institucionalizar as ações de política de acessibilidade na educação superior, por meio dos núcleos de acessibilidade.

Outro passo importante foi a Lei n. 13.409/2016, que altera a legislação sobre cotas no ensino superior federal, que já contemplava estudantes vindos de escolas públicas, de baixa renda, negros, pardos e indígenas. Essa lei acrescenta as pessoas com deficiência a essas cotas, de acordo com a proporcionalidade apontada pelo último censo do Instituto Brasileiro de Geografia e Estatística (IBGE) na unidade da federação em que a instituição de ensino se localiza. De acordo com essa lei, para entrar na cota de PCD, um indivíduo deve ter uma limitação física, mental, sensorial ou múltipla, que o impeça de exercer suas atividades de forma autônoma. Pessoas com transtorno do espectro autista (TEA), segundo nossa legislação, são consideradas pessoas com deficiência para todos os efeitos legais, e se enquadram nas leis que incluem as PCDs (Brasil, 2012).

Dessa forma, há urgência na construção, implementação e avaliação de programas que promovam a inclusão de estudantes com TEA no ensino superior. O próprio programa Incluir, em seu documento orientador (Brasil/MEC, 2013), chama atenção para a necessidade de desenvolvimento de pesquisa básica e aplicada, a fim de abranger as diversas áreas do conhecimento. Aponta a pesquisa como um importante mecanismo para o avanço da inclusão social das pessoas com deficiência, fundamentado no princípio da transversalidade, do desenho universal e no reconhecimento e valorização da diferença humana. É possível, dentro das especificidades de cada programa de pesquisa, articular, ressignificar e aprofundar aspectos conceituais e promover inovação, sobretudo no contexto do TEA, no ensino superior.

TEA: Caracterização em jovens e adultos

Os comportamentos característicos do TEA em adultos variam substancialmente ao longo da vida. Indivíduos que recebem o diagnóstico na infância tendem a apresentar sintomas reduzidos do transtorno ao longo dos anos (Howlin *et al.*, 2013). Alguns indivíduos são identificados apenas bem mais tarde, provavelmente porque aprenderam estratégias para ocultar as suas dificuldades sociais (Lai *et al.*, 2017). No entanto, mesmo esses indivíduos podem permanecer socialmente vulneráveis, ter dificuldades para organizar exigências práticas sem ajuda e propensão à ansiedade e à depressão (Hollocks *et al.*, 2019; Hwang *et al.*, 2020). Muitos adultos referem que recorrem a estratégias de compensação e a mecanismos de adaptação para disfarçar as suas dificuldades em público, mas sofrem com o estresse e o esforço de manter uma fachada socialmente aceitável (APA, 2022).

Os adultos com TEA utilizam diferentes estratégias para lidar com suas dificuldades (*coping*) durante o desenvolvimento. Algumas dessas estratégias são: (1) mascaramento (*masking*), estratégia para esconder comportamentos atípicos; (2) compensação parcial (*shallow compensation*), estratégia que permite que os indivíduos com TEA pareçam relativamente habilidosos durante a interação social, usando "regras" aprendidas, mas essas habilidades podem não ser suficientes em situações do cotidiano quando as pistas sociais são ambíguas e rápidas; (3) compensação profunda (*deep compensation*), estratégia dos indivíduos que encontram uma maneira alternativa de emular uma boa capacidade sociocognitiva (Livingston; Happé, 2007); entre outras.

Sabe-se que as dificuldades de aprendizagem e as estratégias de compensação social tendem a persistir ao longo da vida (Howlin *et al.*, 2013). Os sintomas são frequentemente mais marcados na primeira infância e nos primeiros anos escolares, com ganhos de desenvolvimento típicos na última infância em pelo menos algumas áreas (por exemplo, na interação social). Em geral, os indivíduos com menos sintomas podem ser mais capazes de funcionar de forma independente. Uma pequena porcentagem "piora" comportamentalmente durante a adolescência, ao passo que a maioria melhora (APA, 2022). Mais tarde na vida, a intervenção ou a compensação, bem como os apoios atuais, podem mascarar essas dificuldades em pelo menos alguns contextos. De modo geral, os sintomas continuam a ser suficientes para afetar as áreas sociais e profissionais, entre outras. Ao longo do tempo, os indivíduos com TEA tendem a apresentar uma melhora no funcionamento adaptativo (Szatmari *et al.*, 2009). Foi identificada uma melhora maior nos domínios da vida diária e nas habilidades de comunicação do que na socialização (Gillespie-Lynch *et al.*, 2012; Magiati; Tai; Howlin, 2014). Apesar disso, com o passar do tempo, surgem "novas" exigências nas transições da vida, como o uso de muitas expressões "não literais" e gírias, na adolescência, e o controle financeiro, o funcionamento independente com o planejamento e a perspectiva futura, na adultez.

Outra dificuldade que os indivíduos com TEA enfrentam é o estigma (Turnock; Langley; Jones, 2022). Isso implica solidão, pois tendem a ter menos amigos quando comparados aos pares neurotípicos (Bauminger; Kasari, 2000) e aos pares com outras necessidades educacionais (Petrina; Carter; Stephenson, 2014). Têm, ainda, mais dificuldades com a educação e com o mercado de trabalho, experienciam menor integração social e tendem a ser vítimas de *bullying* (Rowley *et al.*, 2012), questões associadas à redução na qualidade de vida. Algumas pesquisas apontam para o impacto das respostas sociais negativas em direção a pessoas com TEA e isso explicaria esses resultados (Gillespie-Lynch *et al.*, 2017; Sasson *et al.*, 2017; Turnock; Langley; Jones, 2022). Por exemplo, uma pesquisa realizada por Huws e Jones (2010), por meio de uma análise fenomenológica de entrevistas de pessoas neurotípicas leigas acerca do TEA, revelou achados que refletiam as questões do estigma: os resultados indicaram que os indivíduos neurotípicos viam o autismo como uma "transgressão de expectativas normativas" (*ibid.*).

Alguns indivíduos recebem o primeiro diagnóstico de TEA na idade adulta, talvez como consequência do diagnóstico de autismo em alguma criança da família ou de uma ruptura das relações no trabalho ou em casa. Nesses casos, pode ser difícil obter uma história de desenvolvimento pormenorizada e é importante ter em conta as dificuldades autorrelatadas (Lai; Baron-Cohen, 2015). Alguns achados importantes para o diagnóstico em adultos dizem respeito ao encaminhamento e à avaliação pelos profissionais. Entre as explicações para o atraso no diagnóstico estão a falta de conhecimento dos profissionais, a desconfiança nos profissionais de saúde e os encaminhamentos inadequados (Huang *et al.*, 2020).

O diagnóstico tardio está sendo o foco de estudos científicos e tem demonstrado aplicações positivas quando conhecido pelo indivíduo com TEA (Olivati; Leite, 2017). O estudo de Tan (2018) trabalhou com o conceito de esclarecimento biográfico (*biographical illumination*, em tradução livre), o qual diz respeito às experiências dos adultos autistas que receberam diagnóstico nessa fase da vida. São relatados sentimentos de alívio e senso de valorização pessoal, tendo em vista que alguns aspectos que não tinham explicação passaram a fazer sentido (tais como intimidação na universidade, dificuldades com emprego, ansiedade persistente e problemas com amizades e relacionamentos amorosos) (Hickey; Crabtree; Stott, 2017). Ou seja, alguns adultos enfatizam que passam a considerar o autismo como uma parte positiva de suas identidades (Lewis, 2016). Contudo, é importante que os prestadores de serviços reconheçam e valorizem os pontos fortes dos adultos autistas, ao mesmo tempo em que os apoiam em áreas de dificuldade (Huang *et al.*, 2020).

Desafios de estudantes com TEA no ensino superior

Apesar dos avanços nas políticas públicas e das mudanças na sociedade, o ingresso no ensino superior tende a ser particularmente desafiador para os estudantes com TEA. No Brasil, dados levantados pelo Instituto Nacional de Estudos e Pesquisas Educacionais Anísio Teixeira (Inep, 2018) nas modalidades de ensino presencial e a distância apontaram que 754 estudantes com TEA (378 diagnosticados com autismo infantil e 376 com síndrome de Asperger) foram matriculados na educação superior, num total de 39.855 matrículas de estudantes autodeclarados com alguma deficiência (1,9%). O ingresso no ensino superior é marcado por várias mudanças, que vão desde a configuração das práticas educacionais até as vivências entre estudantes. Considerando-se as características singulares desses estudantes, esse grupo pode estar enfrentando desafios sociais, emocionais, de vida independente, autodefesa e comunicação, tanto dentro quanto fora da sala de aula (Adreon; Durocher, 2007). Ao observar esses dados, é possível inferir que as políticas públicas que têm orientado e valorizado práticas educacionais inclusivas acabam por promover um acesso mais acentuado de estudantes com TEA a níveis mais elevados de ensino. Dessa forma, cria-se a necessidade de uma reflexão acerca da possibilidade de modificar os ideais, os valores, as velhas crenças e as práticas dirigidas a esse grupo social (Olivati; Leite, 2019).

As redes comuns de ensino, na ótica da educação inclusiva, representam o método mais eficaz no combate às atitudes discriminatórias, construindo ambientes de aula acolhedores, em direção a uma sociedade mais inclusiva, que respeite as diferenças e a diversidade humana (Leite; Martins, 2013). Recorda-se que a educação inclusiva se baseia no paradigma de suportes, que prevê uma série de ajustes contextuais para que a pessoa com deficiência possa usufruir dos mesmos direitos que qualquer cidadão, além da provisão de serviços individuais especializados, com vistas à melhoria de sua qualidade de vida (Aranha, 2001). Um desses suportes é social, que tende a ser definido pela literatura (Cunha; Pereira; Loureiro, 2019) como qualquer assistência que resulte em efeitos emocionais e/ou ações assertivas.

Os estudantes autistas enfrentam uma complexa interseção de desafios que tornam a entrada na graduação particularmente difícil, incluindo as principais características do TEA (Gelbar; Smith; Reichow, 2014). Entre esses desafios estão aqueles relacionados ao funcionamento executivo (planejamento de tarefas, gerenciamento do tempo, execução de múltiplas tarefas, expectativas do curso e trabalhos em grupo) (Demetriou *et al.*, 2018), dificuldades sensoriais (Sarret, 2018) e a ocorrência simultânea de dificuldades emocionais como ansiedade e depressão (Van Hees; Moyson; Roeyers, 2015; Ward; Webster, 2018).

Dentre as dificuldades encontradas no ensino superior, as maiores queixas de alunos com TEA ainda estão no âmbito social. Problemas como a falta de habilidades sociais, de comunicação e interação social e o baixo engajamento social são algumas das barreiras que causam estresse, ansiedade e outras questões de saúde em universitários com TEA (Kantor *et al.*, 2023). Em razão dessas dificuldades, os indivíduos autistas tendem a demorar de dois a quatro anos a mais para se matricular na universidade em comparação a indivíduos com outras deficiências (Locke *et al.*, 2023).

Um estudo qualitativo realizado na Universidade Federal do Rio Grande do Sul (Moschen, 2023) investigou as demandas e dificuldades de alunos com TEA no ensino superior por meio de entrevistas semiestruturadas. A análise temática revelou dificuldades sensoriais, sociais e institucionais que interferem na vida acadêmica. As questões sensoriais estão presentes no cotidiano de todos; porém, para os indivíduos com TEA, elas podem se apresentar como barreiras para enfrentar os espaços públicos, profissionais e acadêmicos, além de afetar o bem-estar físico e mental (Amos *et al.*, 2019). No contexto universitário, a capacidade de estudar e de se concentrar é afetada pela sobrecarga sensorial das salas de aula, do restaurante universitário e até mesmo da biblioteca, gerando consequências para o indivíduo, como senso de incompetência, frustração e notas mais baixas nas avaliações.

Um dos relatos do estudo de Moschen (2023) ilustra dificuldades de sobrecarga sensorial: "Eu não gosto de ambientes com muito estímulos, quando tenho que almoçar no RU é horrível, é como se eles dessem um cansaço mental, eu não consigo pensar, acaba com meu dia". Relatos como esse foram comuns entre os universitários com TEA que participaram do estudo. O "cansaço mental" gera estresse e muitas vezes desencadeia crises que se manifestam de diferentes formas, como intensa irritabilidade. Essas crises resultam em isolamento social e prejuízo nas relações interpessoais: "Quando eu chego em casa, aí eu geralmente tenho uma crise explosiva assim. De passar o dia todo tendo tantos estímulos assim... pra minha irmã, ela olha e deve pensar que vem do nada, sabe? Mas não é, é de um longo dia com tanta coisa pra fazer e, aí é bem difícil"; "Eu tento me acalmar, não é o ideal, mas eu sempre tento me afastar das pessoas, pra ficar o mais longe possível de toque, tudo mais, tento me isolar bastante".

Outro tema da análise de Moschen (2023) foram as dificuldades sociais, com relatos de discriminação e *bullying* contra os alunos com TEA. Dessa forma, a manutenção de amizades se torna um complicador, visto que os colegas sentem dificuldade em compreender, aceitar e conviver com as diferenças e necessidades desses alunos. Por conseguinte, as atividades em grupo também foram relatadas como "constrangedoras" muitas vezes, despertando o sentimento de serem "deixados de lado" (exclusão social). Também foram registrados relatos de dificuldades para compreender as piadas e ironias de colegas e professores, gerando um sentimento de deslocamento e incapacidade. Em um último cenário, quando os indivíduos com TEA conseguem fazer amizades, ficam em dúvida sobre revelar ou não o diagnóstico, com receio do estigma. Além das questões sensoriais e sociais, os alunos com TEA também precisam de suporte institucional, que muitas vezes não os atende (Olivati; Leite, 2019).

De fato, no Brasil, são encontradas pesquisas que refletem o estigma que envolve o TEA, algumas delas sobre as próprias experiências sociais de autistas e seus familiares (Montenegro *et al.*, 2022; Olivati; Leite, 2019; Paula *et al.*, 2020) e outras voltadas para a visão social acerca do TEA (Montenegro *et al.*, 2019; De Sena *et al.*, 2015; Da Silva *et al.*, 2019). Esses resultados apontam para a necessidade de expandir o conhecimento sobre TEA, com ênfase não apenas nas dificuldades como também no potencial. Por exemplo, o estudo brasileiro de Araujo *et al.* (2023) investigou o impacto do treinamento no estigma e no conhecimento acerca do autismo em uma amostra de 79 indivíduos. Foram utilizadas a Escala de Atitudes em Relação à Pessoa com Autismo (Earpa) e a Escala de Conhecimento sobre o Autismo (Ecat), no pré e pós-teste. Os resultados demonstram que o aumento do conhecimento sobre TEA reduz o estigma após o treinamento. De modo geral, a intervenção impactou o conhecimento e as atitudes dos participantes em relação ao autismo.

Finalmente, sobre os aspectos institucionais, Moschen (2023) afirma que o cotidiano da universidade é muito desafiador, pelo excesso de provas e trabalhos, o que gera uma sobrecarga de atividades. A instituição nem sempre consegue ajudar os alunos no desempenho dessas tarefas, seja com aumento de carga horária para a realização das provas, seja com o oferecimento de monitores para acompanhar os alunos, seja com a disponibilização de informações. Por fim, os alunos com TEA reclamam da ausência de profissionais capacitados. O despreparo deles se manifesta, por exemplo, em maus julgamentos, desprezo pelas perguntas que são feitas ou, ainda, no uso de materiais que dificultam a compreensão do aluno com TEA. Um dos relatos exemplifica essa situação:

> Eu acho que como tudo é tão acelerado hoje em dia, tu tem que ser sempre produtivo, tem que tá fazendo sempre perfeitamente, pra mim impacta muito, porque eu já não consigo fazer as coisas mais simples, porque eu fico muito atordoada, e eu tenho muito medo de fazer uma coisa errada, sabe?

Tomados conjuntamente, esses resultados apontam para a importância de desenvolver programas com foco na inclusão de estudantes com TEA no ensino superior.

TEA: Programas de intervenção no ensino superior

As dificuldades para se adaptar com sucesso à educação pós-secundária podem, pelo menos parcialmente, ser atribuídas a uma quantidade limitada de serviços disponíveis para estudantes universitários autistas (Locke *et al.*, 2023). Os serviços de apoio para alunos com TEA são focados nos desafios das atividades da vida diária. Eles englobam questões de interação social, saúde física e mental, mentoria, amizade ou grupos de apoio por pares e aconselhamento para localizar os serviços disponíveis (Lorenc *et al.*, 2018). Os benefícios desses suportes incluem a melhora nas habilidades práticas e sociais, além de melhor saúde mental e vida mais independente.

Lei *et al.* (2020) conduziram recentemente um estudo-piloto sobre um programa de transição para a universidade (*Autism Summer School*) para estudantes autistas, focado na introdução dos estudantes aos aspectos acadêmicos, sociais e da vida diária de universitários. O *feedback* indicou que o programa foi bem recebido pelos alunos autistas, que também relataram uma redução nas preocupações relacionadas com a transição para a universidade.

A orientação por pares é uma abordagem que tem se revelado promissora no apoio a estudantes universitários com TEA (Ames *et al.*, 2016; Hastwell *et al.*, 2013; Roberts; Birmingham, 2017; Siew *et al.*, 2017). O objetivo fundamental dos programas de tutoria entre pares é o auxílio de um colega que esteja disponível para prestar apoio e orientação relacionados com objetivos acadêmicos, profissionais ou psicossociais (Bene; Banda; Brown, 2014). Esses programas estão cada vez mais acessíveis e disponíveis em contextos universitários, nos quais os estudantes menos experientes são acompanhados por aqueles com mais experiência universitária. Foi demonstrado que os programas mediados por pares melhoram as experiências universitárias de muitos grupos em risco, incluindo estudantes internacionais, estudantes de minorias étnicas e aqueles com deficiências (Locke et *al.*, 2023). No entanto, a proposta de ações empiricamente baseadas ainda é limitada para os estudantes autistas, que enfrentam desafios únicos relacionados ao funcionamento executivo, à socialização e ao processamento sensorial.

O programa Mossaic (Closson, 2014) é fundamentado em estratégias baseadas em evidências e tem quatro componentes: (1) mentoria por pares, quando um estudante autista é pareado um a um, com um par mentor; (2) eventos educacionais, em que mentores, pupilos e professores se reúnem para aprender sobre um determinado tópico (por exemplo, desvendar nuances sociais, aprender etiqueta num jantar com um potencial empregador, fazer entrevista para um emprego etc.) à escolha dos pupilos, ou eventos "restauradores", como noite de jogos (por exemplo, trivialidades, *videogame*, boliche etc.) duas vezes por trimestre; (3) café de estudo semanal, em que alunos com TEA e tutores se responsabilizam mutuamente pelas tarefas acadêmicas; (4) seminários semanais, em que os pupilos recebem créditos do curso para aprender mais sobre como se movimentar no *campus* e sobre o autismo na idade adulta. Os mentorandos podem participar de qualquer um dos componentes que se adeque a suas necessidades, seus desejos e seus horários. Nenhum componente é obrigatório.

O programa Mossaic utiliza uma estratégia de intervenção empiricamente baseada (tutoria entre pares) para fornecer apoio em torno de: (1) competências de funcionamento executivo (planejamento, gestão do tempo, organização); (2) oportunidades sociais (expansão de redes de pares com indivíduos autistas, neurodiversos e neurotípicos); (3) recursos do *campus* (serviços acadêmicos, psicológicos, de saúde, de ajuda financeira, de alojamento, de refeições e de deslocamento); (4) competências de autoadvocacia (pedidos de modificações e acomodações curriculares); (5) formação (estratégias para envolver professores e pares em trabalhos de curso em parceria ou em grupo, competências de vida independente, competências interpessoais).

A depender do país, as instituições, os centros de apoio, os núcleos de acessibilidade e as universidades oferecem suportes diferentes. Por exemplo, nos Estados Unidos, o suporte oferecido para estudantes com TEA se dá em centros de apoio que providenciam apoio organizacional, como alteração ou redução de cursos ou acréscimo de tempo durante as provas, ajustes pessoais, como ter um monitor, equipamentos materiais, como computadores com configurações especiais e gravadores (Barnhill, 2016). Em países europeus, a maioria das universidades públicas tem departamentos especiais de suporte em forma de intervenções e serviços que tipicamente incluem: acomodações, provas individuais e tempo estendido para a execução das tarefas, suporte tecnológico, serviços assistenciais, acomodação do espaço físico e condições para as provas, além de treinamento metacognitivo e de estratégias autorregulatórias para melhorar o planejamento, o monitoramento e a avaliação do próprio aprendizado e aconselhamento psicológico, que inclui técnicas psicoterapêuticas específicas (Kantor *et al.*, 2023). A depender das necessidades individuais dos estudantes, outros serviços são oferecidos nesses programas, tais como treino de habilidades sociais, mentoria por pares, *coaching* acadêmico e outras intervenções.

Considerações finais

Atualmente, as pesquisas apontam os benefícios das intervenções orientadas por pares (Ames *et al.*, 2016; Bene; Banda; Brown, 2014) para professores (Acuna; Leite, 2022) e estudantes com TEA (Lei *et al.*, 2020); porém, parece ocorrer uma escassez de programas delineados para atender às demandas dos próprios núcleos de acessibilidade das universidades brasileiras na área do TEA. Isso seria importante, uma vez que foram implementadas políticas públicas que necessitam de assessoria para que cumpram seus objetivos.

Uma intervenção específica para os núcleos de apoio universitários no Brasil, adaptada a nossa cultura, pode ter a vantagem de beneficiar mais estudantes por um maior período de tempo. O conhecimento acerca do transtorno, das suas necessidades e das estratégias para lidar com elas no contexto acadêmico é de fundamental importância. Contudo, tão importante quanto desenvolver um programa é a avaliação de sua efetividade, o que envolve avaliação da eficácia e da eficiência. O conceito de efetividade foi elaborado na área de gestão de pessoas, com base na literatura sobre a avaliação de programas de treinamento, desenvolvimento e educação (TD&E) (Pilati; Borges-Andrade, 2004). As questões envolvidas nesse conceito são: o programa transformou a situação existente? Promoveu um efeito real no conhecimento e na rotina de trabalho dos participantes? Isso se deve à realização dos objetivos e metas propostos (eficácia) no programa, utilizando os recursos de forma a atingir o efeito desejado (eficiência) em um contexto não controlado? A avaliação da efetividade envolve o exame dos níveis de reação (mensuração da satisfação dos participantes), transferência de aprendizagem e comportamento no cargo (influência que os conhecimentos trabalhados exercem sobre o desempenho global do participante após a capacitação) (Abbad; Gama; Borges-Andrade, 2000; Scorsolini-Comin; Inocente; Miura, 2011). A qualidade do programa e do desempenho dos instrutores pode ser medida por meio de tópicos, tais como definição de objetivos e compatibilidade com a capacitação, carga horária e adequação do conteúdo programático, qualidade e organização do material didático, possibilidade de aplicação do conhecimento adquirido no ambiente de trabalho, percepção sobre a possível melhoria no desempenho individual, entre outros. Com relação à satisfação quanto ao desempenho dos instrutores, consideram-se aspectos como domínio na apresentação dos conteúdos, transmissão de objetivos, uso de exemplos concretos que possibilitem o entendimento dos conteúdos, além do uso de instrumentos e recursos didáticos diversos (Abbad; Gama; Borges-Andrade, 2000).

A efetividade envolve ainda o estudo de viabilidade da intervenção, isto é, a análise do potencial de sucesso da intervenção. Isso significa reduzir as ameaças à validade do estudo principal (National Institute for Health Research, 2021; Tickle-Degnen, 2013). Nessa etapa, examina-se a eventual necessidade de ajustes na intervenção, valendo-se dos seguintes critérios: habilidades e integridade/fidelidade do moderador; adesão dos participantes; satisfação, clareza/compreensão e aplicabilidade dos conteúdos. Minayo (2011) complementa essas noções ao definir a avaliação da eficácia subjetiva, que é constituída de abordagens qualitativas que corroboram ou criticam o cumprimento das metas, levando em conta questões sociais e emocionais para os que trabalham na instituição ou para os que são seus destinatários.

Também é importante a articulação dos modelos sociais de deficiência (De Moura Belle; Costa, 2019) com os modelos explicativos de TEA, tais como cognição social (Butmam; Allegri, 2001), funções executivas (Friedman; Sterling, 2019) e processamento sensorial (Ben-Sasson *et al.*, 2019). Além disso, são necessários estudos de revisão que sintetizem os tipos de intervenção que estão sendo realizadas, visando à promoção da inclusão de estudantes com TEA no ensino superior. Esses estudos podem auxiliar a responder os questionamentos que surgem nesse contexto, como, por exemplo: quais os delineamentos, os instrumentos e as formas de avaliação da eficácia dessas intervenções? Que modelos teóricos têm sido utilizados para subsidiar as intervenções? A análise crítica dos estudos pode contribuir para o delineamento, a implementação e a avaliação de programas de intervenção para os núcleos de inclusão e acessibilidade (NIA) das universidades brasileiras.

Referências

ABBAD, G.; GAMA, A. L. G.; BORGES-ANDRADE, J. E. Treinamento: análise do relacionamento da avaliação nos níveis de reação, aprendizagem e impacto no trabalho. *Revista de Administração Contemporânea*, v. 4, p. 25-45, 2000.

ABED, A. L. Z. O desenvolvimento das habilidades socioemocionais como caminho para a aprendizagem e o sucesso escolar de alunos da educação básica. *Construção Psicopedagógica*, v. 24, n. 25, p. 8-27, 2016.

ACUNA, J. T.; LEITE, L. P. Transtorno do espectro autista na universidade: contribuições à prática docente. *Educere et Educare*, v. 17, n. 43, p. 393-409, 2022.

ADREON, D.; DUROCHER, J. S. Evaluating the college transition needs of individuals with high-functioning autism spectrum disorders. *Intervention in School and Clinic*, v. 42, n. 5, p. 271-279, 2007.

AMERICAN PSYCHIATRIC ASSOCIATION (APA). *Diagnostic and statistical manual of mental disorders*. 5. ed. rev. Washington, DC: American Psychiatric Association, 2022.

AMES, M. E. *et al.* Overview and evaluation of a mentorship program for university students with ASD. *Focus on Autism and Other Developmental Disabilities*, v. 31, n. 1, p. 27-36, 2016.

AMOS, G. A. *et al.* Autism traits, sensory over-responsivity, anxiety, and stress: a test of explanatory models. *Journal of Autism and Developmental Disorders*, v. 49, p. 98-112, 2019.

ARANHA, M. S. F. Paradigmas da relação da sociedade com as pessoas com deficiência. *Revista do Ministério Público do Trabalho*, ano XI, n. 21, p. 160-173, mar. 2001.

ARAUJO, A. G. R. *et al.* Stigma and knowledge about autism in Brazil: a psychometric and intervention study. *Autism*, v. 28, n. 1, p. 215-228, 2023.

BARNHILL, G. P. Supporting students with Asperger syndrome on college campuses: current practices. *Focus on Autism and Other Developmental Disabilities*, v. 31, n. 1, p. 3-15, 2016.

BAUMINGER, N.; KASARI, C. Loneliness and friendship in high-functioning children with autism. *Child Development*, v. 71, n. 2, p. 447-456, 2000.

BEN-SASSON, A. *et al.* Update of a meta-analysis of sensory symptoms in ASD: a new decade of research. *Journal of Autism and Developmental Disorders*, v. 49, p. 4974-4996, 2019.

BENE, K.; BANDA, D. R.; BROWN, D. A meta-analysis of peer-mediated instructional arrangements and autism. *Review Journal of Autism and Developmental Disorders*, v. 1, p. 135-142, 2014.

BRASIL. Ministério da Educação. Secretaria de Educação Continuada, Alfabetização, Diversidade e Inclusão (Secadi). Documento orientador: Programa Incluir – Acessibilidade na educação superior. Brasília: Secadi/SESu; Brasília: Ministério da Educação, 2013. 21 p.

BRASIL. Presidência da República. Decreto n. 5.296, de 2 de dezembro de 2004. Brasília: Presidência da República, 2004.

BRASIL. Presidência da República. Decreto n. 5.626, de 22 de dezembro de 2005. Brasília: Presidência da República, 2005.

BRASIL. Presidência da República. Decreto n. 186, de 9 de julho de 2008. Aprova o texto da Convenção sobre os Direitos das Pessoas com Deficiência e de seu Protocolo Facultativo, assinados em Nova York, em 30 de março de 2007. Brasília: Presidência da República, 2008.

BRASIL. Presidência da República. Decreto n. 6.949 de 25 de agosto de 2009. Brasília: Presidência da República, 2009.

BRASIL. Presidência da República. Decreto n. 7.611, de 17 de novembro de 2011. Brasília: Presidência da República, 2011.

BRASIL. Presidência da República. Lei n. 12.764, de 27 de novembro de 2012. Institui a Política Nacional de Proteção dos Direitos da Pessoa com Transtorno do Espectro Autista. Brasília: Presidência da República, 2012.

BRASIL. Presidência da República. Lei n. 13.146, de 6 de julho de 2015. Institui a Lei Brasileira de Inclusão das Pessoas com Deficiência (Estatuto da Pessoa com Deficiência).Brasília: Presidência da República, 2015.

BRASIL. Presidência da República. Lei n. 13.409, de 28 de dezembro de 2016. Altera a lei n. 12.711, de 29 de agosto de 2012, para dispor sobre a reserva de vagas para pessoas com deficiência nos cursos técnico de nível médio e superior das instituições federais de ensino. Brasília: Presidência da República, 2016.

BUTMAN, J.; ALLEGRI, R. F. A cognição social e o córtex cerebral. *Psicologia: Reflexão e Crítica*, v. 14, p. 275-279, 2001.

CUNHA, L.; PEREIRA, F. A.; LOUREIRO, A. Educação para o suporte social e satisfação com a vida em idosos. *Diálogos Interdisciplinares do Envelhecimento*, n. 1, p. 47-65, 2019.

DA SILVA, S. A. *et al*. Conhecimento da equipe interprofissional acerca do autismo infantil. *Research, Society and Development*, v. 8, n. 9, p. 1-18, 2019.

DE MOURA BELLE, H. B.; COSTA, H. S. da S. Deficiência: a luta de séculos pela inclusão social e cidadania. *Revista de Direito Brasileira*, v. 21, n. 8, p. 108-125, 2019.

DE SENA, R. C. F. *et al*. Practice and knowledge of nurses about child autism. *Revista de Pesquisa, Cuidado é Fundamental*, v. 7, n. 3, p. 2707-2716, 2015.

DEL PRETTE, Z. A. P.; DEL PRETTE, A. *Habilidades sociais e desenvolvimento socioemocional na escola*. São Carlos: EdUFSCar, 2022.

DEMETRIOU, E. A. *et al*. Autism spectrum disorders: a meta-analysis of executive function. *Molecular Psychiatry*, v. 23, n. 5, p. 1198-1204, 2018.

FRIEDMAN, L.; STERLING, A. A review of language, executive function, and intervention in autism spectrum disorder. *Seminars in Speech and Language*, v. 40, n. 4, p. 291-304, ago. 2019.

GELBAR, N. W.; SMITH, I.; REICHOW, B. Systematic review of articles describing experience and supports of individuals with autism enrolled in college and university programs. *Journal of Autism and Developmental Disorders*, v. 44, p. 2593-2601, 2014.

GILLESPIE-LYNCH, K. *et al.* Early childhood predictors of the social competence of adults with autism. *Journal of Autism and Developmental Disorders*, v. 42, p. 161-174, 2012.

GILLESPIE-LYNCH, K. *et al.* Whose expertise is it? Evidence for autistic adults as critical autism experts. *Frontiers in Psychology*, v. 8, p. 438, 2017.

HASTWELL, J. *et al. Asperger syndrome student project, 2009-12: final project report, June 2013*. Cambridge: Disability Resource Centre/University of Cambridge, 2013.

HICKEY, A.; CRABTREE, J.; STOTT, J. "Suddenly the first fifty years of my life made sense": experiences of older people with autism. *Autism*, v. 22, n. 3, p. 357-367, 2017.

HOLLOCKS, M. J. *et al.* Anxiety and depression in adults with autism spectrum disorder: a systematic review and meta-analysis. *Psychological Medicine*, v. 49, n. 4, p. 559-572, 2019.

HOWLIN, P. *et al.* Social outcomes in mid- to later adulthood among individuals diagnosed with autism and average nonverbal IQ as children. *Journal of the American Academy of Child & Adolescent Psychiatry*, v. 52, n. 6, p. 572-581. e1, 2013.

HUANG, Y. *et al.* Diagnosis of autism in adulthood: a scoping review. *Autism*, v. 24, n. 6, p. 1311-1327, 2020.

HUWS, J. C.; JONES, R. S. P. "They just seem to live their lives in their own little world": lay perceptions of autism. *Disability & Society*, v. 25, n. 3, p. 331-344, 2010.

HWANG, Y. I. *et al.* Understanding anxiety in adults on the autism spectrum: an investigation of its relationship with intolerance of uncertainty, sensory sensitivities and repetitive behaviours. *Autism*, v. 24, n. 2, p. 411-422, 2020.

INSTITUTO NACIONAL DE ESTUDOS E PESQUISAS EDUCACIONAIS ANÍSIO TEIXEIRA (Inep). *Sinopse estatística da educação superior 2017*. Brasília: Inep, 2018. Disponível em: https://www.gov.br/inep/pt-br/acesso-a-informacao/dados-abertos/sinopses-estatisticas/educacao-superior-graduacao. Acesso em: 17 abr. 2024.

KANTOR, J. *et al.* Impact of educational and psychological interventions compared with standard care in college/university students with autism spectrum disorder: a systematic review protocol. *JBI Evidence Synthesis*, v. 21, n. 6, p. 1299, 2023.

LAI, M. C.; BARON-COHEN, S. Identifying the lost generation of adults with autism spectrum conditions. *The Lancet Psychiatry*, v. 2, n. 11, p. 1013-1027, 2015.

LAI, M. C. *et al.* Quantifying and exploring camouflaging in men and women with autism. *Autism*, v. 21, n. 6, p. 690-702, 2017.

LEI, J. *et al.* Evaluation of a transition to university programme for students with autism spectrum disorder. *Journal of Autism and Developmental Disorders*, v. 50, p. 2397-2411, 2020.

LEITE, L. P. (ed.). *Fundamentos e estratégias pedagógicas inclusivas: respostas às diferenças na escola*. Marília: Oficina Universitária, 2012.

LEITE, L. P.; MARTINS, S. E. S. de O. *Fundamentos e estratégias pedagógicas inclusivas: respostas às diferenças na escola*. São Paulo: Cultura Acadêmica; Marília: Oficina Universitária, 2013.

LEWIS, L. F. A mixed methods study of barriers to formal diagnosis of autism spectrum disorder in adults. *Journal of Autism and Developmental Disorders*, v. 47, p. 2410-2424, 2017.

LIVINGSTON, L. A.; HAPPÉ, F. Conceptualising compensation in neurodevelopmental disorders: reflections from autism spectrum disorder. *Neuroscience & Biobehavioral Reviews*, v. 80, p. 729-742, 2017.

LOCKE, J. *et al.* Supporting autistic college students: examining the Mentoring, Organization and Social Support for Autism Inclusion on Campus (Mossaic) Program. *Journal of Autism and Developmental Disorders*, abr. 2023. Disponível em: https://doi.org/10.1007/s10803-023-05969-w. Acesso em: 6 out. 2023.

LORENC, T. *et al.* Support for adults with autism spectrum disorder without intellectual impairment: systematic review. *Autism*, v. 22, n. 6, p. 654-668, 2018.

MAENNER, M. J. *et al.* Prevalence and characteristics of autism spectrum disorder among children aged 8 years: Autism and Developmental Disabilities Monitoring Network, 11 sites, United States, 2018. *MMWR Surveillance Summaries*, v. 70, n. 11, p. 1, 2021.

MAENNER, M. J. *et al.* Prevalence and characteristics of autism spectrum disorder among children aged 8 years: Autism and Developmental Disabilities Monitoring Network, 11 sites, United States, 2020. *MMWR Surveillance Summaries*, v. 72, n. 2, p. 1, 2023.

MAGIATI, I.; TAY, X. W.; HOWLIN, P. Cognitive, language, social and behavioural outcomes in adults with autism spectrum disorders: a systematic review of longitudinal follow-up studies in adulthood. *Clinical Psychology Review*, v. 34, n. 1, p. 73-86, 2014.

MINAYO, M. C. S. Importância da avaliação qualitativa combinada com outras modalidades de avaliação. *Saúde & Transformação Social/Health & Social Change*, v. 1, n. 3, p. 2-11, 2011.

MONTENEGRO, K. S. *et al.* Avaliação do conhecimento de residentes e acadêmicos de fisioterapia e terapia ocupacional sobre detecção precoce do autismo. *Revista Eletrônica Acervo Saúde*, n. 36, p. e1993-e1993, 2019.

MONTENEGRO, M. C. *et al*. Perceived stigma and barriers to accessing services: experience of caregivers of autistic children residing in Latin America. *Research in Developmental Disabilities*, v. 120, p. 104123, 2022.

MOSCHEN, I. P. *A experiência sensorial em adultos com transtorno do espectro autista: estudo qualitativo*. 2023. Dissertação (Mestrado em Psicologia) – Instituto de Psicologia, Universidade Federal do Rio Grande do Sul, Porto Alegre, 2023. No prelo.

NATIONAL INSTITUTE FOR HEALTH RESEARCH. *Guidance on applying for feasibility studies*. 2021. Disponível em: https://www.nihr.ac.uk/documents/guidance-onapplying-for-feasibility-studies/20474. Acesso em: 17 abr. 2024.

OLIVATI, A. G.; LEITE, L. P. Experiências acadêmicas de estudantes universitários com transtornos do espectro autista: uma análise interpretativa dos relatos. *Revista Brasileira de Educação Especial*, v. 25, p. 729-746, 2019.

OLIVATI, A. G.; LEITE, L. P. Trajetória acadêmica de um pós-graduando com transtorno do espectro autista. *Psicologia em Estudo*, v. 22, n. 4, p. 609-621, 2017.

ORGANIZAÇÃO DAS NAÇÕES UNIDAS (ONU). *Convenção Internacional sobre os Direitos das Pessoas com Deficiência*. 2006. Disponível em: https://www.ohchr.org/en/instruments-mechanisms/instruments/convention-rights-persons-disabilities. Acesso em: 17 abr. 2024.

PAULA, C. S. *et al*. Challenges, priorities, barriers to care, and stigma in families of people with autism: similarities and differences among six Latin American countries. *Autism*, v. 24, n. 8, p. 2228-2242, 2020.

PETRINA, N.; CARTER, M.; STEPHENSON, J. The nature of friendship in children with autism spectrum disorders: a systematic review. *Research in Autism Spectrum Disorders*, v. 8, n. 2, p. 111-126, 2014.

PILATI, R.; BORGES-ANDRADE, J. E. Estudo empírico dos antecedentes de medidas de impacto do treinamento no trabalho. *Psicologia: Teoria e Pesquisa*, v. 20, p. 31-38, 2004.

ROBERTS, N.; BIRMINGHAM, E. Mentoring university students with ASD: a mentee-centered approach. *Journal of Autism and Developmental Disorders*, v. 47, p. 1038-1050, 2017.

ROWLEY, E. *et al*. The experience of friendship, victimization and bullying in children with an autism spectrum disorder: associations with child characteristics and school placement. *Research in Autism Spectrum Disorders*, v. 6, n. 3, p. 1126-1134, 2012.

SARRETT, J. C. Autism and accommodations in higher education: insights from the autism community. *Journal of Autism and Developmental Disorders*, v. 48, p. 679-693, 2018.

SASSON, N. J. *et al.* Neurotypical peers are less willing to interact with those with autism based on thin slice judgments. *Scientific Reports*, v. 7, n. 1, p. 1-10, 2017.

SCORSOLINI-COMIN, F.; INOCENTE, D. F.; MIURA, I. K. Aprendizagem organizacional e gestão do conhecimento: pautas para a gestão de pessoas. *Revista Brasileira de Orientação Profissional*, v. 12, n. 2, p. 227-239, 2011.

SIEW, C. T. *et al.* A specialist peer mentoring program for university students on the autism spectrum: a pilot study. *PloS One*, v. 12, n. 7, p. e0180854, 2017.

SZATMARI, P. *et al.* Similar developmental trajectories in autism and Asperger syndrome: from early childhood to adolescence. *Journal of Child Psychology and Psychiatry*, v. 50, n. 12, p. 1459-1467, 2009.

TAN, C. D. "I'm a normal autistic person, not an abnormal neurotypical": autism spectrum disorder diagnosis as biographical illumination. *Social Science & Medicine*, v. 197, p. 161-167, 2018.

TICKLE-DEGNEN, L. Nuts and bolts of conducting feasibility studies. *The American Journal of Occupational Therapy*, v. 67, n. 2, p. 171-176, 2013.

TURNOCK, A.; LANGLEY, K.; JONES, C. R. G. Understanding stigma in autism: a narrative review and theoretical model. *Autism in Adulthood*, v. 4, n. 1, p. 76-91, 2022.

VAN HEES, V.; MOYSON, T.; ROEYERS, H. Higher education experiences of students with autism spectrum disorder: challenges, benefits and support needs. *Journal of Autism and Developmental Disorders*, v. 45, p. 1673-1688, 2015.

WARD, D.; WEBSTER, A. Understanding the lived experiences of university students with autism spectrum disorder (ASD): a phenomenological study. *International Journal of Disability, Development and Education*, v. 65, n. 4, p. 373-392, 2018.

SOBRE OS AUTORES

Adriana Araújo Pereira Borges é mestre em Psicologia (PUC Minas), doutora em Educação (UFMG), com pós-doutorado pelo City College of New York (CCNY/EUA). Professora da Faculdade de Educação da UFMG, atua na graduação e no Programa de Pós-graduação: Conhecimento e Inclusão Social (PPGE/UFMG). É membro do grupo de trabalho Transtornos do Espectro Autista: Pesquisas em Saúde e Educação, da Associação Nacional de Pesquisa e Pós-graduação em Psicologia (Anpepp).

Amanda Carassini é psicóloga e mestranda em Ciências do Desenvolvimento pela Universidade Presbiteriana Mackenzie, além de especialista em Análise do Comportamento Aplicada a Atrasos do Desenvolvimento e Linguagem (UFSCar).

Ana Alexandra Caldas Osório é doutora em Psicologia pela Universidade do Minho, Portugal, com pós-doutorado em Neurociências do Desenvolvimento pela mesma instituição. Desde 2013, atua como professora adjunta do Programa de Pós-graduação em Ciências do Desenvolvimento Humano da Universidade Presbiteriana Mackenzie, tendo sido sua coordenadora no biênio 2021-2023. É editora associada da revista *Psicologia: Teoria e Prática.*

Bárbara Gomes de Matos é psicóloga (UFGD), especialista em Intervenção em Análise do Comportamento Aplicada para Autismo e Deficiência Intelectual e em Transtorno do Espectro Autista pelo Child Behavior Institute of Miami, Estados Unidos, além de mestranda em Psicologia (UFGD). Trabalha como supervisora em intervenções em ABA para crianças e adolescentes autistas ou com outras deficiências e como supervisora de profissionais que também atuam com essas intervenções.

Carlo Schmidt (org.) é mestre e doutor em Psicologia do Desenvolvimento (UFRGS), com pós-doutorado pela Purdue University, Estados Unidos. Professor do Departamento de Educação Especial e do Programa de Pós-graduação em Educação da UFSM, é ainda editor-chefe da *Revista Educação Especial* (UFSM) e coordenador do grupo de trabalho Transtornos do Espectro Autista: Pesquisas em Saúde e Educação, da Associação Nacional de Pesquisa e Pós-graduação em Psicologia (Anpepp).

Claudia Romano é doutora em Análise do Comportamento Aplicada (PUC-SP) e pesquisadora voluntária pelo IPQ USP-Protea. Atua como vice-coordenadora e professora do curso de especialização Análise do Comportamento Aplicada ao TEA e outras Neurodivergências da PUC-SP. É também diretora e cofundadora do Grupo Gradual, onde coordena curso livre para formação de aplicador ABA, além de ser coordenadora da Comissão de Desenvolvimento Atípico da Associação Brasileira de Ciências do Comportamento (ABPMC).

Cleonice Alves Bosa é mestre em Psicologia (UFRGS) e doutora em Psicologia pela Universidade de Londres, Inglaterra, com pós-doutorado pela Cincinnati University, Estados Unidos. Professora visitante na Goldsmith University, Inglaterra, atua como professora titular do Programa de Pós-graduação em Psicologia do Desenvolvimento e da Personalidade da UFRGS, onde coordena o Núcleo de Estudos e Pesquisas em Transtorno do Desenvolvimento (Nieped).

Cristiane Silvestre de Paula (org.) é mestre e doutora pelo Departamento de Psiquiatria da Unifesp, com pós-doutorado pela Fiocruz. Foi *visiting scholar* na Johns Hopkins University, nos Estados Unidos (2003), pesquisadora visitante na London School of Economics and Political Science, na Inglaterra (2018-2019), e professora visitante da University of Newcastle, na Austrália (2023-2024). Desde 2005, atua como professora adjunta do Programa de Pós-graduação em Ciências do Desenvolvimento Humano da Universidade Presbiteriana Mackenzie. É editora-chefe da revista *Psicologia: Teoria e Prática*.

Debora Regina de Paula Nunes é psicóloga (UFRJ) e mestre em Educação (Uerj), com doutorado e pós-doutorado em Educação Especial pela Florida State University, Estados Unidos. Atua como professora associada do Departamento de Fundamentos e Políticas de Educação, do Programa de Pós-graduação em Educação e do Programa de Pós-graduação em Educação Especial da UFRN. É editora associada da *Revista Brasileira de Educação Especial*.

Iuri Pizetta Moschen é psicólogo (UFF), mestre em Psicologia (UFRGS) e doutorando em Psicologia (UFRGS). Tem especialização em Neuropsicologia pela Universidade Cândido Mendes e é membro do Núcleo de Estudos e Pesquisas em Transtorno do Desenvolvimento (Nieped/UFRGS)

Janaína Aparecida de Oliveira Augusto é psicóloga pela Universidade São Francisco, mestre em Distúrbios do Desenvolvimento e doutoranda em Ciências do Desenvolvimento Humano pela Universidade Presbiteriana Mackenzie. É ainda especialista em Neuropsicologia (CRP), Reabilitação Cognitiva (USP) e Aprimoramento em Neurologia Infantil (Unicamp).

João Rodrigo Maciel Portes é graduado em Psicologia (Univali), mestre e doutor em Psicologia (UFSC), além de ser especialista em Psicologia Clínica pelo Conselho Federal de Psicologia. Tem formação em Terapia Cognitivo-Comportamental na Infância e Adolescência (ELO Psicologia). Pertence ao corpo docente da graduação e do Programa de Mestrado Profissional em Psicologia da Univali. É membro do grupo de trabalho Transtornos do Espectro Autista: Pesquisas em Saúde e Educação, da Associação Nacional de Pesquisa e Pós-graduação em Psicologia (Anpepp).

Leila Bagaiolo é psicóloga e mestre em Psicologia Experimental (PUC-SP), com doutorado em Psicologia Experimental (USP). É codiretora e cofundadora do Grupo Gradual, líder do Núcleo de Análise do Comportamento do TEAMM (Ambulatório de Cognição Social Marcos Mercadante), do Caism/Unifesp. Atua como vice-coordenadora da Comissão de Desenvolvimento Atípico da Associação Brasileira de Ciências do Comportamento (ABPMC), além de ser vice-coordenadora e professora do curso de especialização Análise do Comportamento Aplicada ao TEA e outras Neurodivergências (PUC-SP). É ainda membro do grupo de trabalho Transtornos do Espectro Autista: Pesquisas em Saúde e Educação, da Associação Nacional de Pesquisa e Pós-graduação em Psicologia (Anpepp).

Maria Cristina Triguero Veloz Teixeira é mestre em Psicologia (UFSC) e doutora em Ciências da Saúde (UFSC). Fez doutorado-sanduíche no programa Erasmus da Europa. Atua como professora do curso de Psicologia e do Programa de Pós-graduação em Ciências do Desenvolvimento Humano da Universidade Presbiteriana Mackenzie, além de ser vice-coordenadora do grupo de trabalho Transtornos do Espectro Autista: Pesquisas em Saúde e Educação, da Associação Nacional de Pesquisa e Pós-graduação em Psicologia (Anpepp). É editora associada da revista *Psicologia: Teoria e Prática*.

Maria Luísa Magalhães Nogueira é psicóloga, mestre e doutora (UFMG), tendo realizado pós doutorado, como bolsista Fulbright, no A.J. Drexel Autism Institute, Estados Unidos. Atua como professora do Departamento de Psicologia e do Programa de Pós-graduação em Psicologia da UFMG. Coordena a especialização em Transtornos do Espectro do Autismo e integra a coordenação do Laboratório de Estudos e Extensão em Autismo e Desenvolvimento (Lead) e do Programa de Atenção Interdisciplinar ao Autismo (Praia), todos vinculados à UFMG.

Mariana Luísa Garcia Braido é psicóloga (UFSCar), com 21 anos de prática clínica na área de autismo, além de ser mestre e doutora em Psicologia Clínica (PUC-Rio). Atua como professora do curso de especialização em Terapia Cognitivo-Comportamental Aplicada à Infância e Adolescência da PUC-Rio. É ainda membro do grupo de trabalho Transtornos do Espectro Autista: Pesquisas em Saúde e Educação, da Associação Nacional de Pesquisa e Pós-graduação em Psicologia (Anpepp).

Mariele Finatto é licenciada em Pedagogia (UCS), especialista em Neuropsicopedagogia Clínica e Educação Inclusiva (Censupeg), especialista em Recursos Estruturados e Estratégias Clínicas no Autismo (Pólis Civitas) e mestre em Educação (UFSM), na linha de pesquisa em educação especial e transtorno do espectro autista. Tem treinamento básico e avançado no programa TEACCH® pela Universidade da Carolina do Norte, Estados Unidos. É membro do grupo de pesquisa Educação Especial e Autismo (EdEA/UFSM) e pedagoga na Fundação Catarinense de Educação Especial, além de ser supervisora de equipe psicopedagógica no Centro de Desenvolvimento Integrar.

Regina Basso Zanon é mestre e doutora em Psicologia (UFRGS). Atua como professora dos cursos de graduação e pós-graduação em Psicologia da UFGD, vinculada à linha de processos comportamentais e cognitivos. Coordena o Grupo de Estudos em Avaliação-Intervenção Psicológica e Processos Inclusivos:

Interfaces com a Educação e a Saúde (Geappi/UFGD/CNPq) e o Núcleo de Atenção à Pessoa com Autismo (Napa/UFGD). É ainda membro do grupo de trabalho Transtornos do Espectro Autista: Pesquisas em Saúde e Educação, da Associação Nacional de Pesquisa e Pós-graduação em Psicologia (Anpepp).

Síglia Pimentel Höher Camargo é psicóloga (UFSM), mestre em Psicologia (UFRGS) e doutora em Psicologia Educacional pela Texas A&M University, Estados Unidos. Atua como professora associada da Faculdade de Educação e do Programa de Pós-graduação em Educação da UFPel, onde coordena o Grupo de Estudos e Pesquisas em Autismo e Inclusão (Gepai). É editora da revista *Cadernos de Educação* (UFPel) e membro do grupo de trabalho Transtornos do Espectro Autista: Pesquisas em Saúde e Educação, da Associação Nacional de Pesquisa e Pós-graduação em Psicologia (Anpepp).

Tatiana Pontrelli Mecca é psicóloga, mestre, doutora, com pós-doutorado em Distúrbios do Desenvolvimento pela Universidade Presbiteriana Mackenzie. Atua como professora do Departamento de Saúde Mental da Faculdade de Ciências Médicas da Santa Casa de São Paulo, onde está vinculada aos programas de pós-graduação em Ciências da Saúde e Saúde da Comunicação Humana. É também professora do curso de Neuropsicologia do Departamento de Psiquiatria da Unifesp.

Thiago dos Santos Ferraz é psicólogo (UCDB), especialista em Análise do Comportamento voltada para o TEA e outras Neurodivergências pelo Instituto Brasiliense de Análise do Comportamento, e mestrando em Psicologia (UFGD). Atua como supervisor clínico no atendimento de crianças e adolescentes com desenvolvimento atípico no Instituto de Análise do Comportamento Aplicada (iABA), em Campo Grande/MS.

Especificações técnicas

Fonte: Times New Roman 11 p
Entrelinha: 14 p
Papel (miolo): Offset 75 g
Papel (capa): Cartão 250 g